U0954915

知识生产的原创基地
BASE FOR ORIGINAL CREATIVE CONTENT

颉腾商业
JIE TENG BUSINESS

归乡村记

一座村庄的时代回响

刘子——著

生活·讀書·新知 三联书店 生活書店出版有限公司

图书在版编目（CIP）数据

归乡村记 ：一座村庄的时代回响 / 刘子著 . 北京 ：生活书店出版有限公司，2025. -- ISBN 978-7-80768-531-9

I . F320.3

中国国家版本馆 CIP 数据核字第 20254EZ293 号

选题策划　颉腾文化
责任编辑　郭超敏
特约编辑　貌晓星
装帧设计　王建敏
责任印制　孙　明
出版发行　生活書店出版有限公司
（北京市东城区美术馆东街 22 号）
邮　　编　100010
经　　销　新华书店
印　　刷　文畅阁印刷有限公司
版　　次　2025 年 6 月北京第 1 版
2025 年 6 月北京第 1 次印刷
开　　本　710 毫米 ×1000 毫米　1/16　印张 17
字　　数　272 千字
定　　价　89.00 元
（印装查询：010-64004884；邮购查询：010-84010542）

能把乡村振兴聊得全面、谈得透彻的人非常少，刘子算是一位。多年以来，刘子一直是用自己的双脚丈量着中国的县、乡（镇）、村，以民间的立场、批判的态度，用浅白的文字将自己的思考、判断与建议和盘托出，理性且不乏热情，客观又不失尖锐。“乡村振兴三部曲”提供了多方位的视角和创见，是诚恳、认真的著作。

左靖 安徽大学副教授，《碧山》杂志书主编

在商业世界里，当谈起情怀这个词时，往往是要谨慎的，也需要有强大的内在力量。刘子多年来行走于中国乡土大地，把关心这片土地的人也慢慢地连接起来。他对土地有着深厚的情怀，于是有很多人跟他一起走下去，这种情怀也就长大了、拓展了、丰富了，有了改变现实的力量。我也喜爱这片土地，土地给我们物质食粮，也给我们耕种收获的思想。我们要关心土地的沉寂处，关心那些生活在这片土地上的人。这本书是从泥土里生长出来的，为我们打开了看到乡村的一扇门。

于舰 第一财经研究院执行院长

中国的乡村社会在工业化、城市化、市场化的大潮中快速变迁；人们穿梭于城乡之间，在传统与现代的碰撞中焦灼不安。作者以非常细腻的笔触，描绘了故乡的一幕幕人间悲喜剧，勾勒出一幅立体又动态的乡村变迁图景。文字中不仅流淌着作者对亲人、故乡和国家深沉的情感，令人动容感佩；还蕴含着他

对乡村和民族命运的理性思考，发人深省。这是一本不可多得的好书，值得反复咀嚼。

董磊明　北京师范大学社会学院教授，博士生导师

我曾尝试把乡建人士分为三种：一种是悲天悯人的社会学家、文化学者，一种是归园田居、展演才情的艺文人士，一种是发展乡民、发展经济的乡村振兴者。在价值观多元、拉扯，甚至撕裂的时代，刘子是第一种人士。他不是在做人云亦云的所谓乡村振兴，也不是以自身的才华展演一场吸引眼球的“秀”，更未得意于连接文化与商业。刘子心灵深处关心的是那浓得化不开的人、社会和文化。因此，刘子的文章是真正的文学。我读了他的这本书，已将它深深地存于心底。

张诚　田园东方投资集团有限公司创始人兼 CEO

在乡村振兴与社会创新的交汇点上，本书如同一面棱镜，折射出中国乡土社会的真实肌理。刘子以实践者视角穿行于县、乡（镇）、村三级场域，以鲜活的案例，用带着泥土气息的文字揭示：乡村振兴绝非简单的资源输入，而是需要激活文化基因、重构产业逻辑、创新治理模式的系统工程。书中大量县域经济案例与乡建实验，为社会企业提供了“如何用商业逻辑解决社会问题”的鲜活样本，更为影响力投资指明方向——真正的价值创造，始于对土地与人的深度理解。这是一本能让投资者读懂乡土中国、让实践者找到破局路径的诚意之作。

马翔宇　向光未来总裁，中国社会企业与影响力投资论坛总裁

刘子从城市文明退回乡土根系，在田野调查中穿透表象，以“躬身入局”的沉浸姿态，捕捉到乡村转型中经济逻辑与文化基因的深层张力。书中对产业变迁、教育困境、治理难题的剖析，恰如 U 型理论强调的“在源头创新”——唯有沉入乡村肌理，感知真实需求，才能让发展方案从土地中自然涌现。这种将个体生命体验与社会创新深度耦合的书写，既呈现了乡村转型的阵痛与希望，更

启示我们：乡村振兴的本质，是人与土地、传统与现代在共同场域中的创造性联结。

徐莉俐　麻省理工学院 u.lab 实验室中国合伙人，U 型理论中国首席代表

很少有人文财经号这么持续地关注乡村，我是看着刘子这么多年一直知行合一坚持下来的。他的第一篇文章《乡下春天的葬礼》就打动了我，至今我都能回忆起当时内心深处从未有过的激动的感觉，从那篇文章就能预见这本书的样子。他以春夏秋冬为序列，用一种很好的方式讲述了一个村庄的事情。日复一日，季节转换，他的初心未改。以这种温暖的哲学性和人文关怀为起点，刘子让乡村问题向死而生的解决方案有了源泉和底蕴。他身上一直有着柔韧和刚强，对于乡村问题，他也有独特的解决思想和方案。

水姐　“秦朔朋友圈”主编，畅销书作家，编剧

乡村画卷凝心血，振兴之路见真章

在当代中国社会发展的宏大叙事里，乡村的发展状况不仅是衡量社会进步的关键标尺，更是关乎国家长治久安与民族复兴的核心议题。在国家深入推进国家治理体系和治理能力现代化全面开花结果的当下，乡村振兴和社会治理的成效无疑是衡量乡村振兴战略这一国家战略落地生根的关键指标，也是中国式现代化的独特观测点。作为一个长期深度关注社会治理各领域问题的教育管理者和研究者，我对于本书这样写实、接地气的题材能够产生高度共鸣和深刻共情。本书恰似一部乡村社会的鲜活记录长卷，为我们深入理解乡村、探索乡村发展路径提供了珍贵的蓝本，对乡村研究的拓展以及社会发展的推进有着不可估量的价值。

本书的独特魅力，源于作者的双重身份——既是乡村生活的亲历者，又是专注乡村问题的研究者。这种身份赋予了本书浓厚的生活气息与深刻的思考深度。书中的人物形象饱满生动，从开篇因化工厂事故不幸离世的叔叔刘柒零，到在乡村教育困境中艰难前行的孩子们，他们的故事犹如一面镜子，清晰映照出乡村生活的真实模样。读者在跟随这些人物命运起伏的过程中，能够深切体会到乡村生活的酸甜苦辣，进而深入洞察乡村社会的内在结构与运行逻辑。作者对乡村现象的剖析全面而深刻，从产业发展的困境与机遇，到文化传承面临的挑战，从基层治理的难题，到民生保障的实际状况，全方位、多维度的解读为读者打开了一扇认识乡村的新窗口，拓宽了认知视野，也引导读者对乡村问题进行更深入的思考。

当下，中国正处于城镇化快速推进与社会深度转型的关键时期，乡村发展既迎来了前所未有的机遇，也面临着诸多严峻挑战。在这样的时代浪潮中，乡村振兴战略成为解决新时代中国社会主要矛盾、实现“两个一百年”奋斗目标和中华民族伟大复兴中国梦的必然要求。本书与这一战略紧密呼应，书中所呈现的内容为乡村振兴战略的实施提供了丰富的现实素材和深刻的启示。

本书对乡村产业的描绘揭示了乡村经济发展的困境。比如，传统农业生产效益低下、农产品利润微薄、农民在市场竞争中处于弱势地位；乡村企业发展艰难，面临资金、技术、人才等多重制约，像书中提到的一些乡村工厂，在市场波动和政策调整面前举步维艰。我们从中获得的启示就是在推进乡村振兴战略时，政府应加大对农业科技创新的投入和加强对乡村企业的金融支持，还要注重培养乡村产业人才，为乡村产业发展提供人才保障，提升乡村自治的能力和水平。生态宜居是乡村振兴的重要目标之一。书中虽未专门论述生态环境问题，但通过对乡村生活场景的描述，能让我们感受到乡村生态环境在发展过程中面临的压力，提醒我们在乡村振兴战略实施过程中要牢固树立“绿水青山就是金山银山”的理念，加强乡村生态环境保护与修复，充分利用乡村的自然生态资源，发展生态旅游、休闲农业等绿色产业，实现生态与经济的良性互动。

乡村文明建设是乡村振兴的灵魂所在。本书中展现了乡村传统文化的衰落，如传统民俗活动的减少、乡村文化人才的匮乏等。这让我们认识到，在乡村振兴战略中，要重视乡村文化的挖掘与传承。政府可以加大对乡村文化建设的投入，鼓励民间力量参与乡村文化建设，扶持乡村文化社团，开展丰富多彩的文化活动，激发村民对本土文化的认同感和自豪感；注重培养乡村文化人才，通过培训和激励机制，吸引更多的年轻人投身乡村文化事业，为乡村文化的传承与创新注入新活力。

生活富裕是乡村振兴的根本目的。书中众多人物的生活经历反映出，乡村居民在收入增长、社会保障、教育医疗等方面还存在诸多困难。这就要求我们在实施乡村振兴战略时，要加大对农村民生领域的投入，加强农村劳动力转移就业培训，提高农民的就业技能，拓宽就业渠道，增加工资性收入；进一步完善农村养老、医疗、低保等保障体系，提高保障水平，让农民无后顾之忧；加大对农村教育和医疗资源的投入，改善农村学校的办学条件，提高农村教师的待遇，让农民也能享受到优质的教育和医疗服务。

政策制定者应着重聚焦书中反映的乡村实际问题与矛盾。在制定乡村政策时，充分考量地域差异，力避“一刀切”的做法，重视乡村治理体系的完善，借鉴书中对乡村治理问题的分析，加强基层组织建设，提升乡村治理能力，确保政策能够有效落地实施，真正惠及广大农民。

学术研究者可从多学科视角挖掘本书的研究价值。社会学研究者可关注书中乡村社会结构的变迁、人际关系的演变，深入分析乡村社会转型过程中的社会互动与社会秩序重构；经济学研究者可从乡村产业发展困境与机遇中获取研究灵感，探索适合乡村经济可持续发展的模式；政治学研究者则可聚焦乡村治理中的权力运行、政策执行等问题，为完善乡村治理体制机制提供理论支持。

普通读者可以把自己代入书中的角色，感受乡村生活的烟火气。通过阅读书中的故事，了解乡村文化习俗、传统价值观，增进对乡村的情感认同，关注书中反映的社会问题，思考这些问题对整个社会发展的影响，从而提升对社会现象的认知水平，培养社会责任感。了解乡村教育困境后，可思考如何从自身出发，为改善乡村教育现状贡献一份力量。

本书是一部不可多得的佳作。它以细腻的笔触、深刻的洞察，全景式地展现了乡村社会的真实状态与发展困境，为我们在乡村振兴战略实施过程中提供了宝贵的经验教训与思考方向。衷心期望广大读者能从这本书中感受责任、汲取智慧、凝聚共识，以多种形式为中国乡村振兴赋能，为乡村建设的美好未来贡献力量，助力乡村振兴战略的全面实现，让乡村成为人们向往的幸福家园。

乡村是一幅生动的自然画卷，是一首城里人向往的田园诗，乡村问题是最大的国计民生，乡村振兴更是实现中国式现代化的关键、基础和核心。愿本书能引发更多人对于乡村问题的关注和思考。

言有尽，意无穷。最后，我以一首诗作为结尾，推荐所有关心乡村振兴、投身乡村建设的人都来读一读这本乡村主题的佳作：

乡村巨变话沧桑，苦辣酸甜泪染裳。
心系家园挥笔墨，情凝黎庶铸篇章。
安贫良策通今古，济世奇方论短长。
忧乐从来循善治，先行文化共兴邦。

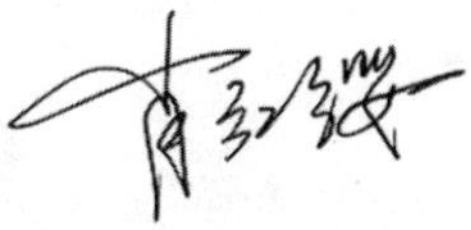

清华大学社会治理与发展研究院副院长

推荐序二

乡村文化的困境与希望

当我开始阅读本书，很快就被作者的叙述所吸引，不同于一般乡村学术化的书籍那般晦涩和抽象，这本书始终给人一种入情入理、真实鲜活的阅读感。我将它看作乡村非虚构文学作品和乡村研究叠加的一部厚重作品。书中人物的命运令人感同身受，对乡村故土的深情更是令人动容。同时，书中很多对乡村与城市的深度思考和前瞻性观点非常具有启迪性，我深有戚戚焉。

作者不仅是一位乡村问题的观察研究学者，也是乡村生活的亲历者。他的童年和青少年时期是在江西农村度过的，之后考学来到城市，后来又从事过房地产和金融工作，足迹遍布中国众多城市和乡村，所以他对乡村的思考结合了自己最真实的成长经历和生活体验，对广阔世界的长期观察，还有身边亲人、乡邻的人生经历。

长期以来，关于乡村的研究著作往往集中在抽象的制度和政策之争上。与此同时，作为乡村主体的村民却显得形象模糊甚至处于缺位的状态。他们往往被概括为抽象的"农民"这一身份，而他们的喜怒哀乐、对世界和村庄的真实看法，则常常被忽视。

作者以细腻而真实的笔触，清晰呈现了自己身边真实的农村生活和亲历者的人生轨迹。他的文字以一种朴实无华的方式，将复杂的人与事讲得通透明了，那种犀利又平易近人的表达，不仅让乡村的复杂性和真实性得以直观展现，也让村民这一乡村主体的声音被更多人听见，为讨论乡村问题提供了新鲜且有力的视角。

正如作者所说，“本质上，任何宏大的架构、先进的理念、华丽的概念，最终都是由亿万民众、万千市场主体去支撑和消化的……回到故乡、回到大地、回到乡邻中间，就是回到自己”。

本书深入探讨了乡村治理、养老、殡葬、婚恋、彩礼、返乡青年就业、青少年教育以及乡村文化等诸多问题。作者通过生动细致的叙述，将这些问题融入身边人物的真实生活中展开。例如，80多岁固守乡土的外婆、参加村干部选举失利的父亲、在上海照顾孙辈的母亲、在化工厂辛勤工作的小学老师，以及为重病父亲筹款的儿时伙伴“幺妹”等。

这些平凡而鲜活的个体，不仅构成了乡村社会的真实画面，也让读者深切感受到当下乡村人的不同生存状态，以及个体在生活中所面临的挑战与压力。这些人物并非概念化的“农民”，而是有血有肉的真实存在，使读者能够更深入地理解乡村问题的根源与现实意义。

作者没有美化乡村，而是坦承了当下乡村生活的诸多寂寞、无奈和尴尬，也提及了一些带有悲剧色彩的村民角色和故事，例如，开篇因工伤去世的叔叔刘柒零、因父亲去世而在青少年时期便沦为二流子的同学“光头佬”，以及村中老人在退休年纪还要辛苦劳作，其非正常死亡现象也远多于城市等，但作者并未将笔墨过度聚焦于乡村的悲情，而是经常笔锋一转，柳暗花明地呈现出乡村温情、幽默、包容与坚韧的另一面，因为乡村原本就是一个情感丰富、多元交织的存在。特别是在面对新冠疫情时，乡村与自然的紧密联系形成了一道天然的屏障。更重要的是，乡村自给自足的生活方式也为在城市不堪重负的返乡村民提供了最后的保障，这也是诸多专家将乡村比作社会的稳定器和压舱石的原因之一。在诸多困境面前，村民表现出的豁达与从容，远比城市居民更显坚韧与乐观。这种对乡村生活的立体化描写，使本书充满了鲜活的生命张力。

乡村问题错综复杂，作者并未孤立地观察乡村，而是将乡村置于更广阔的城乡关联背景中加以考察。从工商文明与农耕文明的对比，到乡村的历史渊源、当前状态，再到城乡未来的展望，作者以小切口切入，用广阔的视野审视乡村问题。这种方式帮助读者更加清晰地认识乡村的文明价值，以及乡村在国家经济运行、社会稳定、文化教育中的重要地位。同时，作者也揭示了乡村对城市文化的互补性和当前乡村问题的核心症结，例如，作者指出乡村的主要矛盾就是“迅速解放的生产力与落后的乡村治理之间的矛盾”。

本书中的许多观点避免了学者关于制度的争议或单纯的道德与公平的空谈，而是针对城乡发展路径及具体操作层面的问题进行了深入分析、反思，并提出了建设性意见。例如，作者指出过度城镇化对乡村发展的限制、某些地方政府对乡村政策的粗暴执行、“撤点并校”政策对乡村教育的消极影响，以及乡村基层组织的疲弱所导致的文化生活和经营活动的困顿。这些问题中，有些显得触目惊心，有些则非常值得深思。

本书之所以引人深思，就在于作者对乡村的观察并不局限于表面现象，而是通过全方位的视角揭示了乡村的复杂性与潜在的可能性。未来，乡村振兴需要的不仅是单点突破，而且是多层次、多领域的综合发力。同时，本书也给了我们重要启示——乡村不仅是历史的载体，更是中国社会未来发展的重要组成部分，值得每个对乡村怀有深厚情感的人为之投入智慧与力量。

刘鹏飞

中国互联网新闻中心“艺术中国”主任

2025 年 1 月 16 日于北京

心安处，是吾乡

一、躬身入局

2019 年年初，当我决定成为一名乡村研究者和写作者的时候，周围的朋友都惊呆了。十年前的老同事说："多可惜啊，你分明是一个出色的广告策划。"五年前的老同事感叹："你这是咋了？做房地产营销不好吗？"两年前的合作伙伴一脸问号："你们的金融公司还营业吗？"

我很少正面回答，因为很难从理性的角度、用市场早已习惯的语言去解释。甚至我自己也有太多感受，一时不知如何准确地表述。当你贴近地面，去面对和梳理，去交流和找寻，去躬身入局和扎根时，答案就会自己浮现——在四处调研、写作几年后，我回过头，答案逐渐明了。

促使我在中年大转型的关键，其实可以归结为两件事。

二、叔叔之死

第一件事是，2019 年 3 月，我叔叔的死亡。

我有一个叔叔名叫刘柒零（因为在 1970 年出生），中学时成绩很好，后来他的父亲（也就是我的爷爷）久病去世，拖累得家庭一贫如洗，他营养跟不上、思想压力大，高三时成绩渐渐被落下，最后在高考时以几分之差落榜。高中毕业后，他立马跟着堂兄外出打工，因为理科好、懂电子而成为电子厂技术骨干。只是由于沉默寡言的性格，他的人生总体并不如意。

时代发展太快，进入互联网时代后，风光一时的电子厂迅速衰败。他 30 多岁才结婚，35 岁有了孩子，后在广东开了家卖内衣的小店，据说生意不错。但中国制造业发展迅猛，很快内衣店满街都是。广东开不下去，他选择了回乡，在老家镇上开。不久老家镇上也开了好几家，他只好将店交给妻子一人打理，自己跑到县工业园的制药厂打工——这家制药厂，表面上是生产药品原料的药厂，实质是一家以此为幌子的化工原料厂。

2019 年 3 月 21 日下午，我接到堂哥的电话。他涕泪横流地说："快些归来，叔叔死了。"原来，我叔叔所在的化工厂发生了爆炸，爆炸的锅炉碎片，把他的脑袋削去半边。此外，还有一个工友当场去世，另一个重伤被拉走。没出两天，这个重伤工友也去世了。

我立马登上还乡的火车，去赶赴那场"乡下春天的葬礼"，以及代表亲属向企业和政府争取赔偿。后在谈判过程中，我清楚地看到，工人在那个以成本为导向运转的化工厂上班，其实就是在"阎王爷面前抓阄"——出事是早晚的，看谁倒霉赶上。

那是我考上大学后，第一次在山花烂漫的早春和"路上行人欲断魂"的清明时节回乡。在那熟悉又陌生的春色中，我开启了观察和反思，包括亲友的生计和命运，乡邻的生活和困惑，也包括地方经济和社会心态的变化。

我已经很久没有关心过故乡了，细细去看、去听、去思考，总感觉对那个小小的地方，有很多话要说。然后就这么说着说着，说到了现在。

在这个过程中，有不少作者或记者朋友问我，怎么这么能写，怎么老有新题材、新发现？我如实相告："没什么奇怪的，隔三岔五打几个电话回家，就什么都知道了。"

三、回到自己

第二件事是，妻子怀了孕，我当时 35 岁，上升希望不大，退也没什么退路，正处于人生的关卡。

2017 年，我从一家地产开发商营销负责人的岗位离职，跟随一个大学好友，进入了更“高大上”的金融行业。我在半年的时间里，跟着他四处应酬，迅速发现中国金融业当时的一大本质——大量金融人的工作就是四处做局或赴局，其目的就是通过眼前人，搭上他们背后真正的大佬，并最好或最终绕过眼前人，从大佬那里拿到真正的钱或资源，再层层加价卖给真正需要钱的企业或个人……

我清楚地看到，大家喝下去的好酒好茶、吃下去的山珍海味、费心费力做的各种局，都将转化为社会融资成本。更甚于房地产，那些“高大上”的表象背后，是更加庞大的空洞和虚无。

在这个过程中，我和好友更清楚地理解了“服务实体经济、防控金融风险、深化金融改革”的国家政策，后将业务转向物流供应链金融——主要为中小货运和物流企业、个体司机提供助贷服务。而后在业务中，我又清晰地看到中国经济去产能，以及互联网科技平台大发展对司机这个群体的冲击：那无数的货车司机，是如何从“乡村个体户”“乡村中产”变成平台打工者和借贷者的。时代发展轰轰烈烈，人们不一定都有收益，但成本总得有人去承担，我老家的许多亲人、乡邻，就是其中的一部分。

本质上，任何宏大的架构、先进的理念、华丽的概念，最终都是由亿万民众、万千市场主体去支撑和消化的，而他们总是容易被时代和主流忽略，或者抽象为一个个面目模糊的群体，再重新塞回“宏大”。

我渐渐感到，年轻时的“为赋新词强说愁”，终于得到了救赎。于是我把微信签名改为多年前自己写过的一句房地产广告语——走过世界，回到自己。

什么是“回到自己”？对我来说，回到故乡、回到大地、回到乡邻中间，就是回到自己。而在这个回归过程中，我愈发清晰地感受到，这个国家也是这么想的，譬如，金融改革、脱虚入实、金融普惠、房住不炒、乡村振兴、县域新型城镇化、共同富裕……

当然，这个国家也许存在问题，但当你真切地理解了它的所思所想，真实地将故乡、亲人、农民/农民工、土地、家国等紧密相连，就可以从各种压抑、躁动中跳脱出来，变得心安和稳定。此心安处是吾乡，这960万平方公里的广袤国土，这吵吵闹闹的壮阔时代，都是我的故乡。

四、时代记录者

这本书的诞生，还可以追溯到20年前看曹锦清教授的《黄河边的中国》，10年前看熊培云教授的《一个村庄里的中国》、刘亮程先生的《一个人的村庄》，8年前看温铁军教授的《八次危机》，以及费孝通先生的《乡土中国》《江村经济》……它们像一盏盏明灯，将我从一个虚空且容易发牢骚的小知识分子，拉回真实的大地。

读这些书的时候，我就老想到自己的故乡。我的故乡小村，位于赣西北丘陵地带，小且普通，无特别风貌，无悠久历史，无典故传说，离县城不远也不近，不可能被淘汰但也没什么希望。当时，我并不觉得它有什么好说的。直到经历上述两件事。

我们大多数人的故乡，也许都如那个小村一样，普普通通；我们大多数人的社会关系，也许都如我的亲友一样，简简单单；以及我们大多数人的天资，也融于普罗大众，平平常常。但正因这“大多数”的普适性，每一个“我们”，就具备了总结、推论的价值。我越思考，越感到“激动如大海”——这广阔的“普通”“简单”“平常”，就像无处不在的阳光聚集成“新能源”，源源不断、平价而充满革命性。

这些观察和思考，我持续写了五年。从刘柒零的葬礼到乡村就业，从“厕所革命”到乡村酒席，从农业生产到农产品供应链，从大量“重婚”现象到汹涌的光棍潮，从农民的养老难题到更无奈的教育困境，从疫情下的民生到民间经济的韧性……本书精选出其中30余篇，大致描绘出一个普通村庄的方方面面和一个时代的清晰回响。

这五年包含了完整的三年疫情，许多事情都在变化。有的变化比较快，比如乡村建设、农产品供应链、各种禁令和“合村并居”的叫停、新农保和新农合的覆盖；有的变化比较慢，比如乡村治理、青年返 / 下乡、对传统文化的重视、城镇化的回归；有的止步不前，比如乡村教育的困境——原谅我对一些事情的反复提及。

同时，请谅解我对一些问题不成体系的建议。我的写作，不愿埋首故纸堆，也不愿委身精确的“学术”，更反感扯向“左右之争”的空谈，而是倾向于对现实问题的解析和方法的探寻。一旦抓准现实，过去和未来就都能准确地连接到一起。我相信，时间和实践，会让人越来越成熟。

最后，如果你看到了这些，也开始关心、思考，譬如自己的故乡、亲友、身边的普通人，以及这片土地、这个国家的命运，甚至产生拿起笔、拿起手机去记录的念头，那就是这本书带来的更有趣的意义。

目录

壹 春与乡愁

贰 夏与烦忧

叁 秋与思

肆
冬与归

伍
问

壹

春与乡愁

01

乡下春天的葬礼

一、乡下葬礼

“暮春三月，江南草长，杂花生树，群莺乱飞。”

这16个字，仿佛浓缩着江南乡下春天最美好的回忆。只是作为印象中最正宗的江南之一——苏南，早已是富庶之地，城镇化率80%左右，没有什么乡下的感觉。

再打开高空夜视图，长三角一片灯火辉煌，哪还有多少乡村的纯朴静谧。一位苏州的亲友就向我哀叹，过年本来就没有年味，去年拆迁补了些钱，又因为这些拆迁款闹矛盾，一些亲友都不再来往。

何止苏南，沿海而下至杭嘉湖、浙南、福建、广东，百强县市众多，乡村经济如火如荼，基础设施可比内地二三线城市，集体经济、民营经济堪称典范。研究乡村，拿发达的东部区域作为样本，显然没多少意义。

还有一位昆山老板，在我的家乡投资了一家化工厂。他说，羡慕我们还有这样的农村，还有这样的温情。他还直言，要办一家这样的化工厂，在他的老家昆山需要投资三四百亿元，而在我的老家，只需要三四千万元。也就是他的化工厂在一次事故中，夺走了三位工人的生命。

其中一位工人正是我的亲人。

近些年，农村也学习了城市“快餐式”葬礼，殡仪馆火化，简单悼念，再选一个镇上的餐馆吃一顿，收一点份子钱，匆匆下葬。

我们为亲人举办的是传统乡村葬礼，散落各地打工的亲友都回到家乡，三天时间，吹吹打打，吃吃喝喝，光祭文就念了一个晚上加一个上午，最后送葬的队伍延绵数公里，像极了旧时的乡下——认真、庄重、缓慢，勾起人许多怀念。

变化最大的是火葬。近些年，国家推行殡葬改革，引导农村火葬，落到地方政府，行政命令加利益纠葛，就成了严禁土葬。以江西为例，一些地方政府为了防止土葬，不惜派干部整夜蹲守，还发生过多起强行掘坟就地火化的事情，甚至直接入户抢夺老人数十年前置办的棺木，激起巨大民愤。如不是中央及时制止、积极疏导，恐将酿成更多悲剧。

传统乡村葬礼，不能走得孤孤单单

难怪农民常感叹，中央的政策到了农村，恐怕连中央都认不出来它原本的模样了。

同样明显的悖论是，研究经济、研究城市的专家生活在城市，研究农村、研究农民的专家还是生活在城市，而且是大城市。从首都到省一级的农业大学已习惯了这套“研究体系”，更遑论今天的教授、研究员了，他们做的事多半已经跑偏。农村在发生什么？农民在想些什么、需要些什么？农业该怎么发展，乡村该如何振兴？这些问题指望从大城市匆匆来一趟的“专家”来回答，恐怕是强人所难。

所以我们能看到，中国有无数经济学家、学者，有的以研究宏观著名，有的以研究政策走红，有的以研究新经济、房地产、证券、工业、“三产”出名，却罕有以研究“三农”著称的。

要知道，广袤的农村才是中国的根，才是几千年中华文明的根！要从根本上推动中国的发展，迟早要回到农村和农民身上！能看到这点，能提前去扎实研究的人，也许会是下一个真正的“国产”经济学大师。

其实，许多优秀的企业已经看到，廉价的商品、娱乐，在广袤的农村占据着重要的地位，只是这些企业的到来，仅仅是为了逐利，并非为了解决农村的问题。

二、你要去哪里

不必苛责他人，回顾我们自身，又何尝不充满矛盾。

直到21世纪初，我所在的农村走出一个大学生还是一件不容易的事。我们大队数十个村庄，之前几十年出的大学生一只手都能数得过来，到了我那一届，也才出我一个。

我们十年苦读，从农村小学到乡镇初中再到县城高中，直至省城大学，到毕业后混迹北上广、安家大城市，走完一段完整的乡村—城市文化变迁史。走过这段历程的人都知道，从农村到乡镇，再到县城、省城、大都市，乃至走出国门，每一步都是一次文化的碰撞，都是对原有自我的一次重新认知。只是不得不承认，我们所有的努力，是为了走出农村，安家大城市，过上好日子，从不曾想过回到农村、服务农村、振兴农村。

当乡村辛辛苦苦输出的人才，纷纷远走他乡，不再归来，乡村的凋敝已是注定。

中国在几千年历史中尽管饱经贫苦、战乱，但乡村也不曾像今日一般无力。那是因为曾经的乡村有一个重要的群体在发挥着作用——乡绅，他们主要由科举及第未仕或落第士子、当地较有文化的中小地主、退休回乡或长期赋闲居乡养病的中小官吏、宗族元老等一批在乡村社会有影响的人物构成。他们有才识、有眼界、有能力，始于乡村、回到乡村、服务乡村，为乡村的发展贡献着中坚力量。如今随着社会发展，全社会高举工业化、城市化大旗，有能力的都远居大城市，或外出经商、务工，再不行的也要迁往县城，类似乡绅的群体早已消失殆尽。

再看我所在的村，管理堂堂十几个村落、几千人的村支书，初中未毕业；村委会五个人，只有两个人念完初中或上过高中。所谓的“大学生村干部”，也只局限在发达的区域，以及城市郊区，而且往往攒个两三年资历，就会调往乡、县，谁都巴不得跑得越早越好。

更可怕的是这个现象愈演愈烈。我读书时，我们村小还有完整的五个年级，每个年级有两个班，我们镇有初中三所，临镇还有高中一所。现今为了支援城市发展，优质教育资源全部迁往县城。镇级高中数十年前就已取消，初中数量也一再压缩，要读高中以及好一点的初中，必须去县城。小学进一步抽水，仅剩一到三年级，要读四五年级，只能去镇上的小学寄宿。因此，许多农村家庭不惜砸锅卖铁，也要去县城生活，只为给孩子提供一个稳定的、较为优质的教育环境。

这一系列动作的原因，不乏某种“阴谋论”——把人口迁到县城，扩大县城的规模，增加工业园区的廉价劳动力，推高县城的房价，再用卖地款搞建设、做政绩。而进入城市的农民，做着普通的、没有社保且不交公积金的生产线工人，领着两三千的工资，买不起房，交不起孩子的课外辅导费用，又失去了农村户口和赖以生存的土地，多年后的养老更是问题。眼见着他们融不进城市、回不去乡村，更大的矛盾，若干年后恐将大面积爆发。

肉眼可见，广大的农民还在继续为经济的发展做着巨大的牺牲！

三、生产要素流失

乡绅群体的消失是农村的关键损失，而各大生产要素的流失，正缓慢抽取乡村的血液。

从数十年前开始，为了生态环境，国家就已推行退耕还林还草的政策。时至今日，乡村自然环境变得非常好，我儿时常爬的山头、常去玩耍的树林，已是林木葱葱，荆棘丛生，人进不去，成了野生动物的天堂。

现今回到农村，只有老人、妇女和小孩与鸡犬为伴。青壮年离去，留下的老幼又无能为力，农产品收益仍然低下，导致大片田地荒芜。相比儿时的广阔天地，农村人口的活动范围逐步压缩，仅剩下村子及周边一两里地的农田。

随着农田园田化的改造，土地集中连片，更利于机器耕种，农民的双手解放出来了，劳作了半辈子的农民突然闲下来，出去又无法就业，只能闲坐在家门口晒太阳度日。有人想到养殖，本来还可以作为产业，近些年政府抓环保、去产能，大量关闭养殖场，再一次促使农村有能力的人离去。

当然也有坚守劳作的。我的一位姑父，几十年以种地为生，起早贪黑，勤劳节俭，种菜种水果。近些年大量种植甘蔗，丰收时节坐等商人收购，或者自己在国道边售卖，15 元一捆（差不多 1 元钱一根）。同样这批甘蔗，如果售卖到城市，论根卖，15 元一根少不了，其中的利润，归到农民头上不到十之一二。

夏天的山谷，郁郁葱葱

问他为什么不拿到县城去卖，多少能多卖点钱，答曰城管驱赶，即使不驱赶，这人拿一捆那人拿一根也是免不了的。即使躲过城管，也要小心垄断的黑恶势力，有人垄断着县城的甘蔗生意，凡是进城售卖的农民，被发现可能就会挨一顿揍。

靠着这两毛、一分的缓慢的原始积累，姑父辛苦攒下数十万元家底，年初表弟在深圳买一套房就一次性掏空了。可见，不只是人口的流出，农村攒下来的财富也同样流出，因为在农村根本没有可投资项目。

土地荒芜，劳动力、资本流出，三大生产要素纷纷折戟，乡村振兴，不从根本上解决，无异于纸上谈兵。

四、人为障碍

农村的发展，还有许多人为障碍要解决。

政府将农民引导至城市，又限制土地流转，因此农民既没有资本、工具，又缺乏技术，奉献给城市的只有廉价劳力。当前的户籍管理、土地政策也是障碍：户籍迁往城镇，条件宽松；户口回迁农村，大门紧闭。可见，一些年后，为城市奉献了几十年却又无法养老的农民想回到农村，发现户口与土地都已失去，内心将是何等悲哀。

这些政策，同时阻碍着人才与资本的回流。一些年后，当像我这样有可能成为“乡绅”，能为乡村贡献一份力量的城里人想回到乡村，发现同样无法实现——没有户口，没有土地，也没有宅基地，只能空留遗憾。

资本进入同样是难题：乡村缺乏好的投资项目，更缺乏投资保障。农村除了作物经济、养殖业，具有价值的也就是林地、水库、山地等资源，而由于乡村文化天然带有宗族、“排外”劣根性，外来投资者如非关系过硬或者本族亲友，往往难以牢牢占据这些优质资源。因此，乡村投资需要相应的制度、政策保障。

除了上述资产，乡村剩余可供投资的，也就剩下宅基地了。当前的现实是，仅允许农民花费不菲的成本在城市买房，却不允许城市居民斥出一定的资金在农村置业，哪怕是城郊的小产权房也被禁止，农民实际上已经被置于不平等的商业地位上。反之，对城市居民而言，哪怕是租赁农村宅基地，也缺乏相应的制度和权益保障，这条路也基本被堵死。

城乡的流动本应是双向的，结果设置成了单向，而且不许回头，显然不合理。让该流动的流动起来，否则乡村将逐步被固化成一潭死水。

五、文化苦旅

然而，正在后退的不止经济，文化上的空洞更令人心忧。

亲人的葬礼上，主持整个流程的、念祭文的、乡村乐队及乡村大厨，都是50岁以上的人。当这一辈人不能动弹，这套乡村葬礼只能向“快餐式葬礼”简化。

我的父亲年轻时是本地采茶戏团的主角，20世纪80年代末期戏团解散，后以开货车、种地、外出打工为生。前几年，镇政府答应给予专项资金扶持，父亲便与一些老伙计合计，再次搭起草台班子。也许是老人怀旧，也许是乡村实在乏味，方圆数十里的村子办酒席，纷纷来请，父亲和老伙计一下子找到了当年的感觉。

据说现场效果不错，本地特色鲜明，接地气，热热闹闹，人气火爆，戏团还年年参加县里的文艺汇演。我一时为父亲高兴，也为乡村文化的振兴感到振奋。

只是不赚钱，一场下来有5000元的收入，一个戏团十几个人，除去各项成本，一人一场也就分个200元。而且邀约多集中在过年前后，季节性太强，想以此为生，无异于痴人说梦。后来，政府答应的扶持资金也不明不白地没了下文，戏团撑了几年，大家亏了本钱，再次散场。

我本来想去看一场父亲的演出，可惜没有机会。也许这个登不了大雅之堂却流传千年的本土采茶戏，也濒临失传。

现在回到乡村，只见老人或干坐着聊天，或搓着五毛一块的麻将、牌局；孩子坐在屋里看电视，或者低头玩手机游戏，不再与玩伴一起玩耍；仅剩的几个年轻人，或忙着刷短视频，或观看各种美女直播，或开着贷款买来的小汽车去县城消磨时光。

在这种情况下，赌博乘虚而入，大到有人坐庄、隐蔽于山间地头的"赌场"，小到风靡南方的六合彩，就成了乡村最后一点刺激。更令人心酸的是还有人吸食毒品，我的一位同龄人就染上毒瘾，最后无钱吸食，某个夜晚痛苦难耐、又悔又恨，自己砍掉一根手指头，再被送去戒毒所强制戒毒，令人唏嘘不已。

乡村的教育，已经出让给城市；乡村的文化事业，也已让位给经济建设。乡村已没有文化人才，政府层面的文化局、文化站也早已名存实亡，广大乡村的文化设施，更是一片空白。

乡村文化的振兴，看起来更是一道无从下手的难题。

当我们观赏西方名画，看到画家笔下明媚且热烈的乡村时；当我们随着外国名著，进入多情的橄榄树林、金色麦地时；当我们看日本电影，流连于清新美丽的乡村和童年时……再回望我们自己的故乡，我们自身文化对乡村的塑造，却显得那么无能和不堪。

我们印象中的乡土，是鲁迅笔下温存、痛苦的瓜地，是赵树理那土味十足的"山药蛋派"，是贾平凹笔下残垣断壁的衰败之地，是无厘头的象牙山村，是吹响"时代号角"的村支书带头致富下的这村那村，也是各种"坑"城里人的农家乐。文化人已离开乡土太远、太久……

六、归故乡

愿有朝一日，我们能满心欢喜，回归故乡。

北国之春（歌词节选）

亭亭白桦 悠悠碧空 微微南来风
木兰花开山岗上 北国之春天
啊 北国之春已来临
城里不知季节变换
不知季节已变换
妈妈从家里寄来包裹 送来寒衣御严冬
故乡啊故乡 我的故乡
何时能回你怀中

02

乡下集市的春天

一、走，赶集去

4月初的上海刚刚升温，阳光明媚，鸟语花香，让埋头工作的城里人突然感到，原来春天来了。人们买好食品，呼朋唤友，一时间，大大小小的公园人满为患。

七八百公里外的故乡，人们换上干净的衣裳，骑上摩托、电驴，去赶那三天一次的村镇集市。

自古以来，乡野虽然广袤，但依然封闭。在这个熟人社会，农民日常打交道的，无非自己的田地、村人或亲友，不常接触外面的社会。因此集市就成为与外界交流的主要平台，也反映着农村经济、文化的发展程度。

在物质匮乏、交通不便的时代，集市象征着外面广阔精彩的未知世界，吸引着方圆十几里的人。大家穿上干净的衣裳，三五成群，走上五六里山路，汇聚到公路旁的集市。

集市上卖的多是锅碗瓢盆、肥皂洗衣粉类的日常生活用品。有农民挑着新鲜的蔬菜来卖，但买的人不多，大家都是种地的，他们卖的菜自家菜园里大半都有。还有一些小吃摊，引得孩子们口水哗哗流。卖衣服的摊位上那些漂亮的新衣仿佛外面光鲜亮丽的世界，引得年轻姑娘、小伙流连忘返。有时会有老农牵着牛和羊来卖，多半是家中急需用钱的。公路上偶尔开过一辆长途汽车，我就很羡慕地望着车里的人。那时候出门远行的人还很少，我多想跟他们一起，去看看外面的世界。

一年之计在于春，春天的集市更为重要。除了上述商品，种子、化肥、树苗、农具是主角，几家人往往合着叫一辆拖拉机，把这些生产物资采购齐全，拉回家。接着，就是连续一个月的繁忙春耕了——乡村一年的生产、生活就从这春天的集市展开……

现在的乡村集市，有了巨大变化。

主要就是集市的意义发生了变化，即不再带有文化交流的意义，而是简单采购。采购的主要对象变成了菜、肉、米，以及其他日常食品。在农村买菜、买米吃，成为主流。

米价一般在 2 元 / 斤左右（分早晚稻，早稻品质差价格低，晚稻品质好价格高，这里算平均价），一户四口之家一年的米钱有七八百元。

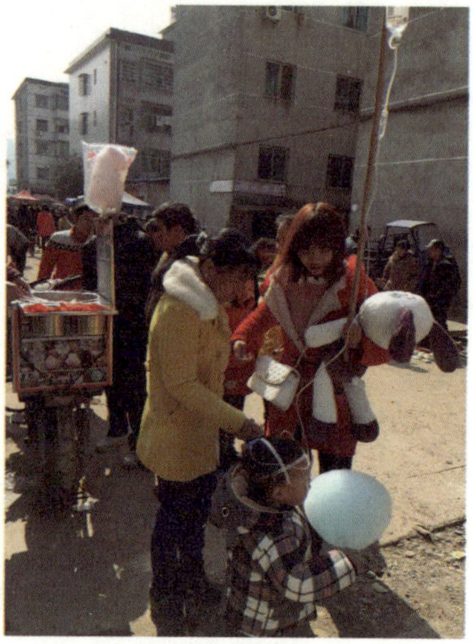

集市即景

肉和蔬菜成为大头。乡村集市的肉与菜多半是外来的，菜价也与城市接轨，比如，平均肉价是 12 元 / 斤，略高于上海；反季节蔬菜苦瓜、豆角等，价格是 5~6 元 / 斤，与上海差不多。

还有种子，以往从买种子到育秧，需要耗费农民大量的精力。现在有专门育秧的公司，直接售卖秧苗，农民只需要买回家插在地里即可，农业生产的分工越来越精细。

这些反映出乡村社会的一个重大变化！

与大家印象中的不同，农民的“职业”早已发生巨大变化！

自古以来，农民最主要的工作就是种田、种地（蔬菜、经济作物）、养猪、养牛（耕种用）。现如今，农民基本不再种田，原因是不划算。算账如下：我所在的江西丘陵地区，水稻亩产 1200 斤左右，稻谷价格为 1 元 / 斤左右，每亩产值即 1200 元左右。现今一般只种一季，如此减去生产资料，搭上人工，辛苦一年，一亩利润约三四百元，难以维持生计。

因此，乡村的做法是将农田承包给专业农户，出租价格为 350 元 / 亩。承包户有着专业机械，能进行规模化生产，一亩利润 200 元，承包 1000 亩就是 20 万。但前提是要整村整村的承包，如果中间出现某户的自耕地，就无法连片耕种，会拉低机械耕种和管理的效率。因此，某村如果有人不做农民，就必须大多数人甚至整村都不做。

然后是种地。农民不再种田，空余时间多起来，就必须寻找其他生路。外出务工仍然是主流，但 50 岁以上人群难以在城市找到工作，只能在附近做些小工，或者在锯板厂之类的小作坊打工。人们时间有限，菜地疏于管理，产量并不高，自给自足都困难，需要频繁采购。

再就是养猪。都说江西人一会读书，二会养猪，除了种田种地，养猪堪称大事。我们这代及以前，乡村长大的孩子，上课、玩耍之余，大多数时间都交给了打猪草、喂猪（以及放牛）。而现在，养猪不划算（主要是费时），政府又鼓励规模化养殖，于是散户退出，肉食只能采购。

还有养牛。以前农村家庭分家后，第一要务就是买牛。耕地全靠牛，没有牛就无法进行农业生产，而农民又惜牛，轻易不外借。现在很多农民不种地了，且耕作方式让位于机械，牛就纯粹成了经济产品，但牛肉昂贵，非逢年过节、办酒席，人们不会购买。

农民不再种田种地、养猪养牛，再加上乡村分工的细化，把农民从土地上、烦琐的劳作中解放出来，带给乡村发展巨大的可能性。乡村发展的春天即将到来！

例如从事专业养殖。多年前，父亲看完中央电视台农业农村频道《致富经》，大受鼓舞，决定饲养竹鼠，于是把老屋整修一番，买来竹鼠幼崽若干。父亲困于农事，无法做到全天候养殖，且只有一户在养，形不成规模，渠道商不愿意上门收购，所以父亲饲养竹鼠的积极性下降。久而久之，竹鼠越养越瘦，折本而终。如今父亲无须务农，且整村村民都闲余下来，如果政府进行有针对性的引导，就有机会形成特色、规模化养殖。

再如专业技能。政府可以整村、连片地对农民进行技能培训，整体对外承接业务，例如地产界知名的宁波象山施工队，其团队专业技能强，更重要的是成员稳定、便于管理，所以广受市场欢迎，对外的议价能力也高。

二、尴尬的治理

与这一巨大变化不协调的是，乡村的发展、行政管理完全落后，乡村的春天迟迟不见开花。

前两年，老家镇政府为推进城镇化，扩大镇区规模，推进地产开发，拟将集市迁往镇北山坡上，不久盖起一个大型农贸市场。但只有这么一个大产权建筑，开发商便违规将产权分割、出售给商户。

不久后，商户集体上访，原因是生意做不下去。镇上居民、附近村民习惯了老集市，不愿爬一个大坡，满脚黄泥地在新市场购物，于是纷纷“用脚投票”，依然自发去老市场交易。新市场门可罗雀，商户要求退钱撤场，开发商不答应，引发集体上访，把镇政府搞得焦头烂额。

可喜的是，乡土社会自有其运行规则：熟人社会，重人情，甚至有些顽固，对不合理的行政命令有一定抵抗力。试想，换在城市，政府要搬走一个菜市场、关掉一条街、清走一批人，有的是办法，而在乡村，并没这么容易。

可叹的是，乡镇级政府职责的缺失。作为中国行政管理的最末端，乡镇政府从思维到能力，再到管理上已陷入尴尬的境地。如今的乡镇政府堪称“万金油”，无所不能，又无一精通。

例如，我老家所在镇，人口 4.3 万，其中干部 60 余名，略多。但落到具体工作上，60 余名干部又不够用。

乡镇政府当前最主要的工作是发展经济，而大多数中部地区的乡镇，将发展经济的主要套路简化为引进工业，主要是沿海地区淘汰的劳动密集型企业，如鞋厂、制衣厂，而有污染的化工厂、金属加工厂之类的企业，一般会入驻管理更严格的县级工业园。

其次是维稳，防范安全事故，防止群体性事件。光处理上访，就占用了政府部门很多精力，这也直接关系到官员的饭碗。

再次是与上级县政府的对接。经过精简，本地县级党政机关、县政府委办局仍有不下 50 个，60 余名干部，光与上级对接、完成上级交代的工作，就够累的了。

最后才是农业和农村管理。一方面，由于无关乌纱帽、无关政绩、无关吃饭（财政主要靠工业和上级拨款），很多干部又难以升迁，所以这块工作就显得随意和乏力。从分工上说，农田、水利、畜牧、种植、新农村建设……有没有专业知识不说，往往由不同干部兼任，谈何管理。

另一方面，乡镇政府的尴尬又令人心酸。

首先，乡镇政府的一些管理者自身专业水平有限，没有财权。没有钱就无法引进外部规划力量，自己又不懂，才会出现镇政府拍脑袋迁集市的做法，劳民伤财，吃力不讨好。

其次，乡镇政府没有执法权。乡村自带封闭属性，又是人情社会，即使乡镇干部有心办事，也只能靠人力、嘴力，结果只能听天由命。

乡镇以下的村委作为村民自治机构，不是政府，又非社会团体，更无钱、无权、无能力，仅仅作为一个上传下达的传声筒以及本地村落利益的平衡机构，更难谈管理、引导和服务了。

反之，乡镇政府、村委无钱又无权，而农民的权利意识不断增强，对乡镇政府、村委存在不信任甚至敌视观念，有事求政府，无事骂政府，“端起碗来吃肉，放下筷子骂娘”，导致乡镇干部两头受气，有苦难言。

综上，乡村行政管理、服务的缺席，乡村干部的乏力，加之“乡绅”群体的消失，导致有些乡村发展呈现放任自流的状态。农民的“解放”与乡村发展的巨大可能性，停留在理论上。

其实，乡镇政府、村委仍可以为农民做许多事。比如上文所说，可以结合地方特点，规划发展规模化、特色养殖，整体对外销售；或者整村进行技能培训，特色手工、特色食品、红白喜事、电商、建屋、装潢，乃至施工……在区域范围内，进一步细化农村分工，细化管理，打造整体竞争力。再比如，在靠近城市、交通便利的地区，发掘本地文化，组织民俗活动，开展休闲农业；或者打造特色农产品品牌，制定生产标准，引导农户共同参与；或者针对留守儿童教育问题，组织中老年群体学习科学教育，摒弃传统“打骂式”教育、粗放式教育；或者组织乡村儿童学习英语，不要让城乡教育差距越拉越大；或者从政策层面，放宽农村户籍管制，让有能力、有意愿、能为乡村发展带来贡献的群体回到农村，带动农村发展，甚至可以像北京、上海等大城市设置户口门槛一样，设置评分标准，让那些能为农村做出大贡献的人的户口允许被迁回……

类似的事情落到具体工作中，更合适的办法肯定有很多，比我有发言权的基层干部就太多了。

同时，这是个系统工作，在乡镇政府、村委信用萎缩、能力不足的情况下，县级政府、各种社会团体，就更应该积极、主动参与进来。

三、如何“解放”

乡土文明基于不动产——土地，宅基地（乃至祖坟）以家族为核心，促成“熟人社会”的关系网络。这套系统稳定、有序、富有人情味，也自带劣根性。

首先是封闭。民间常说北上广之类的大城市“排外”，其实乡土文明本就排外。儿时，我们就常听说为了争夺山地、水源，相邻的两个村子持械相向，时有人命事件发生，往往累积世仇。即使无冤无仇，大村庄欺负小村庄、大氏族欺压小氏族、本地人排斥外地人的事，也是常见的。

尽管时代发展至今，乡村与外界的交流已十分便利，视野开阔了许多，但“圈子”观念仍然根深蒂固。例如，如果没有血缘、地缘关系，外来人往往难以稳定租用乡村优质资源，在缺乏权益保障的情况下，难有外来资本、人才引导乡村发展。

其次是小农意识。“各扫门前雪”决定了农民自发组织起来，像当年的小岗村一样，集体寻求发展、改变现状的路径难以实行。

因此，地方政府工作还存在不足，自身无能力，外部无借力，好不容易“解放”出来的农民，好不容易看到的春天，又陷入绵绵阴雨，他们出路缺乏，只有出卖廉价劳动力这一条出路。

时至今日，单纯务工已不是好出路：沿海地区低端产业本就难以生存，就业机会渐少，工资不见涨，生活成本又高，并不划算；在本地工业园区上班，月薪2000~3000元，年收入3万元左右，没有社保，不交公积金，脱离土地，生活所需都要购买，捉襟见肘，孩子教育、将来的养老更是难题；就近做零工，则不稳定，仅适合50岁以上群体补贴家用。

半工半农，结果非工非农，农村真实失业率比数据高得多。许多外出务工人员，往往是沿海和老家两地跑，有活干就出去干几个月，外面不好混就回老家待几个月，收入大打折扣。

还有许多农村“啃老族”，不愿种地，又嫌打工不赚钱、做零工丢面子，或宅在家混日子，或横行乡里，或外出犯事乃至违法犯罪。伴随着这些情况，农村离婚率高涨，出现拖儿带女集体“啃老”现象。

想来真是讽刺，这些五六十岁且即将丧失劳动力的群体，已然成为农村支柱。再过十余年，当他们苦了一辈子，耗尽了人生最后的血汗，完全丧失劳动能力，无法养老，还要被后辈拖累，更苦的日子还在后头。

四、基因之变

以前的乡村集市上，菜贩、肉贩得喊“这是外地品种”才能卖出去，现在就得喊“本地产”才能卖个好价钱。原因无他，只因农产品问题越来越多，本地的还稍微值得信任。

有一次回乡，母亲特意去村里人家购买土鸡蛋，1.5 元 / 个，还是乡亲价，令我怀疑：在上海买了十多年的土鸡蛋，到底“土”在哪里？

春天乡村集市的另一主角——种子与秧苗，也反映出同样的问题。

原本种植乡村作物，无须买种子，上一年作物成熟，留一部分用作来年的种子即可。可现今多数作物因为商业利益与转基因技术，一些自留种子已无法使用，只能重新购买种子或秧苗。此外，滥用农药、化肥、激素、保鲜剂等，使得农产品问题越来越多。

为何以前就没有这么多问题？

乡土作为“熟人社会”，生产者和购买者基本都是本地居民，产品若是人为导致质量问题，十里八乡都会知道，不但卖不出去，还要被人戳脊梁骨，甚至会连累父母、儿女乃至亲友抬不起头来，成本太大。

基于这种熟人间的信任、监督、道德惩罚，乡村构建起较为稳定的信用评价体系。如有人搞破坏且屡教不改，只要不是恶性犯罪，则一般由乡绅、长者组成的团体，代表族人、地方进行惩戒，大不了驱离本土，让其去外地罢了。

如今随着经济发展，乡村生产专业化、销售渠道多样化，生产模式改为本地生产后直接拉去外地“祸害外乡人”，信用评价体系早已崩塌。

同时，乡土价值观也日益物质化，宗族等传统权威早已被打破，传统乡土文明体系正在崩塌！

农民的双手被解放出来，却没有赚钱的途径，失业率高；随着空余时间增多，黄赌毒、庸俗文化逐渐渗透乡村；离婚率上升，青壮年单身汉日益增多，给农村治安带来隐患；政府管理与服务乏力，传统文明体系崩塌。这种状况正蚕食着稳定了数千年的乡村秩序。如不重视，恐积累成严重的社会问题。

五、乡村主要矛盾

当前乡村的主要矛盾是什么？如果让我尝试做一个定义，我想应该是：迅速解放的生产力与落后的乡村治理之间的矛盾。

遗憾的是，政府及社会各界对乡村问题关心、研究得太少。即使看到问题，多数人都在指望城镇化、经济发展和时间来解决问题——仿佛农民就应该在大地上自生自灭。

罕有人关注乡村这些关键而根本的变化。这既是对农民的不公、时代的不义，也是任问题不断积累的不负责任。

只要真心为农民着想，为乡村做实事，一件件去做，问题就是会一点一点解决，乡村就会一点一点变好。毕竟，世风再变，农民依然是个懂得知足、感恩的群体。

03

城市病与乡愁

一、硬币的两面

老家一位远亲之前带着儿子来上海住院。医院在杨浦区，离我有点远，我一直说去看他们父子俩，忙这忙那，就一直没去成。

直到他们离开那天，通了个电话，约好下次来上海再见。我说要带他的儿子看看上海这座“魔都”大城市。

我知道他们还得常来。因为他5岁的儿子身患白血病，每隔一两个月就要来化疗一次。我见过这个乖巧的孩子，大夏天裹得严严实实，戴着口罩，隔绝着外界可能的污染源。口罩上方是扑闪扑闪的大眼睛，藏着活泼与好奇。

我暗自责怪自己的忙碌。在外地出差好些天，回来又琐事不断，有两次要出门却都被缠住，希望他们能理解。

有数据指出，中国人的工作时间在世界各国中处于较长的水平，每周工作时间近50个小时，比世界平均的36小时高38%，不仅远超欧美发达国家，也远超其他发展中国家；又据中央电视台、国家统计局等联合发起的“中国经济生活大调查”显示，除去工作和睡觉，国人每天平均休闲时间为2.27小时，不及欧美一半。

“工作太忙，没有时间休息”是主要原因，其次是“单位无带薪休假制度”，再次为“竞争压力太大，担心失业”，等等。

由于焦虑与忙碌，我们患上各种各样的城市病。加班熬夜的，往往体弱气虚；常伏案头的，多半肩周酸痛；在外跑业务的，多半肠胃不佳；吃香喝辣的，又往往以三高为伴……

更要命的是，就算大家都很拼，却没几个人敢说自己成功。放眼望去，人们脸上，很多时候都写着说不清为什么的“不开心”。

城市让生活更美好，而上海这座城市的美好，是由2500万人创造的。因为这2500万人，城市变得更丰富多彩——我们能接触各种各样的人、各种各样的机会，感受各种各样的文化和各种各样的可能。比如一位朋友，作为一个乡下穷小子，娶了某县长的女儿。如果放在老家，这是绝不可能的事，县长的女儿基本上只会嫁给同僚或者商人的儿子。

即使不是大富大贵，我们在城市也可以生活得很自在：地铁从早上五点运营到晚上十一点，没有地铁还可以随时叫车，便利店、快餐厅24小时营业，饿了随时外卖上门，懒得逛商场、菜场，打开手机也有人送货上门……只要回老家待上一小段时间，就会怀念城市生活。

然而，也因为人多，导致城市竞争压力太大，生活不堪重负：人多车多，交通拥堵；住房不够，房价高企；空气污染，水源不足；上学难，就业难，就医难；人们神经敏感、情绪激动；“键盘侠”充斥现实和网络，舆论危机频发；贫富差距大，伴随治安隐患……于是出现了城市病。

正如一枚硬币有正反面，选择了一面，必然要承受另一面。所以当你选择城市时，就意味着得忍受这些城市病。而当一个城市选择要做“大城市”时，也不能为了治“城市病”，把人们从出租屋赶出来。

“此心安处是吾乡”，回头一看，我们都成了没有故乡的人。

这时候，我们总是无比思念故乡。

从乡村出来的“新城市人”，多少还想着多年后退休回乡养老。而土生土长的城里人，哪怕去乡村休息几天，呼吸一下新鲜空气，吃点农家饭，睡一个安稳觉，也觉得幸福。

我们不能没有乡村，无论是在现实中还是精神上——它是我们现实中的家园，也是我们的精神家园。

二、何为乡愁

每个人，最初都由他的故乡形塑，毕竟一方水土养一方人。

秉承着尊老传统，在上海安家后，我一直想着把奶奶、外婆接过来住一段时间。八十多岁的外婆连连摆手：“坐车到镇上都晕个半死，那么远，去不了去不了。”今天的中国，人口流动率巨大，我所认识的人，从学习到工作，基本没离开过故乡的，除了很多乡下老人，还有在北京、上海这样的大城市的几个朋友——外婆未出远门，是因为晕车；大城市的朋友，是因为没出国，又看不上其他“乡下”。

前两年流行一篇文章《人到中年不如狗》，而**中年危机的另一个名字，也许就叫作乡愁。**

这份乡愁，首先来自空间上的“故乡”。

可喜的是，时代在发展，故乡的物质生活条件越来越好；可叹的是，也许每个人的故乡，或多或少都在“沦陷”。

这种“沦陷”，首当其冲的是感官。在城镇长大的朋友，看着一幢幢拔地而起的高楼，找不到家门口的巷子；在乡下长大的孩子，看着坚硬的水泥路，亮化的“新农村”，回不去儿时嬉戏的山野。

儿时最大的享受莫过于在不用上课的日子，一帮孩子在布满荆棘和巨石的山冈上飞奔，灵活得像一只只猴子，徒手攀岩，跃过沟坎，采摘野果。大人们忙于劳作，任孩子们疯野。我们爬上山顶，俯瞰村庄和大地，感到我们生活的地方原来这么小，想象山外的远方是何等模样。如今，那些山冈上的草木遮天蔽日，人已经无法靠近，还有几座山被采石场夷为平地。孩子们喜欢宅在家，看电视、电脑，玩大人的手机，偶尔抬头，怯怯地喊声叔叔伯伯，又投入电子产品的世界中。

儿时令人难忘的记忆还有外婆家的祠堂，那里面总放着一面大鼓。小小的村庄，每到逢年过节，鼓声隆隆，人们汇聚祠堂，焚香拜祖。小姨参加了大队上的“戏团”，涂着猴屁股似的腮红，提起花灯，扭着不咋好看但精神抖擞的步伐。时至今日，这座村子已破败凋零，只剩了几户人家，还都是老弱病残，要凑两桌麻将都费劲。

还有我们一行人常背着大人去游泳的水库，那里的夏天沁人心脾。我在那扑腾了好几年才学会游泳，有一次还无意间救了一个同村孩子的性命。后来，那座水库被用来养鱼，为了把鱼养得又大又肥，养鱼人往里倾倒各种粪便，别说游泳，靠近都令人反胃。再后来，水库完全干涸，以至于连同旁边的小山也被一起炸平，修成国道。

另有邻村的几棵百年古树，遮天蔽日，儿时我们常在树下下棋、捉迷藏、和邻村的孩子打架，但据说现已全被卖给树贩子了，现在不知在哪座城市的哪个高端小区里栽着。不知道它们是否也会怀念故乡。

这份乡愁，也来自时间上的“故乡”。

当我们回到熟悉的地方，物不似，人已非，内心总免不了有些失落。

孩子不再需要一起玩耍，靠电子产品、各种玩具也能很开心；年轻人不愿学习也不想打工，幻想着靠赌博、拆迁、彩票、直播发财；老人把孙辈丢给电子产品，也外出打过工见过世面，不再“讲那过去的事情”，凑在一起打牌打麻将。

我八十岁的奶奶，跟随我叔叔在镇上、县城生活多年，逢年过节，就算大伯、姑姑们去接，也不愿再回老家的村子。不是不爱故土，而是因为她常常“看不惯就要说，说了别人也懒得听”，搞得大家都生气。

这种愁绪，也表现在时间的更多方面。当我们怀念旧情时，会说“现在的年轻人，谈恋爱太随便”；当我们想念朋友时，会说“现在交个真心朋友怎么这么难”；当我们回忆青春和理想时，就会叹一口气说“如果当初那么做，我们会不会更好一点”……

时代的发展，与人情味逐渐呈现此消彼长的矛盾。逢年过节，人们不再需要互相探望，而是发个微信、打个电话、发个红包，草草了事；邻里也不再需要互相关照，而是关起门，各自看电视，有什么事找物业就行；熟人遇到纠纷，想到的不再是调停，而是动不动就打官司（事实上，打官司的效率极低）。

人与人之间，越来越不需要彼此，也越来越像一个一个孤岛，难道这也是时代发展的进步？

这份乡愁，更来自我们内心遗失的事物！

当我们不满现状、回忆往昔时，总喜欢说“现在的 ×× 啊，真不如以前的 ××”。是的，我们吃的肉和菜，没有以前的香；我们用的工具，没有以前的结实；现在的孩子，没有以前能吃苦；现在的人，也没有以前可爱……

人们越来越自信、理性，物质越来越发达，可是人们没有变得更好。这是因为我们在建设新东西的同时，遗失了太多优秀传统。

这种传统的遗失源于“社会”的缺席。

当今中国，呈现一大一小两极化。大的方面，祖国越来越强大，国家观念空前加强。小的方面，人们越来越自信，个人权益越来越被重视，在享乐、自由、打破条条框框方面，个人主义得到了前所未有的体现。

如熊培云在《重新发现社会》一书中指出的那样，在一大一小的体系之间，出现“社会”真空。

这个真空，本来是中华文明（如“仁义礼智信”“己所不欲勿施于人”、尊老爱幼、尊师重教、勤俭节约等）传承的根基。自古“皇权不下县”，社会能持续、稳定运转几千年，没有这套社会文明体系是不可能的。

这套文明体系尽管传统，但富有人情味、凝聚力、社会监督力、传承力。随着经济发展，加之近些年来的网络冲击，这套文明体系已经让位给个人主义。以至于今日，当我们看到各种社会问题、不良风气或对现状感到不满时，除了发发感慨“人心不古”、敲敲键盘骂骂，也没有更好的办法。

现今的中国面临的真正困难，不是外部压力，而是来自我们内部——文明的遗失！

三、乡愁重建

亲人

——雷平阳

我只爱我寄宿的云南
因为其他省我都不爱；
我只爱云南的昭通市
因为其他市我都不爱；
我只爱昭通市的土城乡
因为其他乡我都不爱……
我的爱狭隘、偏执，像针尖上的蜂蜜
假如有一天我再不能继续下去
我会只爱我的亲人——这逐渐缩小的过程
耗尽了我的青春和悲悯

我曾做过一个关于乡土的简单调研，其中关于乡村形象，一位朋友的回答一语中的，又令人默然深思。他说：**“中国的村叫农村，西方的村才叫乡村。”**

是的，当我们谈论西方文化的“乡愁”时，气氛是“高雅”且明快的。

欧美乡村音乐，曲调简单，亲切热情，多关于爱情、家庭、牛仔文化、乡村生活方式、地区的骄傲、上帝与国家等。即便有忧伤，也多半洋溢着慰藉与豁达。

西欧绘画，甚至还产生了乡村风俗画派。油画中的乡村，无论是金黄的麦地还是向日葵，连绵的薰衣草还是橄榄树林，拾麦穗还是干农活，大多色彩明快。即便反应的是劳作的辛苦，也洋溢着爱与平和。

再如日本，同样是受儒家文化影响，其乡村洋溢着鲜丽的色彩和治愈系的人文情怀，譬如电影《小森林》《幸福的面包》《哪啊哪啊神去村》，以及宫崎骏的动画电影，纷纷展示着清新而绝美的乡愁，洋溢着生活的幸福味道。

电影《小森林》中的日本乡村。在我们的许多乡村，这也是寻常之景

再看我们如今的“乡愁”，却真的令人发愁。

今天的中国，无论是音乐、电影、文学，似乎都耻于“乡愁”，仿佛一沾上乡土，就变得土气、掉价。

搞音乐的，要搞国际、流行、高雅、先锋……只有一些老民歌还带着遥远的乡土记忆。

拍电影的，要拍玄幻、破案、搞笑……最好是大片，搞不大就搞文艺。乡土题材，好像就剩下电视台偶尔播的乡村“致富”电影。

搞文艺创作的，也要写都市、传奇、爱情、历史……乡土似乎只能追溯贾平凹的残垣断壁，赵树理的“山药蛋派”，鲁迅笔下温存、忧伤的闰土和西瓜地。

搞财经的，也要高谈贸易战、工业互联网、牛市、房地产……触及乡村，只能谈城镇化、新农村建设、农村电商之类的浅显话题。

我们的文化建设者，在乡村建设、乡愁文化建设中，总体是缺席的。

通常所见，要么追逐市场，要么简单追逐规模。当然，我们需要国内外大片，但我们更需要像塔可夫斯基、宫崎骏、侯孝贤等那样的乡村文化传播者。我们需要开放，也需要向内审视、挖掘骨子里的乡愁力量，以及进行乡愁背后更深刻、独立的本土思考。

当文化建设者纷纷缺席时，作为观众，我们可以选择为类似的乡愁重建贡献微薄的力量，给乡村工作者和本土文化力量更多关注。

我们的教育工作者，也需要更多努力。

最后，我们的乡村建设者也需要更多、更接地气的文化建设投入。

文化本来是传承、渐进改良的，由于“乡绅”群体的遗失、文化建设的乏力，我们的大多数乡村已经“失魂”，不再具有文化造血能力。传统遗失，人心思变，所以，今天我们即使回到故乡，也难以寻觅印象中美好的事物和曾经打动我们的淳朴民风，而是徒留叹息。

每个城市都在找自己的定位、挖掘自己的特色、谋求更大的发展，为什么乡村不可以？

今天的政府和新农村建设者，除了千篇一律地建工业园、修公路、扒拉老房子、粉刷墙面，也需要挖掘本地的文化基因，建设本地的文化组织，引导乡村重塑我们曾经有过的精神家园！

四、尾声

故乡雨后彩虹

当我们的城市病了，我们还能回故乡寻求精神慰藉。

可是当故乡病了，我们往往事不关己、漠不关心，大不了视而不见、不再归去。渐渐地，我们都将成为失去故乡、没有精神家园的人。

04

“合村并居”与新乡愁

一、“网红”大山东

前几年山东是非较多。冠县农家女被冒名顶替上大学事件，被媒体曝光，随后，相关部门又查出类似事件242例，如不是媒体的曝光，242个人逍遥法外就对应着242粒尘埃被大雨冲刷入泥，消失不见。

山东的"大胆"我早有了解。我的一个山东前同事，几年前有两张身份证和两个名字，我们都惊呆了，不知道哪个是她，但的的确确两个都是她！而她说，以前这在她老家挺常见，当地派出所就能弄。

再比如前几年广受关注的"合村并居"，既轰轰烈烈，又广泛存在。事实上，很多地方政府大胆、粗暴的乡土大拆迁由来已久，如不是知名媒体报道，恐怕还会继续暗戳戳地"轰轰烈烈"下去……

朋友睿愚兄就来自山东，年初刚写了几篇夸家乡的文章，最近在群里的"舆论攻势下"，他"自黑"兼"被黑"，"黑"得多了，大喊一声"不要黑俺家乡"，引得大家一阵大笑。

撇开这些个别事件，其实山东风光秀美，山东人大胆豪爽，我的一些朋友还住在网红城市青岛、威海，说实话，山东其实一向招人喜爱。同时，山东还是北方诸省GDP老大，只是近些年与全国GDP前两强（粤、苏）的差距不断拉大，山东主政者心中充满一种既自豪又焦虑的情绪。压力之下，难免动作变形。

这种"山东情绪"，不正是当下中国最具代表性的情绪之一吗？

二、"合村并居"账本

关于山东"合村并居"的争议，网上的一些文章有过分析，大致是以下逻辑。

一方面，山东不少地方政府近年债台高筑，在去债务杠杆的基调和城市已经拆不动的情况下，拟通过"合村并居"，拆掉小村庄攒成大社区，释放出大量集体建设用地，再将这些建设用地指标卖给发达地区以化解债务危机。

另一方面，山东农村人口多，村庄规模小、密度大，管理成本高，拟通过"合村并居"进行集中管理，并盘活乡村。同时将农民"赶上楼"，"提升"其生活水平。

不管出发点如何，现实都是残酷的。一方面，指标拆出来了，但卖不出去或卖不出好价；另一方面，农民被迫“上楼”，远离土地、生产不便，城市化住宅设计往往又有一堆缺陷，并不好用，比如无法存放农机、农产品，而且面积普遍缩水，农民的生活质量实际上是在下降。可见，地方政府不规范的“合村并居”劳民伤财，难以收场。

事实上，“合村并居”的黑锅不能只让山东背。这种情况长期、广泛存在于山东及苏北。

以我调研的苏北某县为例。该县推动土地流转，政府以 850 元 / 亩 / 年的租金从农民手上征收土地，再加价统一转包给种植大户。通过土地整合提升生产效率，符合经济常识，而且在现实中，这种方式推动小农退出土地、走向劳动力市场，本身并不坏。

值得重视的是同步进行的“合村并居”。当地做法是以 600~1000 元 / 平方米不等的补贴，回收农民宅基地。以我的一户亲戚为例，老两口以 102 000 元的价格将 120 平方米的老宅出售，合 850 元 / 平方米。10 万元的收入，加上老两口 2 亩地每年 1700 元的租金、148 元 / 人 / 月的养老金，这对老两口的纯收入瞬间放大很多倍，脱贫自然不在话下，要说小康也并非不可。

可老两口的脸上并没有多少喜悦之情。与城市人一拆迁直接变成百万富翁、千万富翁相比，农村大拆迁凸显出的，更多是不公。

我们不能只看表面收入数字，关键在于拆掉老房后怎么办。其路有两条。

其一，跟着政府政策走。

与城市拆一赔几不同，当地拆迁是货币安置。安置房需要购买，镇上安置房有“阳光排屋”和“电梯洋房”可供选择，市场价格为 1600~2200 元 / 平方米不等，拆迁户可享 8 折优惠。

优惠看起来还可以，但农民出售的是宅基地，120 平方米的土地可盖两三层楼，也就是 240~360 平方米的别墅。以土地面积换住房面积，本身就不公；另一层不公在于，即便最便宜的“阳光排屋”打 8 折，算下来还需要补每平方米好几百元的差价。

这就相当于农民拿一套别墅，再加价换一套楼房，怎么算都是一个赔本买卖。难怪农民说，“农民上了楼，好日子到头”。

其二，走向市场，买商品房。

现今中国中东部地区，普通县城房价往往要每平方米5000元朝上，东部发达地区更得七八千元起。一套100平方米的二三居室动辄50万元起步，甚至上百万元亦不足为奇，10万元的补偿还不够付首付。

农民的别墅虽然不一定有楼房光鲜亮丽，但可以让农民自得其乐，没有负担。在“合村并居”的方案下，农民以低廉的价格奉献出安稳日子，背上月供实现生活“跃进”，显然不符合生活常识。

这就要与地方政府的房地产逻辑挂钩了。我曾任职于某地产开发商，开发商要进经济欠发达的小城市，重点考量的就是当地的拆迁量。“合村并居”，像是地方政府为了搞建设、稳房价，拆完城市又不能碰农业、工业生产工地，无处可拆，只好拆去拆农村。

老年人更加艰难！

老年人看起来还有一种选择：当地规定，年满65岁的老年人还可以选择公租房，每户两个房间，租赁合同中规定押金3万元，去世后退还房屋，押金退还指定继承人。听着像城市“以房养老”的乡村“山寨”版本。

细细一想，不太对劲，相当于他们用一个永久“所有权”换了个20多年（看寿命）的租赁权。大多数乡村老年人从来不是为自己而活，而是总想为后代最后留下点什么。退掉房屋后两手空空地离去，还要让后人花钱操办白事，万一子孙不肖，想想都难以闭眼……到头来一场空，感觉像被“空手套白狼”了一回。

要买房，更不可能！老年人没有偿还能力，银行不愿放贷，除非拿出好几十万上百万元一次性付款——有这个积蓄还吃穿不愁的老年人，肯定是乡村巨富，早就定居城市了。这条路自然更不可能实现。

我亲戚的最终办法是，花8万元给老人在镇上买了间三四十平方米的平房，再花2万元装修，也就是说，一栋120平方米的乡村别墅，最后变成镇上的一间小平房。连带失去的，是原来别墅附带的院子、院子里放养的鸡鸭、屋后开辟的小菜园、屋旁栽种的果树，以及不可能再回去的乡村生活……

老年人辛劳了一辈子，已无可贡献。这个“合村并居”，就算是他们临终前的最后贡献吧。

另外还有一笔账，那就是宅基地退出后土地收益权的归属。

理论上这些收益应归集体所有，作为保障或收益再分配回农民。但现实中，宅基地面积往往不过一两百平方米，转化为耕地，收入不过每年租金 100 多元，农民并不关心，同时又无权过问“建设用地指标转让费”，就给地方政府留足了操作空间。

最合法且最好的办法是，由村集体管理，所得收益投入村民社保、乡村公共事务管理。因此在退出宅基地的过程中，需要村集体代表村民进行争取——可想而知，村干部既缺乏积极性，也不想得罪上级，村民也不关心，况且许多村组被成建制撤销，大多不了了之。

这笔账农民自然无从算起，还需要社会关注并论证。

三、小农优越论

细心的读者会发现，上述“合村并居”逻辑是自上而下的，更像是地方政府站在管理便利和去债务立场的 2.0 版“大拆迁”。

客观上，不破不立，农民“上楼”了，农村变美了，房地产有新支撑了，地方经济发展了，还挺划算。但账这么算，迟早要出大问题！

转换一下视角，让我们站在农民的角度问：我为什么要拆？视角先离开一下山东、苏北。最近父亲种的几棵桃树成熟了，他接二连三地发来照片，还有房前屋后的橘子、梨与枣，硕果累累，今年肯定能丰收。

父亲是个老司机，疫情期间，他开车的工厂关门，处于待业状态。我说正好，来上海住些日子吧。他无情拒绝，“得，这阵子你自己都困难”。他的言语颇像他种的桃子，洋溢着满满的“小农优越感”，仿佛他是“富人”，而我才是“穷人”。

事实上，上海中产家庭中，夫妻两人工作，一般可以轻松月入2万元。而父亲在乡下老家月入不过2000多元，比起2019年城乡收入比的2.64：1，我和父亲的“贫富”差距悬殊。

只是经不起细算。上海中产家庭虽能月入2万元，但房贷、孩子教育、家庭开支、交际等算下来，完全不够花。父亲月入2000多元，没有房贷，吃自己用自己，就是抽个烟，只要打麻将运气不太差，一个月能存1500元。

说完数量，再看质量。上海中产家庭两居室一般六七十平方米，父亲在乡下住300平方米；我们上下班通勤时间2小时起步，父亲去附近工业园来回半小时；我们每天担心买菜有农药残留，父亲一转身在园子里随便拔；我们总觉得自己哪哪不舒服，父亲只有打麻将输了钱才觉得不舒服！

再细究，父亲除了工资收入2000多元，还有农业经营生产收入（以每年四五百元一亩出租）、转移性收入（少量国家“三农”补贴）、庭院经济收入（在院子里养几只鸡鸭）、菜园子收入（吃菜不花钱）、“野获”收入（捕个鱼、抓个虾）……实在过不下去了还有扶贫收入。我们的收入呢？一目了然，工资条上都明明白白地写着。

最后，城市中产好歹有社保，以后老了每个月还能领钱。事实上，如今农村也有基础养老保险，以年缴费最低基数100元算，月缴8.3元可取70元，月投入产出比约为1：8.4，我们的社保“投入产出比”呢？这点优势好像也不值一提……

这么看，如果不以量化的“纯收入”数字，而以实际生活水平来看，农民未必真的穷。

即便按数字算，一般农民工家庭有两个成年劳动力在外打工，年收入往往轻松超过10万元。尤其在子女成年参加工作后，全家收入更高，只要不被“大拆迁”、不在城里买房，家庭积蓄往往能逐年增长。攒到一定年头，翻新小楼，加以装修，再买个小车，土地田园、鸡鸭牛羊、果蔬“野获”，也都还属于自己……无论怎么看，这才是真正的生活进步！

如此看来，乡村“大拆迁”，最终获益的究竟是谁？

不像城市里的拆迁，乡村“大拆迁”，拆的是农民的生活质量、民心，更是社会稳定的基础！

四、重识乡土

农民工从事的行业多半是中低端制造业，近年由于制造业不太景气，老家许多村民正处于失业和半失业状态。幸运的是，尽管忧虑，我们的农民工群体状态依然平稳。为何？

有两个原因。

其一，农民工有退路——回农村。

为什么他们向来能忍受较差的待遇、较苦的环境、较累的工作，可以为“中国制造”不声不响地输送“弹药”，面对形势的起伏也可以毫无怨言？因为他们多数人有着清晰的目标——在城市打工赚钱，将来回老家盖房子、过日子。

现今城乡生活条件差距缩小，外乡再好，城市再好，恐怕也不如自家乡下舒服。今天多吃点苦，将来就能多享受一点；经济再不好，起码回家种地不会饿死。

相反，城市人没有退路。

其二，农民预期值更低。

农民、农民工自觉没有文化和地位，“低人一等”，苦一点、脏一点、累一点，都不是问题。在当前社会结构中，他们已经低得不能再低，再差一点，又能怎样？

比如我的堂兄表弟，他们既有退路，又不需要考虑太多“面子”，不高兴就不干了，经常“炒老板鱿鱼”。城市中产却有太多顾忌，圈子又小，只能唯唯诺诺，忍了又忍。事实上，农民工比中产更自由。

因此，**“小农”虽有其组织、思维的固有缺陷，但也有其跨越周期和时代的适应性、优越性。城市比乡村，未必更优越；乡村对城市，也未必要仰望。**

跳出当前城乡横向差距视角，再从纵向历史看，乡土更是城市发展的倚靠。

我们都知道“第一桶金”的重要性——只有短期、迅速取得原始积累，才能实现后续投资效应。而中国现代化建设的“第一桶金”，就来自乡土贡献。

相关研究资料表明，在新中国前60年（1949年—2009年），农民光通过工农产品价格“剪刀差”、廉价劳动力贡献、土地资源贡献，就直接为国家建设积累资金约17.3万亿元。

前几代农民勒紧裤腰带、砸锅卖铁也要为国家倾其所有做贡献；后几代农民背井离乡，献完土地献子女，前赴后继、放弃权益、埋头苦干，终于为国家建成先进、完整的产业链及一座座靓丽的城市。其间，但凡农民有一次不满、反对，都不会有今天的“和谐中国”。

因此，今天的“乡村振兴”，既是补发展短板，也是当代中国向几代农民的“还债”。

除了建设原动力，乡土还为国家贡献着根本的稳定力。温铁军在其所著的《八次危机》中提到，纵观当代中国的国家工业化史，凡是能向农村直接转嫁危机代价的，产业资本集中的城市工业就可以实现“软着陆”，原有体制也就得以维持；凡是不能向农村直接转嫁的危机，就在城市“硬着陆”，也就导致了国家的财税制度乃至经济体制的重大变革。

70年来，在国家经历的一次次的危机中，广袤乡土直接或间接地承载了社会变革的沉重成本，实现了对各种经济和社会危机的自然消化。

从新中国成立之初，供销社体系下的工农产品“剪刀差”对城市高通胀的消化，到20世纪60年代至70年代农民勒紧裤腰带，接收了2000万~4000万的“上山下乡”知识青年，到2008年金融危机后城市经济通缩、消费不足背景下承接住“家电下乡”“汽车下乡”的政策，再到农民工返乡潮……直至今天如此严峻就业情势下依然国泰民安，乡土作为社会发展的调节器和稳定器，是作为压舱石存在的、真正的“大国之基”！

基石的价值，不在于横刀立马、风风火火，而在于让人在无数迷失的当口，处变不惊、找回自我。因此，所有不顾市场规律与乡土真正所需，切断农民退路、折腾乡村、自毁基石的行为，都是短视、自私且愚蠢的！

五、乡土建设的原则

在任何时代，乡村都是根基，即使不富裕，自给也是有余。尤其一些东部乡村、城郊乡村，很多更早已迈入小康。

当前的问题是，纵使国家早已提出农村生态经济，许多地方政府发展乡村的思路，依然停留在城市化、房地产、（低端）工业化的老调上。

当城市化、房地产、工业化遇到市场瓶颈时，一些地方政府就想到粗暴的解决办法。更隐蔽又影响较大的行动，是许多地方政府都在做的——有意无意地缩减乡村中小学，将学校并入城镇，将优质教育资源抽调至城市。农民很少为自己背一辈子债进城，但为了后代教育，只好“主动”进城。

从更广泛的角度来看，多年来，广大民众已被城市化、房地产、工业化、商品化影响，只看到好的一面，仿佛成为发达国家指日可待。实际上，我国仍处于发展阶段。此时要补的是乡村短板，而不是单纯把城市长板越砌越高。

广大农民也是如此，自觉城市高人一等，只有进不了城的“城愁”，并无乡土建设的“乡愁”，仿佛离了乡进了城，就能实现人生的飞跃。

然而，乡村不易，城市就容易么？城市居民自己都还不富裕，农民进城后更是不易。城市自身资源都还不够，农民进城后与城市居民抢公共资源，对双方都无益。

不像城市建设空间大，乡土建设的根本障碍，在于无论如何发展，都难以脱离土地。既然无法回避，像“合村并居”式的“不破不立”也算一种办法，但需稳妥有序推进。

乡土建设的原则，必须是稳中求变。在不刨断根的前提下，向市场求变，向政府职能转变求变！

一个正面的例子是，杭州建德市的“果蔬乐园”建设。

早在 2013 年，建德市农办与旅委打破部门限制，农旅携手，整合各乡镇特产农产品，通过打造果蔬特色基地、特色餐饮、衍生产品开发等，推动农民全程参与生产、加工、营销、旅游接待环节，形成“农户 + 果蔬乐园 + 乡村休闲游 +

民宿”的发展模式。

政府作为“果蔬乐园”品牌的持有者，将重点放在“树品牌、搭平台、强管理、重服务”上，厘清各层级的关系，把市场的事情交给主体做，把专业的事情交给服务商做，做到参与不干预，不因建设而建设。多年来，建德市“果蔬乐园”始终围绕让“农业增效、农民增收”的灵魂探索、发展，通过打造授人以渔的“颜值经济”，实现了本土自发、深度的美丽乡村建设。

因此，乡土要振兴，首先在于从文化和管理上给乡村松绑。尊重乡土的“里子”，恢复乡土的自循环与活力，建立乡土的自信与自建等内生力量。其次在于地方政府对乡村从“管理”到“服务”的职能转换。

如此，我们才能看到乡土乃至中国稳定而宽广的未来！

05

来，再次“包围”城市

一、边走边爱国

多年前，我做背包客，始于东部的上海，西至帕米尔高原，南至南海，北至锡林郭勒大草原、黑龙江大兴安岭，时常都在“行万里路”。工作中，又时常出差，因此，至今还未去过的省份，只有寥寥数个。祖国之壮阔，人文地理之多样，令我心神荡漾。

祖国西端海拔 7546 米的“冰山之父”慕士塔格山，与东端嵊泗列岛海面的灯塔，
隔着 5000 公里的对望

我爱这辽阔又复杂、美丽又沉重的祖国。我承认，我的爱国是贴近地面的，是始于足下，带着泥土的气息的。只是我想，一个不真正了解祖国的人，所谈的“爱国”难免陷于形式。

现今出国热潮持续，富人向往欧洲、美国，中产偏爱日本、澳洲，再下至家乡小镇上的大妈，交两三千元团费，也能潇洒地去趟泰国，回国后仍对其念念不忘。人们越来越开朗、开放，这是国家繁盛的体现，是好事。可回头一看，“走过世界”唯独忘了“回到自己”——自己国家还没去过几个地方，自己家人都还不熟悉。

维系人与人之间关系的基础，不是感情，而是了解。一万公里外的非洲天天有人饿死，人们往往认为无关痛痒，但隔壁家死了一条狗，便摇头叹息——不是说人们没有同情心，只是非洲太过陌生，而隔壁家的狗时常出现，多少还是有感情一些。

因此日本人、澳洲人、欧洲人、美国人与你再熟悉，也不会把你当作真正的朋友，而与我们生活在同一片大地的蒙古族人、藏族人、维吾尔族人……许多人知之甚少，甚至抱有疑虑与隔阂。比如，当我打算前往西藏、新疆时，亲戚朋友普遍感到忧虑："那边太乱，太苦，太危险，还是不要去。"

这无疑是个"灯下黑"式的遗憾。

二、乡村之爱与哀愁

多样的自然地理、人文环境塑造了东西南北不同的乡村之美。

东海上有一个枸杞岛，近年来，岛上的渔业总体衰退了，靠出海打渔谋生的人越来越少，"海上牧场"养殖业、旅游业却在提升，也有渔民牢牢守着自己的船，面朝大海只待扬帆。变化在自然而然中发生，这里依然保持着它自己的美，本地人、外来游客也享受着这份自然而然。

西北边陲，帕米尔高原的塔吉克族，天山深处的柯尔克孜族，阿尔泰山的蒙古族，他们每年忍受着长达半年的冰天雪地，多变而残酷的自然气候，远离城市与现代化生活，生活实属不易。可他们依然世代坚守牛羊养殖，每年转场数次，纵然艰苦，却始终感恩上苍、大地，实现了人与自然的和睦相处。

在喜马拉雅山脚下，淳朴的藏族村落以地里的青稞、草地上的牛羊为生，每家的围墙外铺满牛粪（晾干作为主要燃料），蝇虫纷飞，却有着虔诚的信仰和干净的灵魂。他们的脸上纵然沟壑纵横，却洋溢着真诚的笑容。路上遇见时，他们会真诚地邀请你席地同坐，分享糌粑、奶茶。

内蒙古锡林郭勒草原，壮美辽阔，人烟稀少，凑桌麻将可能得骑马半天。我曾进过一户陌生牧民的蒙古包，他们一家待我如亲人，让我同吃同住，第二天附近的亲戚还都跑来看我。我给他们看北京天安门的照片，他们满脸向往。尽管离北京只有700多公里，仅需一

尼木高原山谷的午憩

天的路程，但因为语言不通、文化习俗迥异，又或许困于牛羊，对他们来说，北京只能想象。

这户牧民的主人名叫宝音，他的表弟巴特尔骑摩托车带我到处转悠，还带我参加旗里的那达慕大会，但他骑不出草原——锡林郭勒草原有 20 万平方公里，是两个浙江省大小——草原上许多人终其一生，也走不出那茫茫草原……

我们的乡村，正如迥异的自然环境，越远离城市，越融于自然，越是充满多样的自然、民俗之美，也越可能面临着各自不同的问题。

横向看，中国东部尤其东南部乡村，多傍水而居，与城镇化、工业化相融，不乏家庭式工厂，繁盛热闹，但多半环境恶化、民风退败；西部的乡村，多布于山谷绿洲，较远离城市，自然农牧，粗犷洒脱，但经济落后，生存环境依然艰苦，容易被时代洪流抛下；中部乡村，则多夹在两者之间，青壮年外出务工，徒留老幼，耕地退缩，既回不到过去，也找不到好的出路，左右为难。

再纵向看，越往南方的村庄，越被现代化裹挟，在传统与现代商业文明间，人心躁动。到了广东南部，乡村与城镇逐渐融为一体，本地农民算是真正的富裕群体。他们一面投身发财大计，无所顾忌，一面本土意识、宗族观念强烈，与寄身其间的庞大的北方人群体有过不少矛盾。

而越往北去，气候越冷，乡村越安于环境。除了城乡接合部，城市与乡村越来越泾渭分明。到了东北的黑龙江，地广人稀，村民重家庭，安土重迁。该走的都走了，留下来的倒也自得其乐，农牧、林业仍是地方重要的经济支柱。村庄倒是人丁兴旺，社会发展却停滞不前。

三、城市与乡村，问题各在哪里

中国的城市，尤其是同一发展水平的城市，颇为相似。差不多的 CBD、新城区，差不多的高楼大厦、商场超市、娱乐场所，差不多的中山路、南京路、北京路，差不多的星巴克、肯德基、西餐馆、川菜馆、湘菜馆、沙县小吃，差不多的拥挤、忙碌的上班族、行色匆匆的行人……

天南海北的大小城市都围绕着“全球化”“工业化”“去农村化”三大主题，价值观、思想高度统一，其标准化运作，逐渐把天赋不一、各有特色的面孔塑造成一个模子。

如今，西藏、新疆、内蒙古的偏僻小县城都有了国家的资金、发达地区的对口扶持。于是，当地开发商便不顾自然环境、本地市场、风土民情，先建起漂亮的办公楼、豪华的大酒店、大型城市公园，至于繁华的步行街、城郊的工业园区，也是不能少的。

特克斯县有着西北地区最大的摩天轮

差不多的城市就会出现差不多的问题。例如对“新”的痴迷。截至2016年5月，全国县以上新城新区的数量超过3500个，规划人口达34亿。而大大小小的事情，产业方向、区域发展方向、投资方向、就业方向、补贴扶持与转移支付方向，都未有定论。

因此，城市问题主要在于，管城市的人太多，用力过猛，需要松绑。中国的城市发展已经很快了，人民不介意慢一点；我们的市长已经很累了，企业不介意轻松一点；城市的管理已经交叉得很严重了，市场不介意少管一点。

与城市相反，乡村的问题在于“没人管”。

当然，这里的“没人管”是相对的。党的十八大以来，每年都会有指导“三农”工作的中央一号文件发布，可一个中央一号文件概括不了近4万个乡、近70万个行政村、约261万个自然村的问题，一个“城镇化”、一个“新农村建设”概述不了农村前途问题，也无法完全解决5亿多农民的发展问题。

事实上，国家对“三农”倾注了很大力量，在正确的扶贫导向、强大的政府执行力下，绝对贫困已被消灭，农民因为自然灾害、疾病等原因而死亡的情况已经杜绝，现今的农民已不再担心“活着”的问题。

到地方政府，执行力便开始打折扣。再到行政管理末端——乡镇政府，政府官员既不需要懂农业，又不需要靠农民吃饭（财政主要靠工业和上级拨款），既无关乌纱帽，又无关政绩、升迁，农业和农村工作就显得随意和乏力。比如，从分工来看，农田、水利、畜牧、种植、新农村建设等往往由不同干部兼任，当他们真想做点事时，既缺乏专业知识，又无财权、执法权，面对农业和农村工作只能听天由命。

城市可以“标准化”、可以“拆一建”、可以举债、招商引资，乡村则不行。东部与西部的乡村，城郊与偏远的乡村，平原上与山区里的乡村，奔小康和求生存的乡村，有资源的和啥都没有的乡村……面临的问题都有本质的不同。因此，农村问题远比城市问题复杂。

也许，对地方官员的考核标准可以改一改：能把城市发展起来不算真本事，真要有本事，把农村也发展起来！

四、为什么没有“乡村改革”

中国近现代的发展，无不始于“农村包围城市”。

新中国成立后，土地改革使农民获得了土地，之后的农业合作化运动、人民公社化运动，以及建立户籍登记制度及粮食统购统销制度等都是靠调控土地、农民与农产品来推动国家重工业建设。改革开放的活力又始于包产到户、农民工自由流动。在城市与乡村发展均陷入阶段性困境的今天，是否可以再来一次“农村包围城市”？

而要再次“包围城市”，必须从乡村治理改革开始！历史证明，最适宜乡村的治理模式，也许还是“自治”。

千百年来，皇权不下县，乡村靠乡绅治理，“以中国之大，全由官府去治理社会的角角落落，成本之高难以承受。从宋到清，中国人口不断增加，官僚数量则增幅不大，在很大程度上是靠宗族与士绅在基层承担了‘扶济族众、化解纠纷、教化子弟’等责任”。

乡绅、村“领导”，由民众公认、推举，权力基础源于公众承认和支持，一般由有资历、威望的人担任，而且“单靠财富本身也不能给人带来权力和威信”。此外，乡绅并非职业，“得不到直接的经济报酬，但由于为村里人办了事，他们也乐于享受声誉，接受一些礼物……他们在村里所处的领导地位也有助于他们保持特权的工作，如当教师、当丝厂厂长等”。

譬如我的小外公（外公的弟弟），他就曾是村里的干部。他写得一手好字，掌管村委账目，温文尔雅，颇有威望。逢年过节，由他主持宗族祭祀活动，乡邻也常来求对联，村民之间有矛盾找他做中间人，有什么诉求也会向他反映。后来年纪大了，乡政府要他让位给年轻人，于是被“罢了官”，没过几年便患病去世。后来，村庄失了凝聚力，逐渐衰败，现在要凑桌麻将都困难。也许过不了多少年，那个“李家村”就将消失在地图上。

小外公要是还活着，年纪跟改革开放初期第一批乡镇企业家类似——他们可能就是最后一批“乡绅”，有能力，有闯劲，肯担当，带领村民致富，受到村民的拥护，既是乡村的“领导”，也是意见领袖。只是随着时代发展，以制造业为主的乡镇企业风光不再，加上新经济模式的冲击，他们已整体退出历史舞台。

即将消失的乡村建筑

乡绅集体的权力真正源自人民，除了获得声誉，他们还可以从带领乡村发展中获得实际利益。他们只有源于百姓，又服务、带领百姓，才能成为衔接政府和百姓的枢纽。

诚然，现今的“村民自治委员会”制度也是自治性质，“是村民自我管理、自我教育、自我服务的基层群众性自治组织，实行民主选举、民主决策、民主管理、民主监督”。其中，民主自治最重要的一个体现就是村民直选村主任。但实际操作过程中，权力往往掌握在村支书手中，而村支书由上级乡镇政府任命，甚至直接兼任村主任。

选举过程也不尽如人意。父亲告诉我，前些年，由于农村的宗族意识，很多村民根本不顾实情，先投本家人一票再说，或者一桌酒席换几张选票，导致直选成了村里有钱人的游戏，选举还未开始，村里东头西头就先吃上喝上了。直选搞得一塌糊涂，丑闻百出。最后选上的人往往成事不足败事有余，本着“毫不利村，专门害人”的精神，把村里工作搞得一塌糊涂。接下来就是群众上访，结果往往收到的回复是：“这是你们自己选的人，我们拿不下来。”

因此，以往选出来的许多村干部，往往是有势力甚至欺压百姓、涉黑的人，选上了也加紧贪腐。近些年政府监管加强，情况已经好了很多，但群众对干部的不信任难以迅速扭转。而在加强监管的同时，村委会的主要工作也逐渐简化为完成上级指派的工作和维持村委会基本运转，导致“干部干，农民看”，就在所难免。

一般来说，只要村干部不犯错不出事，就能持续干到退休。真要让他们带领村民改变现状、求发展，困于资源、能力、立场等，实在是强人所难。

我老家所在的村是典型的“中不溜”，地处中部省份，既不大也不小，离县城既不远也不近，既不富裕也不至于很穷。现有村干部5人，现任村支书由上级委任，已连任3届。5年一届的村主任选举，已成为一个形式。原来的村会计在村里干了几十年，快退休了，不知道谁提议，就选他当村主任，解决他的养老问题——村支书、村主任拿的是国家工资，年收入2万~3万元，由国家交社保。

地方经济落后，村里没什么“油水”，大家对谁当村主任兴趣不大。加上村民选举意识本来就欠缺，对此漠不关心。选票发到各个自然村，对于村会计，村民都认得，心中有数，懒得去领，“你选谁我就选谁”，有人不会写字，“你帮我代签就行了”。

还不如学校选班干部，起码得上台演讲、集中投票、公开唱票，热热闹闹。“你当爹，我当妈，他当儿子，就这么定了”，原本正式的乡村选举，倒像孩子们的过家家一般。

虽是自治，但在村民眼中，村支书、村主任已经是“官”，吃的是“公粮”，完成的是上级交代的任务，代表的是政府，与乡村自身的发展越来越无关。反过来，在地方政府的一些管理者看来：村民自治，就是把权利赋予广大农民，你们不好好用，还玩“过家家”，这个我也没办法；再说，我一不要你们纳税，二不靠你们吃饭，“闹事”倒越来越在行。如此，大家最好井水不犯河水，相安无事多开心。

结果，在当前乡村，自治不像自治，行政管理不像行政管理，呈现各自求生、放任自流的状态。

如我在前文所析，迅速解放的生产力，与落后的乡村治理之间的矛盾，成为当前乡村的主要矛盾。

当我们谈改革时，总是热衷于“经济体制改革”“供给侧改革”“国企改革”“行政管理体制改革”“医疗体制改革”等话题，却罕有人关注到乡村治理更亟须改革。

1978年，小岗村的18位农民签订的“生死契约”，推动了家庭联产承包责任制，直接解放了农民的积极性，整个社会迸发出强大的活力。经过40年的发展，大部分的农民也已经整体从土地上解放出来，如今他们再一次需要改革引导。“中国的人口红利正在慢慢消失，但是中国人口的质量红利还有巨大的空间”，这样的改革一旦成功，将激发出怎样的生命力，国家的发展、社会的进步又将进入怎样的一个层次，其中充满无限想象空间。

那么，这样的改革由谁来推动？

五、为什么不组织起来

乡村自治，不能坐等改革，需要自发的组织、探索。

发达国家都实施“农业保护主义”，注重保护农民利益，地方上的各种农业协会也往往联合起来，争取、维护自身利益。譬如，日本的农民就是一个相当抱团的团体，拥有高度组织性，由日本农业协同工会统一发声。农业协同工会最重要的诉求是提高农民收入，维护农民利益，而日本政府为了自己的选票，往往只能照单全收。

农业协同工会由于站在农民立场，获得了农民的巨大支持，因此“对下”也有组织力、推动力。譬如，日本宫崎县的芒果品牌“太阳蛋”的诞生，就源于当地农民组织的成功运作。

宫崎县原本不产芒果。1984年，当地果树技术会会员在前往冲绳学习蜜橘培育技术的过程中，吃到了冲绳芒果，后来念念不忘，便决定培育芒果。试种过程中问题不断，但在几户农家十年的坚持与不断改良下，这一高档品牌终于诞生了。

诞生艰难，维护更难。当地农业协同工会对“太阳蛋”严格把控，数量、大小、色泽、香甜度，只有达到标准的才能冠以品牌名出售，以保证每个芒果都毫无瑕疵。接下来，统一包装、营销、推广也是重点。譬如，在一次春季拍卖会上，两个一公斤重的“太阳蛋”芒果就拍到50万日元（人民币3万元左右）的天价，而拍下芒果的人表示，他之所以高价买下这两个芒果，意在表达对果农的敬意。

事实上，我国的部分地方，亦不乏政府组织、整合的区域农产品品牌，其中很多品牌还在各电视台农业栏目上推广过，但这种自上而下的推广，多见临时“任务”性质，效果难以持续。

中国的乡村太广袤，像老班章普洱茶、西湖龙井茶、赣南脐橙、阿克苏糖心苹果这样真正有天赋、有市场号召力的农产品品类还太少，即便属于同一产地，也往往是茶农、果农各自为战，离协作、打造真正的品牌还太远，更遑论大多数天赋平平的乡村！

事实上，经过多年耕耘，我国大部分乡村的农业“硬件”已得到巨大改善，北方早已实现机械化作业，南方也在加紧园田化改造，乡村规模化生产、农民职业化也成为趋势。“硬件”改良后，“软件”的提升就显得尤为重要，观念、技术、组织、差异化、品牌、分工、协同、销售、推广……整体亟待提升。

而这些改变，比起靠政府来组织，还是得看天吃饭，毕竟政府不能代农民种地、做决策、干销售。最根本的，还得靠农民自发组织起来，开放学习，找出路，尊重市场，尊重技术，艰苦奋斗，二次“创业”！

政府要做的是，改革体制、加大扶持、因地施政，依法严厉打击食品安全犯罪活动。社会、媒体要做的是，多关注积极的方面，报道、扶持优质的农产品，而不是成天贬低国内农产品、渲染食品危机、人为制造恐慌；大学、研究机构应走上田间地头，与农民一起，发掘、培育本地农产品，帮助农民解决实际问题；金融机构应将目光从烟花乱放的空中转移到扎实稳健的土地，提高对农业投入产出率较慢的容忍度，甚至诞生一些格莱珉“穷人银行”式的乡村银行……

只有当管理者、社会各界和农民站在一起，一起推动乡村的改变乃至变革，这个时代才不会撕裂，才有可能再次实现“农村包围城市”的新变革。

06

乡下春风沉醉的夜晚

一、色即是空

多年前的一个傍晚，我厌倦了北京让人昏昏欲睡的夏天，背起包，赶往六里桥长途客运站。换乘几次后，我在第二天傍晚来到位于锡林郭勒草原西乌珠穆沁旗的巴彦胡舒苏木宝音家的蒙古包前。

草原上的牧民热情好客，即便我是远方一个跟着感觉走、随性而来的陌生人。普通牧民的日常三餐，不是旅游广告上呈现给人们的烤羊腿、马奶酒，而是奶茶配奶馒头或炒米。宝音的妈妈特意为我做了一顿饭——青椒炒茄子、黄瓜条和白米饭（倒不是穷，草原上实在是不好买菜）。吃完饭一看，暮色四垂。

草原深处的蒙古包没有电，一家三口只有宝音念过初中，会一点简单的汉语，蒙古包里唯一的家电——一台收音机，放的还是蒙语。那时手机还不智能，我一下跌入简单社会，加上旅途劳顿，吃完饭才七点多就睡了——那是我记事以来睡得最早的一天。

迷人但不太留人的草原

我跟宝音一家三口同睡一个蒙古包，半夜被爬进被窝的小虫子痒醒，耳中传来他们的呼噜声，还有广袤草原上的风声。抬眼望去，穿过敞开的毡顶（夏天透气），能望见漫天的星星。

天地无一物，随风潜入夜。

宝音家的牧场占地8000多亩，去他舅舅家做客只能骑马或者摩托车，我还帮他们放了半天羊。白天甚是有趣，只是夜晚去了又来。三天之后，茫茫的草原之夜，诗意褪去，渐渐只剩孤寂。去意渐浓。

宝音对我从大城市跑来看草原感到不解，他看着我展示的北京、上海的照片，就像第一天晚上我望着广袤星空一样。草原太大了，许多牧民终其一生都走不出去。

适逢西乌珠穆沁旗那达慕大会，草原上的年轻人提前几天就骑马或摩托车出发。宝音的表弟巴特尔骑摩托带我四处转悠了几天，不厌其烦。后来，我没能再回去看他们，宝音一家也搬到了旗里。宝音买了一辆小轿车，时常在朋友圈里发一些往返县城和巴彦胡舒苏木的载客信息，以及《请帮我转发到全中国》《实在太恐怖了，200%的人都不敢再吃了》之类的文章。

如今交通与网络发达，城乡鸿沟已不再那么明显，草原上的牧民多数时候都住在公路旁的定居点。中西部许多地区的农民也已“洗脚上岸”，白天骑电瓶车去附近的工业园过着朝八晚五的生活，下了班回家网购，用不了两三天，快递照样能送到村口。甚至在老家亲戚疯狂的“亲友助力”攻势下，我也安装了拼多多。

未及欣喜于乡土的“现代化”，夕阳已下山。夜色渐浓，这条鸿沟又回来了。吃完晚饭，家乡小村的村民按往常习惯，聚在大伯家门口聊会儿天就散掉，回家打开电视，看不多久，9点多就都睡去，一大半人家都传出来呼噜声，以及偶尔的几声犬吠，浑然不觉“浪费”了这春风沉醉的夜晚。

这乡村之夜，如多年前一样，空洞、无聊，住不了几晚就让人萌生去意。

这让我想起儿时，一年春末夏初，我跟母亲去给山脚的稻田放夜水。那天不知为何，夜浓得乌漆麻黑，只有我们拿着两个手电筒一前一后地晃着。我想看看天，抬起手电筒，天哪，“黑巴巴个天，好大哦”，把这点光亮也吸走了。

二、空不是色

我的老家小村，一些年前被认定为“社会主义新农村建设”试点村，装上了太阳能路灯。一位从城里返乡的婶子拿来录音机，带领村里的妇女聚在路灯下跳起广场舞。

刚开始，小孩、鸡、狗都围过来看，广场舞时兴了一阵子。不多久，妇女失了兴致。究其原因，白天劳作的锻炼量已经足够，晚上再甩那么几膀子“锻炼”，没有意义。更重要的是小村夜晚依然冷清，渐渐连狗都不再凑热闹，没有了围观群众，妇女热情顿失。小村“文艺复兴”随即画上句号。

同广场舞一样，路灯灿烂了一两年，陆续灭了几盏。近些年，地方农村工作集中到“脱贫”上，新农村建设又没人管了，那几盏眼瞎的路灯一直没人维修，也就一直黑咕隆咚地杵着。夜晚灯下黑，赶路的外村人咣当一声撞上，诟骂几声，招来全村的狗此起彼伏的反对。

多少年过去了，白天已不是那个白天，夜晚还是那个夜晚——而不少地方的乡村振兴，便类似这样，只“振兴”了太阳底下的事物。

甚至处在乡村建设高地的浙江杭州，也常见这般。浙江的乡村旅游无疑走在全国前列，“两山建设”“万村景区化”“诗画浙江·百县千碗”等，均是具体而扎实的。

近些年，杭州许多乡镇调集资金，大干乡村振兴，往往一年光乡村文旅建设、配套费用，就有五六百万元之多。不少乡镇花巨资邀请专家规划设计，从乡间道路、候车亭到路边垃圾桶、公共厕所，都改造成了具有当地特色的现代化硬件，设计精巧，环境优雅，令人想到日本乡村。直到下车上厕所，才发现所有马桶都无法冲水，打开厕所门，脏乱差的景象令人摇头，还不如老式旱厕，欣喜之后的失望加倍袭来。

这些地方近年大力打造的民宿经济，也往往形式大于内涵。民宿本身现代、时尚，环境幽雅，硬件也不错，只是出了门，往往黑灯瞎火无处去，只好退回房间看电视、玩手机，跟在城市住宾馆并无二致，天亮赶紧走人的念头油然而生。

事实上，发展乡村旅游，不外乎“村玩”“村晚”与“村碗”：“村玩”是乡村体验，“村晚”是住宿体验，“村碗”是乡土饮食与风物。其中，又以“村晚”为核心，只有把人留下来“过夜”，才能把住宿、餐饮、购物、休闲、服务等深度消费留在本土。

当“万村”都在搞“白天”、明面的亮化时，一些地方把目光投向更关键的“村晚”，无疑更加明智。

杭州萧山区河上镇有一个“紫霞河灯节”，是非物质文化遗产，每年中元节，河上人都要点燃精巧的河灯祭祀先人。河灯点完就完了，怎样拉动旅游呢？

传统的办法是接着搞庙会。庙会的主要内容，想必大家都很熟悉了，无非是吹糖人、剪纸、做香包之类，以至于每年夏秋庙会高峰期，许多民间老艺人忙于赶场。再拉些东南亚小吃、烧烤等组成小吃街，内涵、形式千篇一律，毫无地方个性，我们应把传统文化渐渐还给“传统”。

事实上，中国的庙会已经形成产业，具有完整的商业模式和团队。我多年前于地产商任职期间搞过一次，只需要跟活动组织者牵上头，提供场地，他就可以将一整套老艺人、帮手、道具、大篷车宣传带过来，感觉像叫了份快餐。

2019年，河上镇政府采购乡村旅游专业市场服务，将传统文化从厚重、单调中拉出来。

其一，河灯节提前至七夕，形成从七夕到中元节的“文化旅游周”，打造“河上之夜”“河上大典”“河上市集”“河童之夏”几个板块；其二，嫁接七夕的浪漫，看星河、放河灯、逛集市，3D裸眼灯光秀、“河上店”市集、诗情画意告白街等，让小镇的夜晚具备新颜值；其三，将传统文化活动与文创、演艺、音乐节等时尚玩法跨界结合，号召小朋友穿汉服游河上等，赋予传统文化与时俱进的新魅力。

乡村寂寞，不能光靠外来游客，乡土自身也需要文化凝聚。河灯初上，全镇2万人也都涌到镇上，像赶赴一场多年不见的盛大集会。

如此，河上镇一方面通过文化赋新，将传统文化成功推向市场，通过搞活乡镇之夜，成功把人留住，让更多城市游客深入了解当地，打造了地方旅游品牌，后续结合一系列与辖区各村庄互动的活动，真正推动了乡村旅游；另一方面，通过对本土文化的发掘、塑造，提振了人们对乡土文化的认同和凝聚力，乡村振兴更加有的放矢、更加深入。

黑灯瞎火不叫乡村旅游，空空荡荡也不是乡村振兴。“把灯亮起来才叫乡村旅游”“有年轻人走来走去才叫乡村振兴”，这倒是实话。

三、夜阑静，谁共鸣

近期研究某知名投行的投资报告分析了“未来五年最值得企业投资进入的行业”，也列出了“要慎重选择的行业”——农村房地产、美丽乡村建设投资、民俗文化村、田园综合体、农村生态旅游、农村景点投资、农家乐、农村采摘、私营农场、山庄投资建设、葡萄酒酒庄与城堡、民宿投资建设等。

为何资本如此“畏惧”乡村？除了投资风险大、见效慢的明显原因，更在于以下几个深层因素。

其一，农业相关行业作为与国家CPI高度相关的行业，受政策及调控影响大，难以获得超额利润。换言之，农业投资，风险无下限，利润有上限，不太划算。

其二，用地难，成本高。乡村投资载体，最终都要回到土地。首先土地政策是国家的根本和红线，土地需求旺盛的发达地区可供建设和腾挪的空间极小，欠发达地区的土地又缺乏投资价值；然后是成本高，许多地区农业生态旅游、农庄、田园综合体等农业建设用地，价格向商业地价看齐，导致经营主体将资金沉淀在土地成本上，“一入农业深似海，从此十年还贷款”，债务高企，发展受限。

其三，乡村投资的去资产性是重要的制约因素。现有产权制度下，外部乡村资金投入，只能买到资产收益权，无法买到“资产”所有权和处置权。投资主体除了很少一部分能走向上市、被收购，总体缺乏想象空间。

解决不了土地获取及资产属性问题，市场资本就难与乡村“共鸣”。像“褚橙”一样，需要情怀、好心态和耐性，对市场来说，实在勉为其难。

缺乏市场力量，乡村建设投资只能依靠政府，后继乏力，难以深入；而一旦放开，“武装到牙齿”的资本广泛进入，对小农的冲击力无疑是巨大的，农民权益的保障、乡土的稳定又会是巨大挑战——这便是我们面临的两难。

左右为难。夜阑静，谁共鸣？

首先，乡村建设的主力无疑还是政府。国家通过大量的财政转移支付，每年向乡村投入巨大的财力、人力、物力。但地方政府的建设属于“管控型建设”，为确保资金用途合法合理，须在强管控、规定路径下“建设”，落地过程中，为了考核、应付、规范，就难以避免“装了马桶却不通水”的形式主义，以及中西部地区资金不足只能集中财力搞“试点”，进一步拉大村庄发展的“马太效应”等现象的出现。

其次是乡村自生力量。我国的乡村大多是人口流出型的乡村，村庄建设的主力是“中坚农户”及“负担不重的低龄老年人”。鉴于土地整合困难，资本人才缺乏，其自发性建设存在明显天花板。

还有一些返乡创业的年轻群体，例如家在景区周边，就可以回乡开民宿；老家具有传统优势种植项目，就可以返乡搞特色种植/养殖。但“创业”的基础在于本土资源禀赋，天赋好的乡村毕竟是少数，年轻人离乡进城才是大趋势，返乡创业终归是少数。

因此，乡村自生力量始终难以摆脱小农缺乏组织和外力支持的困境。

再就是民间组织。从民国晏阳初、梁漱溟等知识分子发起的乡村建设运动，到21世纪初刘相波组建的北京梁漱溟乡村建设中心，邱建生推动建立的福建农林大学海峡乡村建设学院等机构，形成了理论与实践的系统延续。

乡村建设，首要建人，“三农”问题，农民为首。这些民间组织与大学结合，组织支农支教。他们围绕组织农民、“去精英化”教育、乡土文化重建，如组建妇女协会、老年协会、文艺队，评选“十佳儿媳”“好婆婆”，组织乡村支教活动、农民合作社，试验推广生态农业等。夜阑静，他们与乡村共鸣，甘于寂寞，独立前行，一点一滴地推动乡村建设。

民间组织，贵在独立，失在无援。一方面，组织成员自己要吃饭，培训结业后，去处往往是NGO组织、公益农庄、生态农庄等，收入不高，继续坚守，纷纷面临现实压力，凭理想和情怀，难以为继；另一方面，由于不擅长搞经济建设和市场创新，难以带领农民创收，容易陷入“叫好不叫座”的困境。

四、星光依旧闪烁

城里的月光把梦照亮，灯光又把它照花。我的一位朋友因婚姻不如意，离了婚，独自带小孩回乡下，到家后发来一张黑咕隆咚的夜景，“家里漫天的星星，离得好近，真好看”，让关心她的朋友心里石头落了地。

多少年过去了，夜晚还是那个夜晚。好在星光下，总有前行者默默探索。

“河上之夜”固然美丽，然而在这之前是漫长的土地流转，集中土地、投入资金、修复古镇原貌，再把非遗老艺人请回镇上，通过免租、政府下订单、建设非遗展示馆等，逐渐修复传统文化和乡村振兴的基础。有了平台，再从市场上聘请专业乡村旅游机构，政府与民间、市场携手，才能实现真正的乡村振兴。

再如前文所述的建德市，一改发补贴的老办法，采购专业市场服务，打造出集特色农产品、农业休闲旅游于一体的建德市“果蔬乐园”品牌，并组织对接市场，实现“授人以渔”、乡村建设的内循环。

《荀子》云：“古之所谓士仕者，厚敦者也，合群者也。”

当前的乡村振兴，无疑还需依托政府，倚靠地方主政官员。地方政府要做的，绝非大包大揽，浮夸自负，做表面文章，而是应该“敦厚”“合群”，俯身明了乡村真正所需，尊重市场客观规律，合民间、市场之力，才能共兴乡土，造福一方。

07

关于清明节的记忆

一、你从哪里来

“梨花风起正清明，游子寻春半出城”。清明，对中国人来说，往往并没有那么低沉，反而是踏春的好时节。

不知怎么，我记忆中的清明，也并非“清明时节雨纷纷，路上行人欲断魂”，而是阳光明媚，亲友团圆。最深刻的印象，来自儿时某年的寻祖大祭扫。

那年，除了祭扫各自亲人的坟墓，几户族亲还凑在一起商量去祖籍地祭扫。说办就办，准备好干粮和水，十几户人家，大人连同小孩，浩浩荡荡几十人，开始了翻山越岭的寻根之旅。

我们一路点燃爆竹，沿着被荒草埋没的小径，先爬上村旁的大石山。我站在山顶的巨石上，望着绵延一里地的族亲和山下的村庄、田野，感受到自然和集体的力量，顿觉热血澎湃。那一幕场景让我感到目眩神迷，直到多年后看《魔戒》，看到护戒远征队爬上高山，那恢宏、壮阔的俯视镜头仍能勾起我的回忆。

“从哪里来，到哪里去”。今天困扰我们的问题，答案其实本就流淌在我们的血液里。

我们一路上山下山，经过了许多村庄，人们望着我们这个浩浩荡荡的陌生队伍，颇感惊讶。有人问我们从哪里来、到哪里去，我们就自豪地回答。他们都竖起大拇指，目送我们这支“扫墓远征队”远去。

仿佛《桃花源记》中的武陵人，我们走了四五个小时，不知走了多远，来到一个山谷。但见谷口有一个村庄，村庄旁有一汪小小水库，水库旁有一片梯田，梯田上的山坡，草木葳蕤，掩映着一些坟茔。

老祖宗真会选地方。

来这儿扫过墓的，只有一位年长的族亲，大半辈子过去了，只记了个大概。他对照着水库、地形这些参照物，犹豫了半天，只能认出一个大致片区。而那个片区，零零散散分布着不少无人祭扫、没有墓碑的坟茔。无法锁定，怎么办？

现代科技会给出 DNA 检测之类的答案，但大人们的答案则是：“五百年前是一家，不管了，都扫。”

“扫墓远征队”发出一片爽朗的笑声。大家立即行动起来，年轻人忙着砍掉周围的荆棘、杂草，修葺坟茔，老人忙着准备草纸、祭品，孩子们嘻嘻哈哈地采野果、玩耍。

祭扫过程则是庄重的。族人一一焚香，点燃爆竹和草纸，洒上白酒，献上艾草米果，祭拜，祈求护佑。孩子也不例外。当祖先“享用”完毕，大家就将祭品分而食之，小憩片刻，便掐好时间返程。

下山路上，偶遇一些上山扫墓的当地人。大家聊起来，溯源而上，竟然多是表亲，一两百年前或许真的是一家人。大家两眼泪汪汪，快乐地握手、问候，他们还给了我们许多食物，最后惜别……

这一路的寻根之旅，后来深深地印在我的脑海中。只可惜，后来我进城读高中、大学，就几乎没有在清明节回过乡。

2008 年，国家将清明节定为法定假日，但我像许多城市化的外地人一样，都没有利用这个假期回乡扫墓。我们兴高采烈地过每个圣诞节、元旦、情人节乃至购物节，就是忘了好好过属于自己文明的清明节。

活着活着，我们就都成了来路不明的人。不要说那次去祭拜的发祖公墓，就连我爷爷、外公的墓的详细位置，也不太记得了。

直至三年前，我一个叔叔因打工的工厂爆炸意外去世，我不得不赶回家乡参加葬礼。我们将他安葬在爷爷墓旁，他们父子俩终于能在祖坟团聚。我也终于记得了祖先墓的位置。那时正是清明节前后，春光灿烂，繁花似锦，绿草如茵，入葬后亲友散去，我还在墓地旁停留了许久。

那几日，同事、客户可能都从朋友圈知晓此事，也不打扰我，一个在现实世界里烦躁、挫败、难堪不已的中年男子，也终于能短暂回到故土、亲人安静的怀抱。

二、一表三千里

江西人为何被称为“老表”？

其中有一种说法是，因古时许多人由江西迁往湖南，许多年后，他们年轻的后代，还回到江西扫墓。而留在江西的子孙后代，以为是祖宗墓地被他人误祭或盗葬，于是次年预先守候。如同我们那次相遇，两方相见，论起家族数代渊源，才发现是表亲关系。此后，湖南人渐以“老表”称呼当地的江西族人，意为表兄堂亲。江西人的别称“老表”，便由此而来。

“一表三千里”“五百年前是一家”，这是民间的真挚情感。连同除夕、清明节、重阳节、中元节四个祭祖节日，连同许许多多民间族谱、地方志、传说等，构成中国人的文化传统。

无须解释、科学论证“你爸是你爸”“你祖宗是我祖宗”，人们都明了“从何处来”，然后在共同的祖先墓前祭扫、祈福。人们因此凝聚、重情，乡土因此温情、友善，这何尝不是一种伟大的文明传统？

今日，一些城市居民却唯西方是瞻，急于摆脱乡村，视传统为枷锁，重物质、求效率，各过小日子，各扫门前雪，渐渐抛弃自己身上那些传统，实在不智。须知五百年前，西方各国的祖先还在为了不同的宗教、领主、利益，各自攻伐。除了贵族，他们也不重姓氏，往上溯源不过三代，所以，面对“从哪里来、到哪里去”的终极问题，只能向神和来世求解。

祖先对他们来说并不重要，个人主义才是其文明的中心。非要把他们那套“个人主义”拿来给自己换一遍血，不是不行，只是多少有些盲目和急功近利。

湖南人、江西人一句“老表”，便说明了传统社会对血统、家族的重视，人们彼此牵绊、互助、互爱，或据此调节矛盾，和谐共处。西方人对我们“大家族”的齐家、天下大同的社会理想感到难以理解，这并不奇怪。但一百多年来，我们自己急于且变着法儿地用他人的视角来否定自己的文明传统，是不是有些鲁莽了？

三、文明的冲突

俄乌冲突引起了许多媒体、知识分子的论战，大家纷纷从地缘政治、经济、军事、强人政治等角度阐述，少有人站在文化、文明的立场深刻地看问题。事实上，约翰·米尔斯海默、塞缪尔·亨廷顿、亨利·基辛格等现代西方思想者早已从文明冲突的角度预见了这场无可避免的冲突。

俄罗斯像一个强悍、“死硬”而沉默寡言的狠角色，庞大、孤独，因为地处“欧亚接合部”的地理位置，有着“剥掉俄国人的皮，你会发现一个鞑靼人”的历史，以及信仰东正教的传统，加上历史上一直强大的战斗能力，自古就被西方基督教文明警惕和排斥；而乌克兰，除了10世纪“基辅罗斯公国”的共同渊源，以及20世纪短暂纳入苏联的共同历史，它与俄罗斯基本属于两种文明。苏联解体后，乌克兰毫不犹豫地选择回归西方基督教文明，而俄罗斯在倒向西方、寡头化失败后，选择重回斯拉夫传统文明。这两个纠缠不清的国家，矛盾日益加深，冲突在所难免。

经济基础决定上层建筑是现代常识，但反过来，人们时常忘记，一切政治、经济、军事的后面，往往是深层次的文化和文明问题。所以俄乌冲突是两个民族、两种文明在漫长的历史中不同选择、不同走向所积累下来的问题，并非表面上脸谱化的普京、“戏子”、美帝的问题（当然也有）。

这样的文明分野、猜忌、争斗，才是人类历史更为深刻的动线。这种冲突，当然也深刻地体现在东西方文明持续的“疏远—接触—斗争”，或者将来可能的“融合”中。如今的人们喜欢动不动大谈商业、经济、政治、阴谋之类，实在是忘却历史、缺乏远见，也是缺乏智慧的表现。

一百多年的近代史，尽管西方一度把中国踩在脚下，但须知，西方思想界从来没有否认过东方的文明。相反，百年来“汉学”最发达的地方为何在美国？西方缘何向来警惕、忌惮中国，即便忙得晕头转向也要腾出手来遏制中国？除了可见的利益之争外，更在于西方人对文明的深刻洞悉——这是一种与他们完全不同，高级、系统、强大，又压根无法掌控的文明！而中国崛起、中华民族复兴的根本希望，也正在于此！

西方乐得把竞争引向政治、经济、商业、军事等方面，而向来避讳文明之争。如果我们继续按照别人设计的套路费力拆解，乃至内部互相打架，甚至将自己的文明遗弃，而不是把它们捡起来，整理、传承、发扬，恐怕就是世界上最愚蠢的民族了。

历史一再证明，在许多困难时刻，亲友的温暖、“人情”（日渐成为国人试图摆脱的累赘）的牵绊、民间（乃至民间团体）的互助，以及社会的传统，往往才是更可靠的存在。

而这些“存在”，正流淌在你我的血液中。

08

乡下人的悲歌

一、沉默人生

年岁渐大，最不忍在亲人的电话中听到村里某某死了、某某“快不行了”之类的消息。乡野静默，人们默默地活着，又默默地死去。仿佛活着，就是一件无声的事情。

这几年，家乡小村每年都有一些非正常死亡。前几日，村庄群里说一个叫刘秋生的人死了，傍晚他去自家鱼塘捞死鱼（夏天炎热，鱼的死亡率高），结果到第二天人都没回来，家人找了一晚上才想起来鱼塘，清早去看，人已经浮在水面上了。

我就是想不起来谁是刘秋生，直到母亲告诉我他的诨名，一副矮小黑瘦的样子才浮现在眼前。这是一个从来就默默无闻的人，一家人孤零零地住在村庄靠山脚的地方。他光棍打到四十多岁，娶了一个外村女子，生了两个孩子，苦哈哈地过日子。前两年评上低保，日子好过了一些。2020 年受疫情影响，打工的工厂关门歇业，他就在家闲着。那天傍晚舍不得塘里的死鱼，便拿着张网去捞，一不小心滑了下去，又因不会游泳，就淹死在自家鱼塘里……

沉默了一辈子，最后的呼喊，只有塘里的鱼和岸上的山听见了。

我的母亲为刘秋生留下来的两个小孩和老婆叹息，一个本就贫苦的家庭，转眼堕入深渊。幸好国家有低保，农民有田地，否则一个家庭的悲剧还将无下限地发展下去。

2019 年，我的叔叔因为工厂爆炸去世。在这之前的几年，我本家的一个中年人，他的悲剧更具代表性。

这个本家，幼年时父亲被蛇咬伤，因贻误医治去世。长大了自己不学好，常年混迹温州，不务正业，小偷小摸，多次被人抓到，一身是伤。眼看孩子大了，安分了一些。前几年夏天出去跟朋友吃夜宵，与人发生冲突，打架过程中被人砸破了头，喝了点酒也没在意，打完架继续回去睡觉，结果第二天早上被人发现死在出租屋里。

不像电视、小说里的剧情，他的死亡没有刑侦流程，没有破案，没有新闻，没有后续处理。人命如草芥，还是有“污点”的人，打架的对方也“不容易找”，便没有人在意他还是一个妻子的丈夫、一双儿女的父亲。一起打工的族人匆匆帮忙收了个尸，即告“结案”。

那个本家还有母亲和一个弟弟。弟弟不学无术还染上毒瘾，媳妇早就跑了，弟弟不但帮不上任何忙，还随时可能把整个大家庭拖入万劫不复的深渊。他们的母亲已经60岁了，依然在县城苦苦撑着，带着弟弟的小孩上学，可惜那个小孩也不听话，有重蹈父辈覆辙的危险。一大家子的负担，压在六十老母和四十岁的嫂子身上。

寡嫂本不想再嫁，奈何丈夫去世后那个本就败落的家已彻底崩塌，坚持没两年选择再嫁，还给儿子争取到一笔不菲的“嫁妆”。再后来，他们的老母身体每况愈下，2020年去医院检查，医生告诉她已经是肝癌晚期，寿命只有两个月……一个人丁兴旺的家庭，就此人亡家破。

其实，那个本家乃至他的弟弟，也都不是什么大恶人，没作过大恶，也没有过于为害乡里，如万斯在《乡下人的悲歌》里说的，“只是一些寒门的乌合之众，一直在挣扎着前行”——挣扎着走向滑坡。

二、美国乡下人的悲歌

万斯是一个美国的小人物，在祖辈的关爱下上了耶鲁大学，有份好工作，是个典型的美国中产人士。一个“小人物”在31岁时就写回忆录，还被美国社会精英广泛关注，实在大大出乎他自己的预料。

大概原因，是他带有美国白人蓝领阶层的宿命，让“全球学术界、金融界、企业界、政界、科技界的领军人物惊觉自己原来置身于这样的一个世界”，领军人物“为了更好地了解世界”，纷纷开始阅读《乡下人的悲歌》。大背景上，领军人物之所以重视，还在于万斯笔下“白人垃圾”的生活状况和政治反抗，直接推动了特朗普的崛起，他的书正是这一巨变的第一手资料。

万斯是苏格兰与爱尔兰人后裔，这个族群中有数百万没有大学文凭的工人，他们在美国人的称呼中，是“乡下人”“乡巴佬”以及“白色垃圾”。从早年的南方农场佃农、煤矿工人，到“美国打工潮”期间纷纷北上，他们成为现代机械工和工厂工人，贫穷一直是他们的家庭底色。

如今，这个族群多生活在美国的“铁锈地带”。这个地区从20世纪80年代开始，随着精英导向下的制造业外流，工作岗位不断流失，社会发展停滞，人们变得越来越悲观——今天，他们成为比拉美裔、黑人更悲观的群体。

像万斯这样，在他的外祖母——一个刻薄的乡下老太婆呵护下脱离苦海的人实在太少。笼罩不散的悲观，形成了强大的文化，深深地影响和摧毁着他们，整整雕塑着一个阶层，“从低社会流动到贫穷，再到离婚和吸毒，我的家乡成了苦难的中心”。直到今天，酗酒、吸毒、频繁的离婚、社会福利保障下的“好吃懒做”，并没有更少。

于是，他们悲观、愤怒，对外部充满不信任，变得越来越保守，而保守封闭又加剧着愤怒和不信任……他们从民主党转向共和党，直到特朗普振臂一呼，哗啦一声应者云集，直接把跟他们性情神似的特朗普抬进白宫。

如今的美国，阶层日益分化，冲突日益频繁，精英主义被怀疑，许多原本隐晦的事物也都放到台面上，更加难以调和。特朗普和“乡巴佬”反映和顺应的，正是这一历史趋势。

撇开政治，更重要的是文化塑造文化。最疼爱万斯的外祖母，是一个从贫困山区跑出来的叛逆少女，她的家族是“宁可冲你开一枪也不愿和你争论的家族”，即使年纪大了，也是一个整天揣着手枪到处晃荡的暴躁疯婆子——就像《三块广告牌》里的米尔德里德。

至于万斯的母亲，就是一个不良妇女了，酗酒、自杀、蹲监狱、离家出走是家常便饭。跟周边的夫妻和情侣一样，他的父母总是在相互侮辱、大喊大叫，偶尔动手打架。她先后多次离婚，每隔几个月就换一次男朋友，最令万斯难过的是，每当他开始喜欢上母亲的男朋友时，他们就会从他的生活中消失。

万斯在粗野、动荡的环境中长大，如果不是外祖父母强烈而奋不顾身的爱，姐姐琳赛的陪伴，以及几次关键的选择，他也许会跟周边大多数人一样，成为一个“白人垃圾”——他所在的米德尔敦市，公立高中有20%的学生在毕业前辍学，大多数人不会拿到大学毕业证，几乎没有人到外州念大学。所有人对自己，同时也对身边的人不抱什么期望。

即便已经跳出那个阶层，万斯也在多年后明白，那些群体基因，譬如“习得性无助感”，以为自己做出的决定不会影响自己的将来，习惯性的逃避、愤世嫉俗、悲观怀疑等，将永远折磨自己。

正如我在本书里描述的，不管美国还是中国，很少有“乡下人”的成长过程中不会遭遇几次重大挫折。每一重挫折就是一道门槛，跨过去就是上升，没跨过去就是下降。

《乡下人的悲歌》不仅是一本回忆录，它展示的还是关于社会学、心理学，也关于社区、文化、信仰的问题。一些社会精英人士，在居高临下地看待“乡下人”，在拍脑袋做决策之前，都应该好好读一读。

三、谨防社会割裂

灯塔能照耀远方，可是自己的脚下往往乌漆麻黑。近些年人们对美国的审视也越来越客观，在此无须展开陈述。不管是灯塔还是我们，不管向左走还是向右走，都逃不过社会发展的普适规律，以《乡下人的悲歌》为镜，可以照鉴我们自己。

“二战”后的美国，一片欣欣向荣，人人有份体面工作，民众富足，积极向上，“美国梦”真正成为一种全民精神。

随着精英和资本主导下的美国走向金融、高科技、高端服务，以白人蓝领为代表的工人阶层走向衰落。虽然国家保障、社会福利同步在提升，但一方面它们只能保障基本生活，贫者其实愈贫，“多数家庭连 3000 美元都拿不出来”；另一方面，如查尔斯·穆雷《脱离实际》一书展示的黑人群体，“我们的政府正通过福利国家体制加剧社会溃败”。

事实上，美国经济依旧在发展，真正的溃败来自精气神的溃散。当美国梦不再激励人们，灯塔下的黑暗日益被看见，阶层差距日益明显且固化，精英越来越绅士、优良，下层越来越暴躁、易怒——而这些社会情绪和文化，又反过来加重着分化。

社会福利也是如此，一方面给予了“乡下人”保障，另一方面也成为他们的精神毒品。“乡下人”对自己、对身边渐渐失去期望，对奋斗乃至工作也失去兴趣。混乱引发混乱，不稳定导致不稳定，逃离了油锅，却逃不过烈火，这便是“乡下人”无法摆脱的“悲歌”。

在我家乡的小村，前两年陷于失业或半失业的农民工数量大增，以至于本该外出打工、空空荡荡的季节依然“人丁兴旺”——疫情只是催化剂，根本原因还在于，他们就业的大多是低端制造业和各种工地。随着低端制造业的去产能，以及地方政府收紧环保政策，许多企业陆续关门或外流，加上房地产投资的下滑，他们的就业问题是趋势性的。

近 3 亿农民工是中国相当大的一个群体，他们大多缺乏技能、资本、人脉资源、社会支持，因而缺乏改善及向上的能力，甚至还缺乏发声的通道。他们脱离土地，成为似农似工又非农非工的群体——他们的困难，如不加以重视、提前布局，恐将成为国家的难题。

许多年轻一代的“乡下人”更是如此，既缺乏拿高薪的能力又不愿去拿两三千元的工资，除了当“网红”看不到其他发财的出路，加上消费主义和娱乐主义的侵袭和裹挟，状态堪忧。我之所见，不管是经济发达的江浙沿海农村，老家中部省份，还是贵州山区，大量没读过大学的“95 后”沉迷于短视频、手机游戏、直播网购，以及小贷、啃老中，对工作不感兴趣，对未来既迷茫又无所谓，与万斯描绘的“习得性无助”、习惯性逃避并无二致。

发展的功课，不在发展本身，而在基础。因此，经济与社会发展的功课，并不在表面的城市化、房地产，也不在高端制造、网络经济；乡村振兴的功课，也不在表面的经济、产业、土地，更不在乡村亮化、合村并居大拆迁，而在于无论“城里人”还是“乡下人”，都能看到一个可以改善的未来，都能真正拥有一个共同的“中国梦”。

一个理想之国，应当是精英推动发展，政府维护公平，社会充满人文。人们将不同阶层不断撮合，而不是像《乡下人的悲歌》描绘的那样不断割裂。

一个理想之国，不是城市顾城市、乡下顾乡下，不是一群人撒丫子“更快更高更强”，一群人走向沉默无声无息，另一群人左右为难成为“键盘侠”，我们宁愿慢一些，等一等，也要带上“乡下人”，带上自己的灵魂。

一个理想之国，不是空喊自由、民主，也不是高喊道德、批判，不管西方拥趸还是意识形态守护者，我们对乡土共同的热爱、我们血液中共同流淌的文明基因，才是缝合分歧、超越立场的共同血脉！

四、防止教育割裂

社会发展最基础的功课，莫过于教育。尤其让我悲伤的，是沉默的刘秋生、本家族兄的悲歌，还很有可能在他们的后代身上“传唱”。

卢迈先生在一篇文章里指出，现在城乡孩子的差距，可能比十年前还大。比如，富裕家庭往往会拿出很多时间和金钱培养孩子，从小教孩子各种技能；中间阶层的家庭也会省吃俭用，将家庭资源聚焦到孩子教育上；而“乡下人”家庭，既没有时间，也没有金钱，甚至缺乏感情。

留守和单亲已经是乡下孩子的普遍状况。爷爷奶奶通常都不知道怎么带孩子，自然放养，缺少情感交流，孩子的村里玩伴数量也在减少。精神依靠的缺乏，导致在一些深度贫困县，酗酒、吸毒等社会问题已侵入基层，深入村民家中。而哈佛大学的一项研究表明，一个人如果有 9 个类似的风险因子，就几乎会重蹈父辈覆辙。

不计其数的乡下留守孩子，他们的父母教育、社区教育基本都是缺席的。

再看学校教育，乡村的教育被城市收割，大量中小学被合并到城镇，绝大多数教育财政被用于城市发展，优秀教师等资源也被不断抽离至城市。乡村教育没了根，加上乡下孩子上好大学的难度越来越高，乡村教育的底线已一退再退。“乡下人”的期望值日益降低，“大不了出去打工”。可是经济趋势已经决定，打工并非好出路。乡下的“后浪”未来如何发展，决定着一国发展的最终成色。

教育是乡村的灵魂。很明显，留在乡下的孩子，父母都实在是无能为力的，但“只要村里还有孩子，不管占比是30%、20%、10%，对中国来讲就都是一个很大的事情”。放任自流，甚至地方教育部门继续人为地进行“乡村教育拆迁”，都将引发未来的社会割裂。卢迈先生所任职的中国发展研究基金会通过“山村入户早教”计划弥补了乡村学前教育的欠缺，又把早年辍学的成年人找回去再教育，使人更爱惜自己，这才是有利于中国发展的正确行为。

即便在城市，教育仍然是个巨大的问题。一方面，如一些教师收受“贿赂”区别对待学生，学校重视作为数字的成绩而不重视学生的身心健康、全面发展等现象，正是社会畸形发展的集中缩影；另一方面，教育的割裂又从根本上加剧着社会的分化与割裂。

最主要的问题是，某些地方教育部门指定并放大“重点”，不断将社会焦点、优质教育资源注入“重点”中小学，从教育开端就人为地进行层次划分；学校为了分数，又继续分出“快班”“慢班”，扶持“好”学生，放任“差”学生，持续加剧不平衡。

另外，教育日益产业化。有的公立小学都巧立名目，不断收费，综合算下来，费用甚至超过私立学校，以至于人们将“公立”“私立”的名头作为收费标准来参考。

近期，家乡所在县的中小学就开始统一收“延时下课费”——原本下午4点多下课，学校统一加上一节课到5点多，每名学生每课收费3元。分摊到学生身上虽然不算多，但收归学校就是一笔不菲的收入——仿佛是为了与课外辅导班直接抢“生意”。

教育的原则，不能一味走向市场、走向精英主义，原点必须是平等和公平。比如日本，政府不分好学区、坏学区，不分大都市、偏僻乡野，学校的财政分配有着同等标准，教师的收入统一标准（不按区域统一，仅以学历、资历统一），通过教育资源的公平、自由流动，推动教育乃至社会的公平发展……结合日本的文化和收入分配制度，直至今天，尽管经济发展陷入停滞，人多地少，贫富分化，日本社会阶层的分化与对抗却仍然是主要发达国家中最温和的。

由此，当前我国面临的最大挑战，不是经济放缓，而是来自我们自己内部，正在发生且加速的、可见或隐性的社会割裂。如不加以重视、改变，它将不只是“乡下人的悲歌”，也将会是一个国家与民族真正的悲歌。

贰

夏与烦忧

09

出乡村记

一、高考后的初夏

18年前的这个时候，我跟兄弟张伟、胡亮、“阎王”、黄颋，从家里把摩托车偷偷弄出来，骑行在乡下的艳阳下。

乡下艳阳高照，风吹稻浪，知了声嘶力竭。柏油马路有点黏嗒嗒，车轮碾上去不干脆，仿佛雨后的泥地。我们追逐着头顶的浓云，一脚油门，冲进它的荫蔽，几个人欢呼雀跃。要是口袋里有足够的油钱，我们真就打算骑到省城，骑到北京，骑到上海，去看一看那些我们将要各自奔赴的大城市。

不久出高考成绩、报考、收通知书，胡亮去了北京林业大学，黄颋去了北京第二外国语学院，“阎王”去了华北电力大学，张伟没考好，我没报好，于是我们二人选择留下来复读。

“高四”开学，我们重新聚首，安慰自己：复读就复读，18年后还是一条好汉！只是18年过去了，我们各自苟且，都没有成为好汉。

尽管这样，高考仍然是改变我们命运的关键：如果不是高考，我们就得像许多同龄人那样，扛起背包，去温州、福建等地打工，成为融不进城市、回不去乡村的农民工。

出乡之路，关山几重（周林/摄）

二、学海有崖

所有乡下人，都想着或想过离开农村，去城市生活，而离乡进城的路无非两条——读书或者外出务工 / 经商。

读书自是最优选。2019 年，我国高考预计录取人数 820 万，录取率为 79.53%，这就意味着，就算是农村孩子，只要咬牙坚持，就能上大学。

尽管国家在不断努力，如推出农村专项高招政策，但数据显示，我国高考城乡录取比例尤其是上名校的比例，差距悬殊。谨简单罗列几个公开数据。

2018 年 30 名省市高考状元，91% 来自城市，9% 来自农村，其中大部分高考状元的父母是公务员或者事业单位人员，65% 的高考状元父母是大学本科学历。

2017 年城乡适龄人口中，就读“211 工程”高校的城市学生为 7%，农村学生仅有 0.6%。

1978 年至 1998 年的 20 年里，北京大学的农村学生比例接近三成；进入 21 世纪之后，农村学生比例下滑得很厉害，2000 年至 2011 年，北京大学的农村学生比例仅为 10% 左右；2015 年录取农村学生比例达 19.14%，但离理想水平还有距离……

这样的村小渐渐被关闭

其实，无须查阅数据，参加过高考的人凭经验就能得出结论——农村出一个名校毕业生，真的很难。

每一次进城，都是一次文化的碰撞。

我生在农家，小时候看着更大的孩子去镇上的初中住校，十分羡慕。他们每周回家两次，走上十几里山路，回家洗个澡，再用玻璃罐装上够吃三天的霉干菜、萝卜干、盐菜。由于没有新鲜蔬菜和肉食，他们大多长得干瘦蜡黄；校舍简陋，上下两层大通铺，大夏天没办法洗澡，也没有纱窗、电扇，面对蚊子的不断袭扰，只能躲进闷热的被窝……轮到我们上初中，三年下来，不堪其苦——跟城里朋友讲起来，大家都觉得是新中国成立前地主家放牛娃的童年往事。

那其实是20世纪90年代中期。中考结束，全年级两百五六十个学生，只有10个人考上重点高中，再有一小部分上了中专、卫校、师范学校，其余大多数考完就收拾东西外出打工。

到城里上高中，第一年又是一阵抓瞎——城乡生活背景的差异，让我们这些从农村去的同学深感羞耻，有城里同学揪着我们的口音哈哈大笑，再开朗的同学也变得内向起来。老师同样不怎么理会父母不在身旁又毫不起眼的农村学生。我们在新奇又努力地接受城市的多彩，但由于缺乏老师、父母的监督、管教，有的同学没经受住游戏厅、网吧、录像厅的诱惑，一再逃学直至辍学，甚至渐渐跟小混混混在一起，走上抢劫、偷盗、打架等混社会之路。

继续坚持的人，到了高二才缓过神来，并逐步追赶。高二期末，我追到年级第51名，高三进重点班基本没有问题。高三开学那天，我站在教学楼外墙边看分班名录，在重点班找了一遍又一遍，始终没看到自己的名字，直到同学提醒，我才发现自己被分到差班——后来我才知道，重点班虽然录取90多人，教室都塞满了，但按成绩只取到第50名，后面40多名都是县里政府单位、事业单位的子女。

社会给一个无力的乡下少年好好上了一课，我懵了好几个月。后来一个晚上，我跟远在深圳打工的母亲通了个电话，才暗下决心奋起追赶，终于重新回到年级前列。

高考报志愿时，由于父母不在身旁，老师光围着有家长陪同或者有地位的城里同学，我没有任何专业指导，便按着“新概念”、《萌芽》的感觉，蒙着头填了一所上海的名校，结果差了几分。第二年我不甘平庸，第一志愿再次倔强地填了那所学校，但又以几分之差落败。

倔强的乡下少年又上了一课，选择了顺从现实，随第二志愿上了省城的财经大学。

我第一次出远门，独自去150公里外的省城。路过赣江，遥望江畔的高楼大厦，心里踏实了一点——以后写作文，在写道“我独自一人走在都市的大街”时，就不会不好意思地把“都市”偷偷擦掉改为“城市”了。

在压抑了许多年后，我们终于体会到“自由”的快乐，打游戏、翘课、骑车骑遍全城，去高中同学所在的大学瞎混日子。来自大城市的同学远比我们活得清晰，他们参加社团、竞选班干部、去亲友介绍的公司早早实习……大学刚毕业，那些同学早早各奔前程，我们这些小地方来的同学纷纷迷茫、感伤起来。像《士兵突击》中退役的班长史今，当汽车路过天安门时失声痛哭一样，一个同学也在送走其他人后，把自己关在寝室淋浴间放声痛哭。

后来，有人留在省城，有人回乡考公务员，也有人去更大的城市工作。我则阴差阳错地来到当年向往的“魔都”——上海工作。

到了公司，跟上海同事聊起来，他们中的许多人毕业于上海大学，我由衷赞扬“名校啊”，换来的却是白眼。这才知道，在上海，上海大学只是他们“自己家”的大学，只有考不上名校又不愿去外地的同学，才退而求其次选上海大学。而在我们省，没有考名牌大学底气的人，是不敢报上海大学的。

后来，在北上广深工作的许多同学陆陆续续回到各自的省份、城市、县城安身立命，兜兜转转，都是后话。请原谅我用这么长的篇幅描述我们每个始于农村的“读书人”，因为我们的共同使命几乎都是出乡村、进城市，而这条出乡村之路并不平顺，仿佛通关游戏，有人不堪暴击，有人禁不住诱惑，有人心里不平衡，没坚持住，就走上了另外的人生道路。

当我们历尽艰辛、夹着命运的尾巴满怀激动地来到大城市，以至于还带着点乡音，想郑重介绍一下自己“你好，我是 ×××……”时，这座城市就已收起它广告画上美丽、多情的面孔，露出它不耐烦的神情，“来，下一位”。

对于即将投奔大城市的农村考生，我要说一声：“亲爱的同学们，你们辛苦了。但是路还漫长，珍视自己，勿忘初心，继续奋斗吧！”

三、打工路线

外出务工是离乡进城的第二条路。

在今天，城市尤其是大城市的辍学率已经很低。再读不进书的孩子，有父母做主，哪怕进一所再差的学校，也会保证完成中、高等教育。

农村孩子就不一样了。由斯坦福大学、中国科学院和陕西师范大学合作的2017年“农村教育行动计划”调研结果显示，中国农村学生初中毕业后辍学率为53.3%，有7.4%的普通高中生在毕业之前辍学，中专学生的辍学率也高达29%！即便在富庶的江浙沿海地区，据笔者观察，仍然有许多“95后”“00后”初中辍学，他们或帮家里照料生意，或在就近小工厂、小单位上班，或在家中啃老、打游戏、玩直播。

读书太苦、社会诱惑太大、靠读书出人头地的榜样越来越少、反正考不上大学读下去也没意思……每一个因素都足以让农村孩子另谋出路。

农村孩子主要的出路还是务工，或接受简单职业技术培训后再务工，毕竟“家中有矿”的总是极少数。而“蓝翔、新东方强过本科”，在民间有着众多拥趸。所以，中国当前近3亿农民工中，“80后”“90后”就占比七成，我的表姐堂弟、儿时玩伴、左邻右里……就是其中的成员。

只是时代已不像20世纪80年代和90年代，那时生机勃勃、到处充满机遇。彼时的“60后”“70后”农民工，思想活络的、勤劳肯干的，抓住个机会就能赚到钱、在城里买房安家乐业。2000年以后，随着投机的回报率逐步下降，经济房地产化，以及限购政策的反反复复，“80后”“90后”农民工的进城之路日益艰难。

今天，当我们还在为城市生活的忙碌抱怨时，我远在浙江温州、福建沿海小工厂打工的许多亲戚，每天早上7:30~8:00开始上班，中午休息一个小时，下午17:30~18:00准备下班，休息半小时到一个小时，继续上班，21:00~22:00再准备下班。每天工作12个小时，每月休息1天，工资一般为5000~6000元。

他们的车间，永远散发着刺鼻的糨糊味、机油味，耳朵里充斥着机器的轰鸣，即使大冬天也热得汗流浃背。下班后，宿舍 / 出租屋总是挤满了人，转个身不是碰响这个就是打翻那个。

年纪大一些身体吃不消，或者家里有老人小孩需要照顾的，便回乡在附近的工厂上班，早上 8:00 上班，中午休息半小时到一小时，下午 17:30~18:00 下班（效益好一点的，晚上再加加班）。回家烧火做饭，吃完饭看不了一集电视剧，就得睡觉，准备第二天早起。每月休息两天，工资 2000 多元……

有人说用城镇化解决农民工问题，让他们离乡进城就行。先不说就业和生活保障，仅看房价，即使是中部省份普通县城的房价也已五六千元起，更不用说一二线大城市了。他们没有社保、公积金，没有足够的知识背景，没有资本，没有社会关系，拿什么进城？

四、经商者说

当然还有经商。

之前曾遇到一位“60 后”滴滴司机，闲聊几句。他老家在安徽农村，20 世纪 90 年代末跟老乡来到上海做铝合金窗生意，赚了点钱，本想回老家盖房子，但儿子到了上学的年纪，就在静安区买了套老房子，还送户口。后来看着房价涨起来，接二连三又买了几套，资产早已轻松过亿。

“那生意呢？”

“不做了，不赚钱，公司送给亲戚了。”

“怎么还开起滴滴快车了？”

“儿子在国外念书，给他赚点房租钱。高兴嘛就跑跑。”

我说：“我所见上亿身家的人里，就数你最潇洒……”

时代浪潮汹涌，随着城市知识化、资本化的推进，做个小本买卖，凭自己的能力就能在城市安身立命的农民，已经越来越少了。在县城尚有可能，在大城市，像以往一样开个店、开个饭馆、摆个摊就能赚钱买房的时代，已经一去不复返了。

还有一个经济现象是，现今成功的农民企业家越来越少了。

吴晓波在《激荡三十年》中将1978年—1983年定义为“农村能人草创时期”，那是唯一属于农民企业家的时代：“所谓改革，是从农村发动，以‘包田到户’、承包制为突破口，解放农民的劳动生产积极性；所谓开放，则是试图以特区和沿海城市搞活的方式，引进国际资本，实现制造业的进口替代。”

“因而，企业家的萌芽，便是在这两大领域中率先出现，并以‘农村能人’的广泛涌现为最重要的特征。在广袤的农村地区，企业家的诞生分为三类族群：一是政经合一的村级带头人，二是社队作坊或小工厂的厂长，三是县村个体劳动者。例如，吴仁宝——江苏，江阴华西村；王宏斌——河南，临颍南街村；徐文荣——浙江，东阳横店村。”

进入21世纪，随着经济转型，制造业陷入困局，许多曾经风光无限的乡镇企业问题重重、风光不再。也有转型成功的大企业家，但他们是少数，例如复星国际的郭广昌，比亚迪的王传福，京东的刘强东，以及“下周回国”的贾跃亭，如果你称他们为农民企业家，说不定会收到律师函。

为何农民企业家如此艰难？不是我们的农民企业家不拼命，也不只是简单的时代变化，而是乡村文明与现代商业文明有着本质上的冲突。

乡村文明，围绕土地，要诀在于“不动”：守好田地、宗产，延续香火。在外做了大官、赚了大钱，衣锦还乡；混得不好的，也得落叶归根；因“不动”而短浅，重眼前利益，谨慎扩张，做着做着就做成家族企业；勤勉节俭，宁愿苦捱，也不要负债，毕竟土地出产有限，负债意味着无法支付较高的利息，也意味着有破产风险……时至今日，“养了一群败家子”，仍然是农民最大的悲哀；而后代进城买房“背一辈子的债”，也是令老一辈夜不能寐的事情。

相比之下，现代城市文明的核心是商业。商业的本质是流通，只有使商品流动起来，才能实现资源的合理配置，才能实现收益。而经商靠什么？靠投资，靠眼光，看准了，赌上身家，敢于贷款和负债——敢贷款，想办法使商业经济的回报覆盖资金的成本，这就是原始的企业家精神。可见，农耕文明代表的乡村文明和企业家精神代表的现代城市文明，本质是相悖的。

五、进城拼的是什么

综上，一个农村人离乡进城，无论读书还是打工、经商，都不容易。

教育比拼的，其实不是天资和努力，而是家庭：家庭所在地、基因、条件、背景、家庭教育是否持续。这些是基础，只有少部分农村孩子能脱离这些基础，靠自己上名校、立足大城市。

农民靠打工买房安家，已经越来越难。城市工薪阶层还能集齐“六个钱包”，农民面对的，则是没有自主养老能力的“六个麻袋”；农民从商也越来越困难，在讲究信息化、资本化的时代，农民一无差异化知识，二无资本，三无融资抵押物、担保者，靠家庭作业、亲友借钱、埋头苦干、点滴积累，恐怕无法再创“商业奇迹”……

所以出乡村从根本上依靠的，不只是自己的努力，而是家庭的综合实力。只是出生在乡村的大多数人，家庭的综合实力又能好到哪里去?

留给大家的时间已经不多了，阶层越来越固化。有报道指出，中国已经发生了贫困的代际传递，产生了“贫二代”群体。也就是说，中国的贫富差距已具有一定的稳定性，并形成了阶层和代际转移，一些贫困者正从暂时贫困走向长期、跨代的贫困。

六、从自卑到自信

对还在路上的人们来说，我们出于乡村，带着乡村的善良、重情、简朴、谨慎、内敛、努力等品格，面对各种文化冲突，磕磕绊绊，势必怀疑，甚至遗弃这些“包袱”。

无须如此，古来凡有大成就者，罕有偏居一隅、抱残守缺者。经历多元文化的冲突，只会令人更宽广、更深厚、更高远。通关越多，内心积淀、外部资源积累越丰富，成功的可能性也就越大。

因此，出了乡村，面对城市，我们无须自卑，而应自信。

当我们融入城市，欲谋事业，又须常常自省，摒弃农耕精神的保守、顽固，拥抱城市文明之精神：契约、规则、兼容、开放、不戴有色眼镜、勇于尝试、果敢创新……

如是，方不负那生养我们的故土，不负这繁盛多彩的城市，亦不负这波澜壮阔的时代！

10

为什么要革厕所的命

一、乡村卫生间诞生记

十几年前，我第一次带女朋友回老家，心理压力颇大。不是怕她吃不好睡不好，而是怕她“拉不好”。厕所是简陋的农村厕所，几户人家共用。就是在地上刨个坑，砌好墙，搭好屋顶，再在坑上架几块木板，既脏又臭，就不多描述了。

那段时间，村民老看见我拉着女朋友往屋后的山林里跑，不知道的还以为我们爱好野趣，其实我们只是去上大号。

我爸见了，担心到手的儿媳妇飞了，在我们走后，立马在院子里辟出一块地，盖了间冲水卫生间。从此逢年过节，返乡的年轻人都喜欢来我家打牌、聊天，聊着聊着，一拍屁股，“哎呀，去你们家厕所拉泡屎”……

直到今天，除了部分新建楼房安装了独立卫生间，村里多数人家还在合用那种老式旱厕。以前大家勤于种地，经常挑粪浇菜，现在都懒了，粪便只进不出，厕所的容纳能力受到考验。现在政府终于来“革命”了，厕所承受的压力得以缓解。

2018年全国完成农村改厕1000多万户，农村改厕率超过一半，其中六成以上改成了无害化卫生厕所，受到农民群众的普遍欢迎。

2019年，中央财政投入70亿元资金用于农村“厕所革命”，整村推进财政奖补，中央预算内投资30亿元支持中西部地区开展农村人居环境基础设施建设。

二、排泄文明简史

厕所是衡量文明直接而重要的标准。

中国的厕所文化，始于5000年前西安半坡村氏族部落，当时的厕所只是一个设于房舍外的土坑，因古时农家厕所常用茅草遮蔽，故也称“茅坑”或“茅厕”。至战国时期，始创坑厕，又围以高墙保护私密。至两汉，更讲究循环使用，厕所多设于猪圈旁，略高于猪圈，便坑与猪圈相通，可能有以排泄物为猪食以及与猪粪混合为肥料的双重目的——以垃圾分类“猪吃”为标准，粪便也算湿垃圾了。

汉代以后修建厕所逐渐讲究起来，晋代则有厕、溷、圊、清、轩、更衣之室等诸多称呼，随字面意思档次逐渐升级，至轩、更衣之室则为豪族所用，修建极讲究，同时，贵族多用马桶、尿盆，排泄完令下人端走。这套厕所的硬件系统便逐渐固定下来。

除了场地，厕所文化另外一大进化标准就是擦屁股的材料。在纸发明前，有钱人用的是布，平民就地取材，一般用厕筹（一种小竹片或木片），刮完清洗重复使用，再惨一点的薅一把树叶、捡一块瓦片，而绿植较少的大西北干脆顺一块土疙瘩；就算发明纸之后，普通人家也是用不起的，贵族用草纸，平民继续就地取材，捡到什么用什么，一般的纸用来书写，大家可不敢拿来擦屁股，有亵渎圣贤之嫌。到了近代，平民才用上草纸，但是纸质粗硬，舒适度不高，穷人则从破衣服上剪一块，重复使用，而卫生纸进入寻常百姓家，不过近二三十年的事儿。

此外则是粪便的处理。农业文明极重视收集粪便用以种地施肥，甚至出现粪便商品化——公厕管理、粪便收集由被称为粪厂的商铺经营，私厕粪便的收集和出售则由被称为粪夫的从业人员负责。粪夫每日背一木桶收取私厕之粪卖与粪厂，或将新收之粪或已晒成的粪干，用小车运至城外卖与农民。粪夫的人数很多，行规极严格。

到了元代，尤其流行以人粪为肥料，那时就有“惜粪如惜金”“粪田胜如买田”等诸多民间俗语。正如现在藏区、内蒙古流行收集牛粪做燃料，当时城乡之间，流行收蓄粪壤，家家如小山堆积，在市场及街道之处，人们扫拾粪便，使无遗漏。而为方便收集人粪，各地纷纷修建公厕。

与几千年前相比，今日的世界大为不同，但除了擦屁股的材料得以进化，农村厕所文明仍然停留在几千年前的水平，甚至还有尴尬的退步——如今怠于种地，粪坑越来越满，更加脏乱差；而且普通村庄没有乡村公厕，外来人尤其是女人内急，要去人家找私厕，颇为尴尬。

数千年未进步的，还有农村垃圾堆放问题，除了城镇化覆盖到的范围，一般乡村垃圾均为自然遗弃，遗弃点靠近居民区，位于相对偏僻一点的角落，几户人家一块。以往还好，垃圾多是剩饭剩菜、破衣烂布，就算有点难被消化的，也被孩子们抢着捡去换了糖。如今，塑料、尼龙制品泛滥，自然分解不了，也没有人收拾，越堆越多，偶尔大风一吹，就散落田野、山林，任大自然自然消化。

时至今日，乡村生活水平得到巨大提升，衣食住行等许多方面往往不输城市，但与城市差距最大、最明显的，便是厕所问题、垃圾问题，许多城里人去到乡下，最头疼的也是厕所问题。

虽然不像一些国家重大工程那样瞩目，但这场“厕所革命”，既是解决乡村环境、卫生、健康问题的关键，也是提升乡村素质、文明的起点；是广大农民翘首以盼的大实事，也是国家集中力量直接服务亿万人民、得民心的大事，容不得马虎！

三、迟来的“革命”

对排泄物的处理方式实行粗放管理，曾是中国城乡共同的现状，也早被国际社会看在眼里——这是发展中国家普遍存在的问题，国际上还有一个专门的世界厕所组织（World Toilet Organization），主要关心厕所和公共卫生问题，在2001年成立，总部位于新加坡。

我国于20世纪90年代，就将农村改厕工作纳入《中国儿童发展规划纲要》和中央《关于卫生改革与发展的决定》，并在农村掀起了一场轰轰烈烈的“厕所革命”，所见下来，农村的厕所改变不大，至少学校的厕所是好多了。

当然，国家的重点仍然是发展城市，2000年以后，城市公厕逐渐实施免费开放制，设施也不断更新。农村厕所改造则进展缓慢，纵然不乏各种新闻报道“农村改厕进展快”“农村地区卫生厕所普及率快速提升”，但可能仅限于经济发达地区或城郊地区，整体大规模改观存疑。

直到2014年，地方才在新农村建设中陆续加入厕改环节。只是新农村建设由国家+地方+集体共同出资，地方、集体往往财政不足，不但缺少资金，还层层截留国家资金，加之监管不严导致的基层贪腐，新农村建设第一阶段落实效果不佳。

例如，我老家所在的自然村也曾被列入新农村建设指标，村里的道路硬化，政府就出资在路旁栽了两排柚子树，现在村里人每年秋天都能吃到政府赠予的柚子，而厕所问题，并没有纳入建设范围。后来隔壁村被列入下批次新农村建设指标，由于地方财政困难，被要求集体和村民先垫钱，后验收，再分批拨付，结果前年施工结束，今年才陆续收到垫付的款项，严重挫伤新农村建设积极性。

大规模厕改攻坚始于旅游行业。2015年，国家旅游局针对旅游景区厕所脏乱差、有损旅游大国形象问题，发起为期三年的景区厕所集中整治，效果显著。2018年，政府推进农村“厕所革命”专项行动。

据我对我的小范围样本的初步了解，黑龙江勃利县的乡村厕所改造已取得实质性进展。当地的主要做法是，农户出地，政府出砖瓦、人工，统一建设，每户厕所改造费用约3000元。但鉴于农民习惯将厕所设置在户外，而冬天易结冰无法冲水，也不带沼气池，新建的厕所跟农民原有旱厕差别不大。由于无须农户出资，农户基本持欢迎态度，但存在不少重复建设情况——地方政府需要考虑，有些本来可以不改的农户，是否可以发放部分补贴？这样既为国家节省了资金，又能实际增加农民收入。

河南新密市、濮阳县则走在前头，政府在试点结束后大面积启动乡村厕所改造工作。亦由政府包工包料，做的是室内冲水蹲厕，下埋大型塑料桶，由政府安排定期抽粪。

南方则整体滞后，我通过小范围电话访问，结果发现江西上高县、湖南邵阳县、福建福鼎市、云南石林县、广西壮族自治区桂平市，则尚未有大面积启动的消息。总体看来，乡村“厕所革命”，北方比南方（内地省份）推进速度更快。

既已姗姗来迟，更需农村、社会各界监督、推进，避免“厕所革命”成为一场短期运动、一句口号！

从补贴金额来看，各地对厕改的补贴金额不同，例如江西每户补助1200元，山东每户最低1000元、最高4000元，海南普通农户每户不低于1600元，贫困户每户不低于3200元。

补贴形式又有三种：一是政府免费提供水泥、沙子、砖块等原材料，村民只负责出力就行；二是村民自行购买原材料、负责出力建造，并在建好之后，由有关部门统一验收，验收合格的领取国家补贴；三是村里组织施工队伍上门服务，改造完成后，扣除施工和原材料费用，剩下的钱补贴给村民（可想而知，基本不会有剩余，超出部分还需要村民补上）。

从黑龙江勃利县和河南濮阳县来看，许多地方选择第三种补贴形式，即政府外包安排统一施工。但这一补贴形式与村民自建相比，容易发生腐败、偷工减料问题，因此，在推进过程中更需公开透明、严格验收，防止基层干部与地方不法势力勾结，强制承包、偷工减料、糊弄了事、开设条件等，确保“厕所革命”做成真正的“民生工程”而不是“形象工程”！

此外，还应从信息公开及资金管理流程上进行规范、监管，防止地方政府截留、挪用，确保资金使用到位。

从进度来看，公开数据显示，2018年已改造完成1000万户，农村改厕率超过一半。2019年投入的70亿元资金，按平均每户2000元计，可覆盖约350万户，刨去2018年已改造完成的地区和发达地区（如江浙沿海农村，一般都有私家卫生间），再考虑到许多农村几户合用的情况，现有未厕改过的农村，一半以上都能改造一遍！

从目标来看，国家要求对于东部地区、中西部近郊区等有条件的地方，到2020年要基本完成。对于中西部有较好条件的，2020年完成85%左右。**也就是说，近几年，中国大多数农村都要完成厕改！从很多区域的实际推进来看，这一任务好像差得还很远！**

农村厕改，还请接受人民与媒体的监督！

四、为“反哺乡村”修张表

我们一直在强调乡村振兴、工业反哺乡村、城镇化反哺乡村，但现实情况是，乡村学校减少，高污染工业增多，大量假冒伪劣产品出现在农村，等等。过度建设新城区、推高当地房价、将公共财政集中用在城市建设、城乡户籍差异化对待等，往往不是反哺，而是持续消耗乡村。

反哺乡村，不是一句口号，而是时代发展的必然！

历史证明，近代中国的发展，无不始于乡村：闹革命、夺取政权源于乡村的星星之火，工农子弟的前赴后继。新中国成立后推动国家重工业建设，靠的是紧缩乡村，支援城市——回收土地发展农业合作化运动、人民公社、建立户籍登记制度管理农民流动、农产品统购统销制度获取农村经济资源，甚至让农民砸锅卖铁大炼钢铁。改革开放的活力也始于农村包产到户，解放了农民的生产积极性，进而允许农民自由流动，为国家工业化、城市化发展贡献大量的廉价劳动力，但改革开放后40年中国经济的积累，大部分的公共支出又都用于城镇发展。

因此，反哺乡村不仅是“还债”，也是在发展陷入阶段困难的今天，通过外部反哺乡村、内部乡村改革，推动农民的发展，寻求推动中国新一轮增长的突破点！

而“厕所革命”，只是乡村振兴的一个小小部分，乡村亟待改革的还有很多：土地流转、新农合医保、社保、财政扶持力度、乡村治理、户籍改革、乡村教育、乡村金融、新城镇化与乡村就业……这些既需要国家宏观的乡村振兴大战略，也需要国家加大财政倾斜，还需要各部委、各地制定阶段目标、将任务分解，形成考核管理办法，并向社会各界公布时间表，形成教育科研、金融机构、文化媒体、公益机构等各界的合力，共同推动乡村的发展。

最后，我想用秦朔《文明寻思录》中的一则故事结尾。

有一次，秦老师问格莱珉银行（孟加拉乡村银行，被誉为“穷人的银行”）负责人：“为什么要让贷款的穷人先修厕所？”对方的答案并不是我想的那样，即卫生条件改善，身体健康等。

而是更重要的原因：在落后的村子里，如果你修了一个条件好一点的厕所，它会具有社交功能，有助于形成社会网络，这对创业经营是很有好处的。在某种意义上，厕所已经成为一种隐性而实际的社会资本。

了解乡村，才能知道乡村真正所需。与说不清道不明的新农村建设、横冲直撞的“城镇化”之类的宏大计划不同，乡村“厕所革命”就是这细微而深刻的需求。但愿，这样的“革命”会越来越多！

11

从村民到公民

一、父亲的“参政史”

父亲在十里八乡算个名人，年轻时混过剧团，做过卡车司机，走过南闯过北，能侃天地时政，能通上下关系（有当官的同学），又热心地方事务。十几年前在深圳打工发了一笔小财“衣锦还乡”，翻修好房子后，就想在政治上有所作为。

父亲的“政治理想”是当上村干部。

村干部五年一选举。第一次是海选，父亲呼声很高，可惜农村普遍称呼人诨名，具体姓名往往无人知晓，其他自然村的村民多不知父亲的姓名，拿着选票无从下笔，所以还是选回以前的干部（他们“出镜率”高，村民能将姓名与人对应起来）；第二次是前两年，父亲进入复选，当选“票王”，却因为年龄超出55岁，被乡政府否决，严重挫伤了他“参政”的积极性。

这几年年纪更大，父亲才渐渐丢掉“当官”的幻想，恍惚间老了几岁，验证了“权力（哪怕是对权力的幻想）使人年轻”的真理。无他，上到富豪精英，下到乡野小民，中国人自古将“参政”与“当官”画上等号，似乎只有“当官”，才是参政的唯一途径，而一旦当上了官，脸上有光、祖坟冒烟，身家性命似乎也有了保障。

我安慰父亲，“你好歹还被选举过，享受过民众的呼声，我们大多数人压根就没有这个机会”——不要说被选举，就是选个举，也大多发生在学生时代选班干部的时候。

事后我搜索了一下如何行使选举权，答案是，对一个外乡人来说无权插手。

二、只有村民，没有公民

怎样才能当官？靠常规选举怕是有点难。

乡村选举分两种。一种是五年一次的村委会选举（有些地方三年一选），在前文中有过详细记述，不少地方，候选人往往由上级政府指定，村民很有默契，走个形式，积极性并不高；在城郊或经济效益较好的农村，则由于颇有“油水”而竞争激烈，时有贿选发生，村民政治意识薄弱，又容易投宗亲/人情票，导致选举往往成为乡村“强人”攫取私利的工具。

事实上，几十年来，“村民自治”体制在众多地方，或走走过场，或授人以柄，已形同鸡肋。

另一种选举是人大代表。我国法律规定，县、乡级人大代表由选民直接选举产生。乡级人大代表无实权无“油水”，候选人名单往往由各级政府、人大推荐，反正都不认识，也选不到自己头上，村民更加漠不关心，往往默认由村干部打钩，“走过场”甚于村委会选举。

关于县级人大代表选举，十几年前本乡曾发生过一件趣事。当时县里分配至本乡的最后一个选举名额，在一个副乡长和某村一村民间产生，老百姓一看，副乡长是外地调来的，根本不熟悉，就纷纷投票给本地村民。结果报上去后，县人大一看，怎么选上来的是“没水平的”？便十分不满。

以“水平”、职位乃至是否有钱衡量代表资格，在一些地方曾是公开的秘密，如此，不如全部由上级指定“有水平”的精英人士做代表。但这样的话，“人民代表”就成了精英群体或既得利益群体的代表，也就失去了代表人民的意义——这也正是国家需要警惕的地方。

按理说人无缘无故地丧失了这么多权利，心里会很不爽。与我的“咸吃萝卜淡操心”不同，村民却并没当回事。本来就没兴趣，你们爱定谁定谁，大家互不干扰，相安无事就好。

如今倒真的实现了“互不干扰，相安无事”——与权利的遗失相对应的，是义务的“消失”。自2006年取消农业税/牧业税，国家相继取消了农林特产税、“三提五统”等税费，现在我老家所在的村，每年仅需缴纳水费20元/亩、卫生费20元/人，用于水利设施和基础卫生的维护。这还只是特例，多数有村级产业（如林、塘、水库或村企业）的村，往往这些费用也能免去，由村委会支付。

同时，我还注意到，当前扶贫、新农村建设等涉农资金，往往由县政府统筹，并直接划拨到村民小组或村民个人。跳过乡、村两级机构，既提升了效率，防止了基层腐败的发生，又反映出上上下下对乡政府、村委会的不信任。

如此，除了差不多一辈子一次的上户（户籍）、宅基地审批等少数事项，村民与村委会、乡镇政府罕有来往。一方面，这杜绝了数千年来官扰民的弊病；另一方面，又在一定程度上使得官民脱离——乡政府、村委会纯粹作为上级政府的派出、执行机构，唯上不唯下，服务乡村的动力和热情衰退，而村民参与公共事务的积极性也不断变弱。

所谓公民，是指具有一个国家的国籍，并根据该国宪法和法律的规定，享有权利和承担义务的人。回头一看，广袤大地上的村民，既遗失了权利（选举、参与公共事务），又没有了义务（纳税），越来越不像一个“公民”。

从“村民”到“公民”的乡村现代化治理之路，似乎南辕北辙。

三、四化建设“三缺一”

“70后”“80后”们对“四个现代化”并不陌生，这一口号曾经从20世纪60年代喊到2000年，包含工业、农业、国防、科学技术的现代化。时至今日，我国的四化建设，唯独“三农”，与现代化目标相去甚远。再横向比对，我们与发达国家的主要差距，也不在工业、科学技术、国防，而在乡村。

当然，在东北农业大省，农业耕种方式已较为现代化；在东南沿海，乡村工业化、城镇化水平也不低；即便在中西部乡村，其基础设施和生活条件也不可同日而语。但不管哪里的乡村，离“现代化”总差那么一口气，为何？

中国有约261万个自然村，它们差异太大，“硬件”的现代化各有快慢，“软件”的现代化却大多停滞不前。

这个“软件”，主要是指维持乡村社会运转的治理体制、文化体系。乡镇政府行政管理+村民自治的治理体制，在许多地方已经失去效力；维持乡村运转的，重新回到沿袭千年的地缘、血缘系统，基于土地的熟人社会、宗亲好友、人情往来、家庭文化、温良恭俭让等品格……

现代政治统治的合法性，在于其“代表性”。一方面，中国古代的皇权代表天命，官员则代表皇权统治百姓，而民意又传导至“天命”，从而形成一个神秘、似是而非的闭环。另一方面，农业社会分散经营，小农善分不善合，分田地、分家、分财产很来劲，组织联合、维权斗争，往往难有响应。因此，农民碰到不公，一字“忍”，二字“求”——乞求“清官为民做主”或“老天自有报应”，三字“反”——最后被逼得活不下去的时候会采取行动。若成功夺权，又继续回到皇权天定的神秘闭环。

费孝通则说，“中国乡下佬最大的毛病是‘私’。说起私，我们就会想到‘各人自扫门前雪，莫管他人瓦上霜’的俗语……一说是公家的，差不多就是说大家都可以占一点便宜的意思，有权利而没有义务了……私的毛病，在中国实在比愚和病更普遍得多”。

因了这“善分不善合”“私”的病，农民从来只有“被代表”的份儿，缺乏代表自己的意识和组织起来的能力。“臣民思维”和“小农意识”，两者相辅相成，根深蒂固，从根本上阻碍着乡村走向以民主与法治、契约与创新为核心的现代化之路。

说到底，所有现代化都归结人的现代化。工业、科学技术、国防的现代化，都培养并倚靠大量产业工人、科研人才，才得以不断推进。而乡村始终没有从“村民”跨越到“公民”，导致现代化难以深入。

然而任何人的自我管理和组织，都是后天培养出来的。因此，为了实现乡村现代化，第一，是通过教育、培养，提升村民的公民意识、合作精神，让村民直接参与自治活动，通过自治实践、参与具体的村庄重大事件决策，让村民的公民意识和公民能力得到成长。

第二，针对在外打工的广大青壮年群体无法选举投票、无法参加公共事务的情况，不应听之任之。没有人不关心自己的家乡，可以为他们针对性地开发手机投票、评论、建言建策系统。这并非难事。

第三，政府、社会机构引导，结合村民自发组织，探索村民自治之外的其他组织形式。如经济方面的合作社，联合起来批量采购农资以降低成本，统一生产、包装、销售以提升议价能力；教育方面，恢复、改造县乡“农业大学”，线上线下结合，定期不定期结合，培养公民意识、“参政”能力，传授文化知识、农业技能。

第四，提升乡村文化自信力。数千年来封建主义的压迫，近代资本主义的压制，近几十年来重商主义、城镇化主义的影响，导致农民对其身份严重不自信，随之导致缺乏活力乃至自弃。因此，上至国家下至基层政府，应对乡村文化建设真正重视起来，不是简单的“送戏下乡”“送文化下乡”，而是政府扶持，社会参与，以广大村民为主体，挖掘本土文化，结合手工艺等民间遗产，组织线上线下巡演、展览，打造本土文化产品、品牌。通过提升乡土文化自信力，真正激发乡村的活力。

第五，中国文化界需要一场“乡村文化复兴运动”。乡村是东方文明的根，日本在经济飞速发展、西化的过程中，也曾有过大反思和乡土回归运动。日本 20 世纪 70 年代的“造町（乡镇）运动”、80 年代的“一村一品”运动等，无不对整个社会发展起到极大的稳定或助推作用。

随着我国经济稳定发展，以及对中西方价值观的比较与反思，我们急需向内看，向乡村文明寻根。我们的文化界对乡村的印象，不应停留于某些电影的套路和传统的脏乱差印象，而应从影视、文学、音乐等各方面，更真实地去发掘、塑造乡村之美与变化。

四、要“乡村公民”而非“西方公民”

在轰轰烈烈的现代化进程中，时至今日，我们的广大乡村，依然传统而温情，又因温情而缺乏竞争和活力，又因缺乏竞争和活力而不够现代化。这是不幸，也是大幸。

在城市文明高速发展的今天，对乡村文明，我们不能再一味地奉行“拿来主义”。

西方主导的现代化思维强调个人、权利，划分得清清楚楚的制度，写得明明白白的契约，与中华文明强调家庭亲友、匹夫有责、崇尚“情商”，有着本质不同。

不要说乡村百姓，就是生活在大城市的人，也时常纠结、困惑：讨论问题是说清楚还是点到为止，工作上按职责秉公办事还是看关系糊弄糊弄，做生意按合同一是一二是二，还是看情况差不多就行……

我们身体里流着自己文明的血液，用“西方现代化”给自己换一遍血，恐怕得不偿失：今天，西方“公民社会”偏“私”的一面不断呈现，对于金钱与名利的过分推崇、对自我个性的过分张扬、实用主义的甚嚣尘上、个人无处宣泄时对他人的残忍暴力、“绝对”民主下无休止的吵吵闹闹难以作为等，都使得西方所谓的“公民社会”充满危机。

我们的乡村，虽然还存在着各种各样的问题，但依然辽阔而美丽，依然保存着中华文明真善美的基因，依然保有着我们祖祖辈辈拥有的温暖情义……这是我们的生态家园，也是我们的精神家园。

当前各界对乡村的主要改造思路，依然是较为生硬的西式“现代化”：加快城镇化引导农民进城，降低农业人口，却不管房价、户籍、社会保障；对进不了城的，地方政府通过建工业园引进沿海制造业解决富余劳动力就业；对愿意继续从事农业生产的，通过减负、补贴、扶持种粮大户进行规模化生产，以提升生产效率；最后，对没得选的贫困人口，则通过精准扶贫帮助农村贫困人口……这些举措，逻辑完整、颇有成效，但多少有些“粗暴”。

要实现真正的乡村现代化和乡村振兴，不应仅仅是由上而下或由外而内，而应更系统、深入，由下而上、由内而外激发乡村活力！我们要做的，不是通过城镇化、工业化、规模化使乡村现代化，不是怀着同情、“恨铁不成钢”这样居高临下的视角去审视农民，也无须拿着“西方公民”的标准去改造自己的村民，而是去了解、理解、尊重，用平等的视角帮助村民走自己的“乡村公民”之路，用更符合我们自身文化特点的办法，去帮助乡村走自己的现代化之路。

这其实也是我们所有人要走的公民和文明之路。

12

从“棺材战役”到“麻将战役”

一、两场“战役”

我的家乡所在的省份，可能是中部最没有存在感的省份，所以总是要剑走偏锋才能在全国人民面前“露露脸”。

譬如2018年的“人才大战”年，许多地方急于抢人才，江西省却热衷“抢棺材”——彼时国家倡导殡葬改革，本省眼看搞经济、科技、产业、教育等都没有声响，不甘寂寞，抓住“机遇”打响“棺材战役”，许多乡村老人在世时为自己准备的棺椁，全部被这场“战役”消灭。

我的外婆就是其中之一。外公二十年前去世后，外婆即为自己置办了一口棺椁，由上等木材打造，油漆刷得锃亮，搁在黑漆漆的阁楼上，像个黑洞，没少让儿时的我心悸。她这口“镇宅之宝”，最终架不住镇政府软硬兼施，补偿了2000元钱后被拉走。外婆还算“识时务”，不愿交出来的人家，任凭行将就木的老人哭闹，或躺进棺材里不愿出来，最后结果都是被强行拉走。

最激烈时正值夏季，我有几个中学同学是乡镇干部，被上级安排整夜蹲守在新逝人家门口或村口，防止村民土葬。隔壁某县级市更甚，有村民趁夜偷偷出去埋掉，第二天也被挖掘机挖出来，引发激烈冲突。后来这家村民因报复乡干部引发了重大刑事案件，引起国家重视，中央派出调查组，严肃追究相关人员责任，才将事态缓和下来。

彼时上饶市弋阳县也是“抢棺材”的“主战场”，以至于方志敏的长孙方华清教授在接受新闻采访时表示，看到各地都在抢人才，江西“抢棺材”，自己作为江西上饶市弋阳县人，替当地政府感到羞愧。

时间才过去一年后，一场“麻将战役”又在当年“棺材战役”的主战场江西省两市率先上演。其间，上饶玉山县、鄱阳县、信州区公安的禁令疯传，即使后来当地公安调整说辞，表示“禁令”的说法并不准确，但实际的“禁令”已在执行。而在这道禁令于网上疯传之前，我老家所在市早已行动。老家县城的麻将声销声匿迹，朋友家的麻将馆关门大吉，妹妹家的小卖部麻将桌也被藏起来，一时风声鹤唳。实在手痒的，则关紧门窗偷偷打，还得小心被人举报，仿佛和平年代的“地道战”。

事实上，不少地方政府“抓赌”是一项传统，隔不了几年就会开展一次。记得数年前一年春节，地方集中整治打扑克牌，一户村民去老丈人家拜年，吃完饭跟老丈人、小舅子几个人打几块钱的牌，被人举报后让警察抓走了。

“势力大”的村庄才不管这些，照样打牌打麻将，因为派出所一般不去大村庄，抓不到不说，搞不好自己还要挨揍。因此，面对这场“麻将战役”，也有群众很淡定，戏言年底有关部门该创收了，忍一段时间看看。

二、“最终解释权归甲方所有”

当然，即便在商业活动中，不少政策的制定和执行也往往是两个相差甚远的层面，因此多数平面广告上，都会标这么一行小字：“最终解释权归甲方所有。”

倡导火葬、公墓安葬有利于破除陋俗、节约耕地，打击赌博有利于创建良好的社会环境，都是好的导向。但急于表现、急于求成，随意发动“战役”、过度扰民，侵犯私权，却又无须负责任，则是问题的核心所在。

现实中，往往上级政府出一道政策，乃至一个精神、一个想法，到了地方政府，就被组织成一场“战役”。从 2018 年民政部的《殡葬管理条例（修订草案征求意见稿）》，到江西省政府的绿色殡葬新风，再到地方政府的“棺材战役”，从 2019 年国家扫黑除恶专项斗争，到地方政府打击赌博违法犯罪、“关停取缔经营性麻将馆”，再到地方公安局加码而成的“麻将禁令”，许多基层部门最擅长的，往往不是因地制宜、真正解决问题，而是生搬硬套、层层加码，唯恐上级看不到自己的忠诚度、积极性，生怕领导不认可自己的反应速度、执行力，加之还可以借机谋一点团体或个人私利，何乐而不搞大？

至于是否合规、是否有效、是否扰民，并不重要。地方的“民情”、工作的“困难”是对上的“解释”，上级的规定则是对民的“解释”，反正不管怎么解释，“最终解释权”都“归我所有”。

在商业活动中，双方不能强买强卖，甲乙双方不断变化，遇到解释不清晰还可以相互商量，不同于商业活动的“最终解释权”，这种政府性质的条例、规定的解释权是单向的，因此有必要制定得尽量合理、清晰。

譬如对赌博“个人赌资较大”的界定，北京以300元为标准，江西以200元为标准，上海以100元为标准，而吉林以平均赌资500元为标准，四川则以现场收缴总赌资1000元以上为标准……一者实在不清楚上海100元标准的依据，若以此为准则，则生活中的日常“赌博”行为实在太多，抓都抓不完，100元的标准也难免让其他省市人民贻笑大方；二者对牌友而言，熟练掌握各地的“赌博标准”就显得十分重要，比如一个吉林人在老家习惯带200元打麻将，到了上海说不定就得被抓；三者赌资与个人财产怎么界定，我只打算打100元的麻将，可钱包里不小心装了200元，放到桌上会不会被抓？四者这一系列标准还是2005年颁布《中华人民共和国治安管理处罚法》时制定的，20年过去了，当时的100元可相当于现在的数百元，这个标准是否要每年乘个通货膨胀率？五者目前已发展至移动支付时代，我不带现金，微信转账行不行？如果一个千年欠债不还的人不凑巧刚往我微信里还了200元，上桌之前是不是得赶紧退还给他……

如此想来，不管是打麻将的人，还是管理者，都得喊一声“我太难了”。

三、民权与官权

赌博对家庭、社会危害巨大，民间比官方更加清楚，而且民间对赌博也自有一套判定标准和防范手段，本不需要这么难。

对是否参与“赌博”，赌资多大，大家自有标准，譬如多数人打牌时，都会根据参与者的实际情况设定一个标准，比如胡一把牌多少钱，每叫一把牌不能超过多少钱，谁输到多少钱就不能再打了，谁赢的最多打完牌就得付房钱、请大家吃饭。这时官方非跑出来设定一个标准，逼着有亿万身家的老板必须搓 100 元的麻将，引导贫困的待业群体往 100 元标准方向去搓，无疑太过于“为民做主”。

赌博有害，民间又何尝不在抵制。当一个儿子拿钱去赌博时，父母能不管？妻子能不闹？身边的亲友能不劝说？但当我带 200 元打麻将却被抓时，官方的说法是我参与赌博，要罚款 2000 元，又是否过于“自作多情”？

麻将、棋牌是我们的民间文化，打的过程中加一点点赌注也正常，只要不害人害己、不触犯法律、不有损社会，就是合理的民权——只有当这个权利的实施危害到他人和社会，外界才有权介入。

介入的主体首先应该是法律，《中华人民共和国刑法》对赌博罪的界定，“是指以营利为目的，聚众赌博或者以赌博为业的行为。本罪侵犯的客体是社会主义的社会风尚”。《中华人民共和国治安管理处罚法》对赌博的界定，即“以营利为目的，为赌博提供条件或参与赌博赌资较大的，处五日以下拘留或者五百元以下罚款；情节严重的，处十日以上十五日以下拘留，并处五百元以上三千元以下罚款”。

一者麻将馆、棋牌室作为经营性主体，该办证办证，该纳税纳税，该合规合规，该负的监管责任要负（比如监督打牌者不超过赌资数额标准），以工商、市场执法机构为主体进行整治实为必要。但若无违法、危害他人及公共安全的情况，执法人员不宜过度执法，更无禁止权。此时执法人员急于跳出来，不仅越权，更难免背上“年底抓赌‘冲业绩’”、借机谋私利的嫌疑。

二者对“麻将馆、棋牌室”的界定应当清晰。譬如上饶市信州区公安局的取缔对象为“包括营业性麻将馆、茶楼麻将室、宾馆单独设楼层的麻将房及隐匿在店铺、居民楼地下室、车库、出租屋、厂房等场所内的麻将、棋牌室”，我在自己店铺、地下室、出租屋摆一张自娱自乐的麻将桌，打总赌资 200 元的麻将，算不算赌博？我自己不打的时候让给别人打，对其他人收一点电费、取暖费、茶水费算不算赌博？

在没有界定清楚前，谁都不能凭一纸禁令践踏民权，尤其是无证、无故闯入民宅随意抓人，这本身就是违法！

三者不能以“民众支持”为由过度执法。可想而知，部分不打牌的民众对“取缔”麻将馆内心表示支持，部分城市居民对小学、幼儿园周边的麻将馆表示反对，但势必也有许多牌友，以及更多像我这样偶尔去一次的人，一时说不好是支持还是反对。以部分民众支持为由搞“一刀切”，是我们应当反对的事情。

四、浅谈治赌

说回治赌。事情的起点往往是好的，打击赌博也是必须做的，但把治赌的矛头指向麻将馆、棋牌室，就多少有点像挑软柿子捏了。

众所周知，麻将馆、棋牌室目标太明显，又人多嘴杂，犯罪分子不会傻到在这里赌博。真正犯罪式的赌博，在城市可能是会所、娱乐中心甚至隐蔽的住宅中，在乡村往往是在山头荒野，或者乡村小卖部之间流动。“流动场所”不好治，犯罪分子不好抓，却来收拾麻将馆、棋牌室这样的“小鱼小虾”，尤其是要取缔众多隐蔽在宾馆酒店、工厂、居民楼、出租屋的麻将桌，既费力、注定无效，又扰民、弄得鸡飞狗跳，还显得地方公安避重就轻、挑软柿子，实在是下下策。

再退一步，即使要防止人们在麻将馆、棋牌室赌博，要求这些场所装上实时监控摄像头并且联网，辅以随时抽查、一旦发现重罚……这样常见的成熟的“线上＋线下”监管，是否也比粗暴的关停更简单有效？于此，一些地方政策制定者和执行者就要反思，究竟是习惯拍脑袋，还是自己脑子里根本没有“民权”，抑或自身执政能力实在不足？

对场所的监管只能是治赌辅助手段，对“人”的监管，才是治赌核心所在！

中国的居委会、村委会组织庞大而有效，谁家有谁好赌、参赌，居委会大妈、村委会大叔知道得一清二楚，再发动广大党员进行监督，无疑是广泛又成熟的群众组织；在此基础上，再发动人民群众监督、举报，重奖举报者并严格保护，使得举报赌博既有利于社会又有利于个人；同时，加大针对赌博危害、举报有利的宣传，克服举报心理障碍，通过发动“人民战争”，让赌博行为难以展开，无疑是更加有效的办法。你不搞“人民战争”也罢，反倒陷入“人民战争”，如何对得起党员干部的身份？

同时，现阶段赌博越来越网络化，电脑、手机赌博日益猖獗，加强对网络赌博的监管、打击力度，才是越来越重要的事。这个情势下非把主要精力放在取缔麻将馆、查封棋牌室上，不仅无效，还浪费人力。

对于治赌，打击组织赌博、参与重大赌博活动的犯罪分子才是公安机关的首要职责，“小赌怡情”的老百姓不是犯罪分子，充其量只是人民内部矛盾，以对待犯罪分子横扫一切的气势处理人民内部矛盾，恐有点过于“勇猛”了。

五、从管理到服务

我所反对的是“唯上不唯实”的传统官场陋习。

我所生活的上海，就以经济发达、社会和谐、政府服务良好著称，政府基本不会扰民。遇到不得已而为之之事，也提前公示、沟通，各行各业按章程办事，去政府办事大厅，也基本不会遇到人为障碍，政务服务人员服务细致、态度良好，往往令刚来上海的外地人诧异和感动。

我亦曾在北京、广东、浙江工作生活过，也基本没听说过“棺材战役”“麻将风波”之类的大规模扰民事件，事实上，这些地方的土地更加紧缺，可能更需要发动“棺材战役”来腾出土地；这些地方的“赌资”也更巨大，发动“麻将战役”的获益也更大。但相反，我们所见的是当地政府埋头发展、服务市场、服务人民、求新求变，整个社会人人思进、人人争先。放着手头赚钱的事情不干非跑去以赌博为业者，实在是少数，即使有人偶尔鬼迷心窍，社会的正面导向、赌博倾家荡产的现实案例的警醒、亲友的规劝、公安的打击，加一些时间，也可以让其中的多数人迷途知返，犯不着动用强大的社会能量去折腾。

越是发展落后、官僚思维越根深蒂固的地方，才越热衷于搞“战役”“行动”“事件”，结果却往往是恶性循环。马斯洛说，如果一个人手里只有一把锤子，那么看什么问题都是钉子。如果只以“管理者”高高在上的视角办事，则事事要管，处处要管：从招商引资建工业园搞经济，到乡村振兴搞民生，从拆掉乡村中小学迁到县城，到“抢棺材”取缔麻将馆，真是事事需要操心，结果干了这么多，老百姓还不满意，真是“太难了”。

爱伦堡则在《人·岁月·生活》中说，“专制制度的不幸不在于它不爱人，而在于它太爱他们，却又太不相信他们”。事事“为民做主”，处处横插一刀，做得再多，也是无用。

当我们以服务者的角度和相信市场、相信百姓的理念去审视时，就会发现，企业按市场规则运行、社会按公序良俗行事、老百姓按生活所需繁忙，大家自顾不暇，多半只求政府不来找自己，很少去找政府要什么服务。如此事事皆按规则运转，其实并没有多少地方需要政府服务，大家就都可以更轻松一些。此时，政府就可以集中力量办大事，将更多精力放在引导发展、社会创新、社会保障、开启民智等方面上，一地的发展才能实现正循环。

此外，政府还有一项重大职责就是提供公共产品，而不是因为看不惯某种“民间文化陋习”就动用公权力简单打压。今天打压麻将、扑克牌（带点小赌）的民间文化娱乐，老百姓自会找其他“乐子”。政府只有提供其他更有趣、更积极的文化产品进行引导，才是更高级的做法。

政治思想史学者刘泽华教授指出，中国古代官员有“亦主亦奴”的双重人格，当某个官员无法抗拒上层时，他就是“奴”；当他可以命令下层而下层无法抗拒时，他就是“主”。这种“亦主亦奴”的文化惯性，亦是现代政治改革、社会发展的一大障碍。

我之所叹，另一面还在于家乡民众的逆来顺受，如不是看到上饶“麻将馆禁令”后打电话回家了解，我还不知道本市早已实施多日，而地方百姓最多发发牢骚，麻将馆、棋牌室默默自动关门，小超市、小卖部麻将桌自动收起，人们能不打麻将就不打，实在忍不住就偷偷摸摸地打，俨然自动发展成为“麻将禁令”。

许多地方的百姓有种“政府恐惧症”，总觉得随便一个部门、一个官员站出来说句话，就是代表国家、代表政府。于是，一者不想给国家添麻烦，二者害怕政府权威，即使个人利益受损，即使违心，也默默接受。只是他们全然不知，政府的事正是由每个人的事组成的，而政府的政治权力，正是由我们每个人赋予的！

最后，愿我深爱的家乡越来越美好，愿我们的祖国日益国泰民安。

13

乡村“重婚”记

一、乡下土狗

打电话给堂弟的时候，电话中正传来大伯母的训斥：“你女儿又要开学了，还不出去赚钱交学费。”堂弟扭过头去冲他妈吼了几声，惹得一旁的乡下土狗汪汪叫了起来。

乡下土狗，学名中华田园犬，这几年网上纷纷夸它们高智商、重情义，它们便渐渐火起来，形象大翻身。

前两年，还有一只小土狗火遍全球。一个叫迪翁·莱昂纳德的英国越野跑者，在新疆参赛期间跟一只瘦弱的小流浪狗“对上了眼”，并将其命名为“戈壁”（Gobi）。尽管一路高温、干旱、烈日，“奔跑吧兄弟俩”始终形影相随，最后共同获得第二名。比赛结束后，莱昂纳德将“戈壁”寄养在朋友家中，先飞回国准备收养手续，没想到，“戈壁”却因跑出去寻找主人而走丢。莱昂纳德得知后第一时间飞回中国，通过网络派发寻狗启事，建微信群寻找，很多媒体都纷纷报道了这件事。在热心市民的帮助下，大半个月后，莱昂纳德终于找到了“戈壁”，二者上演了一场“人狗情未了”的有爱故事。后来莱昂纳德带“戈壁”环游世界、上电视、出书，受到英国女王、众多国际名流接见，使得“土狗”跻身上流社会，一举扬名海外。

当然，堂弟对这个故事没有兴趣，自从他前年又去温州混了几个月回来，已经在家待了一年多——许多乡下少年变成乡下中年，依然两手空空。

当然，堂弟也不是两手空空，膝下多了个女儿。离婚后，女儿的妈妈改嫁到隔壁镇上，还时不时骑电瓶车回来看孩子。她挺着大肚子，不好意思地坐在邻居家门口，跟妇女们聊着天，碰到大伯母一家人，害羞地打个招呼，傍晚又骑上电瓶车回去。

他们俩是 20 岁在温州打工时认识的，认识没多久就生了孩子。孩子渐大，要去上学了，才匆匆忙忙办了桌酒席，去民政局领了张结婚证，给孩子上了个户口。

堂弟嫌弃媳妇有腿疾，加上本来也没什么感情，没几年还是离了婚。媳妇后来嫁了人，想念女儿的时候骑上十几里地回来，坐在隔壁人家门口看几眼。

堂弟则因为穷，一直鳏居。谈起将来的打算时，如果再去温州打工，只能进鞋厂、包装厂等做苦工，每月休一天，每天工作 12 个小时，环境恶劣，工资撑死五六千元，还不包吃住，一个单身年轻人也攒不到什么钱；至于老家附近的工厂，也是从沿海转移过来的鞋厂、包装厂、塑料厂，一个月休息两天，每天至少工作 10 小时，工资两千多元，还不够他自己花；种田种地，又从小没干过。

他一脸茫然，说就想进城里开个饭馆，带着孩子去念书。

二、乡村爱情故事

隔壁的“幺妹”“别佬”“光头佬”跟我们年龄相仿，走过来笑堂弟“媳妇”只能躲在别人家看自己家的娃。

旁边有人打趣：“你们的老婆想看娃还得打飞的呢。”大家哈哈大笑起来。这三个人都不好意思地走开。

“幺妹”十几年前在温州打工，跟一个江西上饶姑娘谈恋爱，生了孩子。赣东经济发展水平优于赣西，女方父母本不太同意，但孩子都生了，只能过来商量办婚礼。进村一看，地方穷，“幺妹”家更穷，当场就拉下脸来，最终不欢而散。姑娘受了委屈，随父母走了，后来扯来扯去，婚没结成，直接散了伙。

由于没有结婚证，“幺妹”的儿子上不了户口，还花了6000元钱。再后来，“幺妹”在外打工生了病，回到老家休养，在附近工厂不断找些活干，勉强拉扯着孩子。再想娶媳妇，已经难了。

“别佬”谈的是云南姑娘，“光头佬”找的是湖北女人，一样生了娃没领证，媳妇都趁在外打工跟了别人。

当然不能怪姑娘们“无情”。还有一个故事，一个女同事的贵州表姐，跟一个老家男人生了孩子。贵州有些山区民风不好，打女人是常事，表姐受不了逃到宁波投奔亲戚。那时候流行聊QQ，同事把一个在QQ上“追”自己的陌生网友“介绍”给表姐，不料表姐很快坠入情网，跑回贵州找网友，又生了俩孩子。

贫贱夫妻，又是QQ聊出来的婚姻，关系能维持多久？没几年，表姐过不下去又跑了出来。折腾了这么些年，她什么都不会，先去了广东的KTV上班，后来努力在老家县城买了套房，安顿着俩孩子。

乡村光棍汉的“筑巢引凤”（周林/摄）

上述故事，尤其在中国广大欠发达地区的乡村，不计其数。年轻人在外打工，苦闷之中容易滥情，无人约束，又缺乏安全意识和长期打算，一不小心就生孩子。农村对办酒席的重视甚于领证，毕竟办酒席能收不少礼金，而领证倒是无关紧要。

早婚、生了孩子却不婚的年轻人，感情基础本就不牢固，多半生活也不富裕，年轻人又缺乏耐性，而且是异地婚姻，没有亲属的及时调和，容易吵架散伙。而有些分头外出打工、两地分居的，碰上另外对眼的，或耐不住寂寞，或抵不住诱惑，干脆各自欢愉，无所顾忌……所以，往往孩子都老大了，自己却还是“未婚”。

这种“结婚”、生子不领证，又继续与他人“结婚”、生子的婚姻状况，虽然法律上并不定义为重婚，但于情于理，都说不太过去。“重婚”以下，大量的婚外恋、“临时小夫妻”、名存实亡的婚姻，伴随着打工潮，大量涌现。

女方还好，跑到外地，民政局既无结婚记录，又没有人知道她们的过往，该恋爱恋爱，该结婚结婚，该生孩子继续生孩子。即使有人知道也没关系，乡村男多女少，只有娶不到媳妇的光棍汉，不存在没男人要的女人。

只有那些堂弟们、“留守妇男们”，拉扯着孩子，又没有好出路，进退两难，只好以游戏为乐，以短视频为精神支柱，与乡村的空洞、寂寥相伴。

三、乡村教育危机

我并无意点评两性生活，或呼吁年轻的打工者谨慎恋爱，做好保护措施之类，也无意道德批判他们的随性乱来。相反，尤其对女性来说，这是从千百年的家庭束缚中解放出来，不再需要依附男性就能独立生存、获得自由的一大社会进步，值得赞美。只是她们还没有成熟到独自应对这突然的“自由”罢了。

我所关心的，首先是乡村的教育。

在我们的成长过程中，从来没有人跟我们讲过两性，学校不会，家庭也不会。社会发展日新月异，但尤其是欠发达地区的乡村，两性教育似乎并无进步。

如今，农村撤点并校，优质的年轻教师也被更优裕的条件吸引走，留下来的，往往是能力相对欠缺，年纪又偏大的教师。考试不考，学校也不要求，老师也不知道怎么教。留守的老一辈同样不可能跟孙辈讲这个，而未外出打工留在乡下的父母，往往对生活更加无奈，也没有这个意识和教育经验。

只有网络裹挟着乱七八糟的内容，无孔不入，诱惑着懵懂的孩子们；不时爆出来的乡村教师猥亵孩子的新闻提醒着我们乡村的空洞、萎靡与不堪。

在城里，好一点的学校已增加了这方面的教育。城里的孩子两岁就开始上托管、上早教，从幼儿园开始就上各种培训班、补课，被强制少看电视、手机，少玩电脑，即使要看也要看精挑细选出来的节目，还不时参加各种公共表演和社会活动。而广大乡村的孩子，暑假只能守着暑假作业，在田野里打滚，或者围着电视、捧着大人的手机。尤其留守儿童，爷爷奶奶不懂也无力，任由他们想干什么干什么，完全放任自流。

家庭教育亦如此。“父母是孩子最好的老师”，城里人多少都受过中高等教育，多少还能将自身的经历、周边的情况、了解的一些知识传授给孩子，即使不专业，父母朝夕相处，也会想办法让孩子知道一点。最起码会告诉孩子，“不准别人碰小衣服遮住的地方，一旦有人碰，一定要第一时间告诉老师、告诉爸爸妈妈”。

乡村的家庭结构尚不稳定，遑论家庭教育。打工的父母一年回一趟家（说不定爸爸带回来的还是不一样的妈妈），传授什么也不好传授打工知识吧。到头来往往只能老调重弹：“娃呀，你要好好读书，不要像爹妈，爹妈只恨自己当年没多读点书。”他们，也许永远都没有机会成为孩子心中的“英雄”。

社会教育更是已缺失多年。城里孩子有机会看各种展览、听各种讲座、参加各种活动，而乡村的孩子，在乡民们嘻嘻哈哈的玩笑中，最先学会的词，往往就是父母的诨名；除了手机、电视，最先学会的游戏往往是扑克和麻将；“听”得最多的故事，也是电视里的熊大熊二、喜羊羊与灰太狼。他们不再有机会“坐在高高的谷堆旁边，听妈妈讲那过去的事情”，难再有机会在宗祠、家族活动中接受长辈的家训，也难在繁重的农业劳动中感悟平凡的世界……

与年轻打工者的不成熟、随性一样，面对突如其来的“自由”，乡村的老老少少都不习惯，面面相觑，只好放任自流。

虽然城里孩子的教育显得紧迫、有些压抑，但最起码有引导；乡村的孩子看似“自由”，却贫乏无知，难以自律。一些年后，当他们中的许多人不能接受中高等教育，走向未来更加“自由”的社会时，类似无意识的“重婚记”恐怕还将不断上演——代际传递的不止贫困，也许还将包括命运。

四、总要有些希望

“自由”的两性关系，在发达与落后的乡村，形成两种截然不同的现象。

我之所见，浙江沿海区域的乡村，比如宁波、台州、温州一带，经济繁荣，但往往民风败坏，赌博、包养小妹的情况极为常见。

太多的打工妹涌入，少不更事者有之，缺乏技能赚不到钱者有之，举目无亲无依无靠者有之，经受不住诱惑者也有之，本地哪怕普通男性村民，也能轻而易举地“养个小妹”。因此，当地离婚率、因两性导致的犯罪率高企，情杀事件也屡有发生。人们比以前更有钱，但生活似乎并没有比以前更好。

而落后地区的乡村，适龄女性大量外流，往往不愿回去，离婚率又高，导致光棍汉日益增多。当光棍汉群体越来越庞大时，他们面对未来感到迷茫，没有好的出路，犯罪率难免提升。

我们不应只批评光棍汉的懒惰、不求上进，更要审视乡村的经济状况。当然，乡村光棍汉有居所、有田地，不至于活不下去。但在社会科技程度越来越高、小工厂打工被剥夺感日益强烈又难以改观的今天，他们一无专业技术，二无做事本钱，三无好的出路，要求发展、进步，却也是难上加难。

再加上城镇化的粗暴裹挟和对乡村的不重视、房价的高企、社会保障的不到位，他们进城无望（还被迫进城），又不可能退回土地务农，陷入“饿不死，但也没有好出路”、混日子的进退两难局面。

这个问题，不只在光棍汉身上体现，也在整个青壮年农民工群体身上体现。近年来，留守儿童问题已得到社会普遍重视，对打工者本身的关怀却依然欠缺。打工者的生存状况、工作环境、劳动和社会保障、权利维护、法律援助、心理健康、子女教育、职业培训、再教育、发展的可能性、未来的出路等众多问题，不是出几个农民工人大代表，出几个农民工创业者、打工歌手 / 诗人，出一些返乡创业 / 就业的新闻，就能引起关注的。

他们的生存和发展，往往用工企业不管、工会不管、社会组织不管、打工所在地政府不管、家乡政府不管，媒体与社会各界也漠不关心……更反衬出社会对这一群体、广大乡村发展的责任缺失。

历史一再证明，当社会形势不佳，一个群体自身能力欠缺，没有好的出路，又缺乏有效管理和外界的人文关怀，面对突如其来、不受约束的“自由”，大量的乡村“重婚记”、社会倒退，乃至社会矛盾的激化就在所难免。

社会要发展，必须给予人希望。对“幺妹”们、对这一代青壮年农民工来说，除了“城镇化”的希望，是不是还得有点别的希望？

14

铁链的另一端：可怕的光棍潮

一、丰县铁链女事件

看到丰县八孩“铁链女”事件，作为一个乡村研究者，我心中五味杂陈。

一为这样的悲剧感伤。

二为乡土几千年的劣根性与愚昧叹息，乡村振兴不能上来就光谈“产业振兴”，不解决人脑子里的问题，再好的产业种下去也会长歪。

三为一些地方典型的、封闭的官僚体系遗憾，不少内地县域的组织与管理，与经济与科技的发展、社会的创新与需求相比，已明显落后。

四为有良知的媒体人点赞，我们永远可以相信人的良知。

其实事件本身给我的冲击力并没有那么大——因为我出生在农村，又进行了长期研究，这么严重的虽不多见，但类似的悲剧，见得实在太多。

相关评论已经有很多，法律和政府的后续处理也跟上了。愤怒、问责之后，更多的是忧虑——现实无情，董某民式的乡村光棍潮已经袭来，即便加大法律对“买方”的惩处力度，未来，真的就会更好吗？

二、寡妇村的故事

丰县董氏一族的光棍现象不足为奇，现实中，湖南湘阴县“鼓励女青年留在家乡”以解决“农村大龄男青年择偶难”问题，某些学者鼓吹的“暖农村大龄男被窝工程”等，背后反映的都是愈演愈烈的乡村光棍潮现象。

网友根据第七次人口普查数据得出一个骇人的结论——中国30岁以上男性“光棍”有3000万人。我们身居城市的人都知道，城市30岁以上的未婚男青年，只要不违法犯罪，哪怕条件差点，通常也要被当个“宝”，这3000万人可能绝大多数都在农村！

何止丰县，这3000万人，未来会不会是一个国家的炸弹？

我曾写过一篇《寡妇村的故事》，很多读者质疑那是一篇小说，其实完全是事实，只是应讲述者的要求（再结合一点我家乡的情况），“不给家乡抹黑”，隐去地名、用了化名而已。

老刘的老家在中部某山区大县，他说，“我们村已经快十年没吃过喜酒了……本村女孩子都嫁出去了，外地女孩子又不愿嫁进来”。事实上，他们村距县城只有十几公里，是个有着近千人口的大村落，而且家家户户都住着小楼房，并不算穷。那为何全村适龄男青年十年都没人能结上婚？

原因在于，乡下的年轻女孩多进城或外出打工，倾向于嫁到外地，最次也要在县城买房。但当地县城房价已达六七千元（新城区更是破万元）。小县城讲排场，一套三居室少说110平方米，就是六七十万元，加上装修，添置家具，还有彩礼钱、结婚费用，加起来也要100万元。

请注意，这100万元必须是现款！因为大多数农村光棍汉都是被城市“优胜劣汰”回去的——但凡有点能力、有点家庭条件的，砸锅卖铁也要在县城买套房。他们没有房，做的也都是工地、县城装修的活计，不要说社保公积金，连工资条都没有，想贷款？除非网贷！

因此当“艳红”——一个曾嫁到外地、年近四十的寡妇一回村里，便引发了周围几个村庄光棍的明争暗抢！光棍们纷纷讨好寡妇，给钱给物，寡妇突然成了香饽饽，什么都不用做就有好几个人养着，干脆也不出去打工，“一个寡妇，便支撑起了一个村庄的性生态”。

这样的寡妇/光棍村现象，亦不足为奇。光我老家一百多人的小村，“80后”同辈的儿时玩伴中，就有6个光棍。其中，有人一直打光棍，有人是因为穷离婚，有人是因为老婆在外面打工跟别人跑了，甚至还有人是因为吸毒，老婆便逃走一去不回。

这些光棍都还算年轻，人生却早已没了前途、没了希望。他们一边得过且过，有一搭没一搭地找份工作或者干点零活，闲时趴在牌桌上赌博，一边又对年迈、无力的父母，或轻或重地啃着老。

我们去那些村庄，还会发现一个奇特的现象：乡村的刷墙广告、挂在树上的条幅广告，内容除了房地产，大多都是市里乃至省城的性病医院！

老刘说，他们村“艳红”看不上的大多数光棍，只好骑个电瓶车去县城嫖“野鸡”，由于缺乏安全意识，或者对人生本就无所谓，染上性病便成了家常便饭。许多人长年累月地需要去武汉打针。而一针五六千元，干点活好不容易赚的一点钱，也就够打上两针。

我们不能对人性盲目乐观。当然无须为董某民辩护，更不是为评论里“地方风俗就这样”的言论开脱，因为他们的行为，是非法买卖、强迫、拘禁，必须受到法律严惩，帮凶也都必须受到道德谴责！但是，活着不易，众生皆苦。一面谴责、愤怒，一面泪流满面，一面总归要问：这世界，何以至此？

会不会是以城市工商业为唯一核心的“现代化”模式出了问题？

会不会是市场经济“优胜劣汰”——只看“优胜者”不顾“劣汰者”（“劣汰者”越来越多，要保持“优胜”也越来越“内卷”）的问题？

会不会是你我脑子里，被潜移默化了几十年的、完全以经济为中心的思想，都有那么点问题？

三、“扯平”的故事

如那个村庄里的人，如董氏一族，如基层执法者，局中人通常是麻木的。而麻木，通常夹杂在风土民情、苦涩的现实里，成为乡村乃至中国文化的一大黑洞。

老刘还跟我讲过发生在他们村他同辈人身上的、更加悲凉的另一个故事。

某妇女由于不堪家暴，1999 年从江对岸的邻省某县逃婚到本地，嫁给村里一个光棍汉。没有结婚证，被子一裹就是夫妻。其间，该妇女还保持着与老家弟弟和女儿的联系，还不时把钱寄回去，现任“丈夫”也默许着。

由于缺乏生育能力，没有子嗣的夫妻二人没少被欺负。还好，两人没有参与买卖儿童，后来领养了一个身患尿毒症的小女孩。这一家的贫寒可想而知。

2010 年左右，适逢乡村大基建，该妇女和村里许多人一样干起了临时修路工。每天搭乘村民的三轮车去上工，日结工资七八十元，日子好了一些。

好景不长，2011 年 7 月的一个凌晨，三轮车遭遇车祸翻到沟里，司机跳车逃生，该妇女不幸身亡。她收养的女儿打电话到她的原籍后，弟弟和亲生女儿从邻省赶了过来。

按照村委会与司机和现任“丈夫”一家的协商，他们把车藏了起来，对外说是该妇女自己开车摔死的，也不让报警。弟弟和女儿都没有质疑，很快同意了拉去火化。按说人死落叶归根，由娘家人把骨灰抱回去就行，但弟弟和女儿都不愿意抱回骨灰盒，后来拉扯了一段时间，才按本地风俗，选了块荒地草草下葬（无法葬到祖坟地）。

更悲凉的在后头。按照村委会当初主持的协商，应当由司机家赔付给那位外来妇女现任“丈夫”家 8000 元。司机家女人不肯给，村主任好说歹说才先赔付了 3000 元，另外 5000 元打了白条。

后来人死下葬，白条上的 5000 元，肇事司机家的女人死活也不肯给。在白条上签过字担保的村主任面子上挂不住，又怕事情被翻出来，便和外来妇女的“丈夫”隔三岔五去催。结果，司机老婆某天一气之下服毒自杀了。外来妇女的

“丈夫”见了，在村主任的协商下，不但不要剩下的5000元钱，又把原来的3000元钱退回去了。

于是，扯平！大家都当事情没有发生过！

5000元钱从来没有出现过，3000元钱和外来妇女的弟弟、女儿来了又回，村主任、“丈夫”等帮凶也知法犯法地来了又回，最后确实看上去什么都没有发生过似的，交待出去两条人命！

类似的故事，在广袤乡下时常上演。三年前，我老家族兄在温州打工喝醉酒和人打架，被敲破了头，当时没有注意，半夜竟死在出租屋里，后面由打工地的族亲收敛尸体运回老家，不久后他的妻子改嫁。没有任何警方、政府、亲友的调查、处理——不过是一个在外打工的农民工，“意外去世”，死了就死了。

对于丰县“铁链女”事件，我们有明确谴责的对象，有愤怒明确发泄的对象，但在那更广袤而悲伤的乡下，“寡妇村”的故事、赚钱还不够治性病的光棍汉故事、两家人“扯平”的故事、一个农民工在城市默默活着又默默死去的故事，我们能去谴责谁？

四、我们为什么要乡村振兴

首先，是为了乡村少一些董某民那样的愚昧无知，少一些“寡妇村”、少一些“扯平式”的麻木冷漠，是为了亿万农民能多一些尊严，更是为了被城市“劣汰”的3000万光棍汉回到乡村也能有希望，甚至比在城市更有希望地活下去！

其次，一方水土养一方人，乡村田园终究是中国人心底的理想生活方式。西方国家的发展历程也表明，社会终将发展到乡村体现出它价值的那一天。届时，我们不能回去一看，环绕自己的是3000万光棍。

再次，事实已经证明，“外国的月亮并非更圆”。谁说城市的月亮就一定比乡下圆？我们应当给乡下人更多选择，给“劣汰者”更多选择，给城市“内卷”下的人更多选择，也给“人民群众对美好生活的向往”更多选择。

多年来，我们所有人都默认只有城市才能让生活更美好。这个想法的本源，是西方主导的、以城市工商业为核心的现代化发展模式。今天，除了各种各样的城市病，这种模式还制造了“躺平”、“内卷”、债务危机、阶层分化、社会固化等“现代化陷阱”。而乡村振兴会是我们贡献给全人类的、弥补这些陷阱的文明新方案。

愿我们不只是愤怒和谴责，愿丰县的悲剧不会是“一时热点”，愿人们能够持续关注那悲伤而沉默的乡土，愿看似宏大实则与我们息息相关的乡村振兴能够早日实现!

15

“救救孩子”

一、每个大人都曾经是孩子

我不是一个新闻媒体人，但每次看到朋友圈里转发的关于教师体罚学生的文章，总会充满无力的愤怒。

这种无力、失望、悲伤，让我想起多年前，一所乡村中学教室门口被人扇耳光的乡下少年。

那时我十一岁，上初一。班主任外出考察，走之前布置了一项特殊任务：班干部轮流值班，记录晚自习期间交头接耳、睡觉等不守纪律的同学，待他考察归来一并上交。那时我是学习委员，也肩负了这一“神圣使命”。我秉着客观公正的态度，确实记录了几个扰乱自习秩序的同学。维护秩序之余，小心谨慎，积极参与维护学习“正能量”建设。

一周后，班主任考察归来，在课堂上统计、公开各班干部的“小报告”。我十分惊讶，某本小本子上居然有我的名字。随着名字一一从班主任口中念出，我们最后意外地发现，全班只有少数几个女生没被“揭发”。

先是男生，几十个十岁到十一二岁的少年被一一叫到讲台前，站得满满当当，从黑板前、墙前一直到门口，困惑、战战兢兢、不知所措。轮到女生时，她们扛不住精神压力，站在座位处哭成一片。

教室里已经站不下，我们几十个男生被叫到走廊上，面对面站成两排。班主任怕自己手疼，下达了一个命令，两排少年各自向对面的同学抽20个耳光。声音必须响亮，班主任“听不清的”，重新抽。

我从小品学兼优，又是个老实孩子，哪怕父母都没打过我耳光，一种愤怒和羞耻感迎面而来。随着前面几排啪啪抽过来，空气里充满了被现实压迫的无可逃避的无力感和残酷感。后来，轮到我的时候，脑子里一片空白，我抬起手，机械地抽向对面的同学，对面同学同样机械的巴掌清脆地落在我的脸上。

20个耳光抽完，只有脸上火辣辣的痛感，以及内心开始翻涌的委屈、憋闷。抬头一看，班主任正在抽最后一个落单的同学。大家忍住内心的五味杂陈，为最后的倒霉孩子破涕而笑，我也只好低头装作擤鼻涕，偷偷擦一下眼角……

那时的乡下，家长还无比信任、尊重老师，个别老师体罚学生，也不是太奇怪的事，学生也都没有告诉家长。后来，大家都渐渐忘记这件事。前两年，跟一个初中同学偶尔聚会，聊起少年往事，才发现这事原来牢牢烙在大家的心中。我们对望一眼，看见彼此深深种在心中的无力的悲伤。

今天，当我们纷纷为人父、为人母，该怎样去安慰走廊上的那些少年？

二、悲伤之上的悲伤

在讨论“怎样”之前，更悲伤的是要问一声：为什么？班级群总是出现整整齐齐为“问题老师”点赞的刷屏大拇指，更令人感到悲哀。

原来我们这些大人，还是那些个少年，自卑、懦弱、盲目、愚蠢，以及无力。他们并非不知道“问题老师”的为人，也有人通过自家孩子了解了一些经过，但他们迫不及待地站队、表态，除了害怕自家孩子今后被穿小鞋，更在精神上放弃了一个大人的良知与尊严。

如我曾在批评班主任要求家长支持区长直播带货的文章中所述，中国的父母，可能是世界上最辛苦也最懒惰和愚蠢的父母。

说辛苦，自不必多说，大家都懂。家长供着小孩，还供着老师、校长、教委领导……谁吼一嗓子，再厉害的家长也得屁颠屁颠地跑过去。

然而中国家长又是懒惰和愚蠢的。

表现一：推卸责任。

“孩子就拜托老师您了”，以前是“帮我好好管教”，现在是“帮我多照顾照顾”——把孩子的将来，完全交给学校和老师。就像房子，一旦交付，责任自不在我，顶多上手修修补补。

可以理解，家长已经够累了，巴不得做“甩手掌柜”。与责任一起推出去的，还有塑造“产品”的权利。只是对于权利，大家都有点陌生了。

表现二：自觉维护套路。

啥是教育？不是教材吗？不是老师教的吗？不是考试考的吗？不是教委要求的吗？不是大学选专业吗？不是毕业铁饭碗吗？

表现三：表面数字化。

啥是管理绩效？不是分数吗？不是排名吗？不是会几种才艺吗？不是将来毕业能拿多少工资吗？简单粗暴，清清楚楚，多好。

家长别怪自己被瞎管，毕竟自己也在瞎管。

学校教育的一些“潜规则”大家都懂。可为什么会有“潜规则”？何尝不是自己放弃权利、随波逐流的后果。

人们为了“各扫门前雪”，“哪管他人瓦上霜”，只怕哪天大雪临门，没有一片雪花是无辜的。人们啊，醒醒吧，救救孩子，不能再做鸵鸟，假装自己看不见。

三、什么是正能量

罗曼·罗兰在《名人传》里说，必须去对太相信令人失望的豪言壮语的民众说：英雄的谎言是一种懦弱的表现。世上只有一种英雄主义：那就是看出世界的本来面目并且去爱它。

在如今的社会里，有人表面看着善良，可内心却是阴暗的。他们会利用各种各样的卑鄙手段和阴谋诡计，来达到自己不可告人的目的。

我的朋友老余，就时常面对老师家访或被动拜访。规矩都懂，这时候红包不能少。为了让孩子相信正能量，他们夫妻俩每次都得想方设法背着孩子塞（不得不说，不是所有老师都收红包，比如上海的老师，很多都会谢绝）。

只是，孩子会不知道吗？

“正能量”这个词诞生已久，只是，今天如果要问“什么是正能量”，谁能给个准确的定义？

对不起，我给不了。我只是想，大概是即使明了真相，依然热爱自己的工作（学习）和生活、依然表达着真实的自己，这大概才是真正的正能量吧！

不要误会，我绝非“正能量爱好者”。恰恰相反，作为成人，谁又不是同时充满负能量的？正如一个人的两面，一个真正正能量的社会，应当是人们既有积极的自由（比如“说不的自由”），又有消极的自由（比如“不说的自由”）。最好的状态是，勇敢者推动积极自由，懦弱者捍卫消极自由，两者相加而不是互相指责、相减。

我们要赞美“说不”的能量，也要捍卫“不说”的自由——当然不包括说谎的自由！当一些家长打着“正能量”旗号，违心排队给“问题老师”点赞，取媚“权威”，颠倒黑白时，这样的父母已经和“问题老师”一样，成为孩子最坏的老师了。

四、一棵树摇动另一棵树

鲁迅先生在100多年前喊出“救救孩子”，那时的成年人作为古代礼教的看客和帮凶，愚昧麻木，不知觉醒，帮助古代礼教“吃人”。所以他认为，中国的富强只有寄托在孩子身上，救孩子，才能救中国。

鲁迅先生所说的礼教吃人有其特定的时代背景。今天我们的现代化教育，已不可同日而语——只是似乎走入另外一个极端。

现代教育有一个重要的理论，即教育其实只是一个工具，要把人力资源转变成人力资本。变成人力资本干什么？就是配合产业资本，为产业资本服务。所以，现代教育体系的真实内涵，就是把人的其他属性，如社会属性（我们传统文化擅长的）、自然属性等，尽可能弱化，只加强符合产业资本的属性，这个属性就是人力资本属性。

由此形成的教育就是制式教育，其结果就是，在学校所学的都是标准的制式教材，人力培养都按照商业、市场的标准塑造。

制式教育给现代经济带来光亮，但正如直接拿手电去照人的眼睛，最后会导致那个人“在光明中失明”一样，除了手电射出的光芒，他什么都看不见。**当一代人眼前只有一种光亮，而且无比耀眼时，他得到的和失去的，可能一样多。**

比如，制式教育的殿堂北京大学，近些年，从博士后翟天临到同时“劈腿”数十人的博导，从充满权力意志、频上热搜的学生会主席，到失联20余年、远遁重洋的博士后，从北大方正、北大青鸟、北大资源房地产等各领域的深谙其道，到以340亿元成为全国收入最高的大学，作为曾经最“重思想”的大学，渐渐雄踞现代经济和娱乐版面头条。

似乎经济越发达，文明越现代，教育的本质就越模糊。这个时代的教育，也正日益被经济、政治双重裹挟，沦为“名利场”；个体的思想、精神独立，正日益成为梦幻泡影。这是为何?

也许，当代中国最缺的，不是公民教育、专业教育，而是人的教育。

还是当年那所乡村中学，我之所以失望之后没有灰心、沉沦，是因为我在那里感受到的，更多的是人性的温暖。

那时的乡下寄宿中学，生活条件极其艰苦，学生宿舍一排大通铺，夏天蚊子横行，冬天寒风凛冽，全靠生扛。

初三那年，我的语文老师赵老师刚和另外一位老师结婚，两人就有了两间教师宿舍。他们把其中一间收拾出来，把我和同学老钟接过去住。那间小屋子，还兼做他们偶尔的厨房，我们又跟着蹭饭、加餐，冬天不冷了，伙食也得到了升级。事实上，我们家境贫寒，与他们非亲非故，却依然能享受到他们的无私关怀。

其他老师同样如此。

教化学的戚老师经常在晚自习后拉一堆学生去她的宿舍补课，补得晚了给大家操弄起夜宵，香味至今令人难以忘怀。

教英语的曾老师有着孩子脾气，把完不成学习任务的学生关在教室里，等一对一考核完成才放出去打饭，完成之前自己也一起饿肚子。

教生物的陈老师把好些个学生“关”在他的小屋里自习强化，自己则跑到其他老师的房间里“蹭睡”。

那时的内地乡村落后封闭，我们这群十一二岁懵懂无知的乡下少年，成绩再好，最好的出路不过是考个师范大学回乡教书、上个省内中专毕业后端个“铁饭碗”。年级主任易老师领着各班主任未雨绸缪，早早教导大家考高中、上大学，树立远大目标，奔赴外面的世界。于是毕业那年，我们学校有“多”达 10 人考上重点高中，创了纪录。

其实当年罚我们互扇巴掌的班主任，也只是刚从师范大学毕业，脾气冲、管理方法粗暴。那所乡下中学的老师，不曾以贫富、背景区别对待学生，不曾以嘴甜、嘴笨亲疏学生，凡是求上进的学生，无不苦心栽培。他们用自己人性的光亮，温暖、引导、照耀着学生。纵使那些读不进书、贪玩、未被“照顾”过的学生，也没有怨恨，直至今天依然尊他们为师为友。

至今想来，那也许是我人生中接受过最纯粹、最“高端”教育的地方，没有之一。

后来进县城读高中，老师的有色眼镜明显多了。他们被“业绩”、排名折腾得疲惫不堪，从来不会安排补课、“加餐”，即便补课也需要收费；到了高二迫不及待地分“好班”“差班”，分配不同等级师资，“好班”名义上以成绩论，却有几乎一半是走后门的政商子女；学校以升学率为终极目标，每年多少学生升入清华北大等 985 工程大学，多少学生升入一本、二本，学生最终化作一个个喜气洋洋又冷冰冰的数字。

升入大学后，老师有自己的职称要评、有自己的任务要考核，有些老师还有自己的公司要开。除非学生读硕士、博士，才能接受老师一对几的栽培，但即便这种导师关系，学生也首先作为名额、任务、“科研”助手存在。

及至今天，大小城市以学区房划分好学校、坏学校（所幸这种状况正在改善），以家庭背景区分好学生、差学生，以是否参加自己的培训班区分是否是自己的学生等状况，教育正不断走向商品化的极端。

雅斯贝尔斯在《什么是教育》中提到，教育的本质是一棵树摇动另一棵树，一朵云推动另一朵云，一个灵魂唤醒另一个灵魂。

教育不是为了完成上一代对下一代人的“奴役”，而是为了让下一代有更多创造与自由；不是为了实现上一代人的理想，而是让下一代人能够寻找到自己的理想并有机会实现。

教育的本质是什么？蓦然回首，那人却在灯火阑珊处。回望那所艰苦却充满人性光辉的乡村中学，我曾失望、无力，也曾被救赎、照耀，也许可以作为一种答案。

“救救孩子”，并不是口号，而是我们所有人都应该且可以参与一生的事业！

16

一座村庄的就业现状调查

一、“逆空心化”

近期回了一次老家。跟以往年头不同，我发现不少村民都待在家里，一早一晚聚在村口聊天，还挺热闹。好似困扰乡村多年的空心化开始好转。

其实不然。

分析下来，原因大致分几方面。

一是经过多年发展，本土县乡级工业园区对青壮年的吸附力在提升。对比传统外出打工，青壮年宁愿选择在家乡就业。因为全国范围内统一劳动力市场已基本形成，同样做普工，在沿海打工跟在家乡就业，收入其实差不多。因此，许多青壮年选择返乡就业。

二是人口老龄化问题。大量“60后”“70后”，年满55岁后，几乎很难找到正规企业的稳定工作。以往，他们还可以耗在浙江温州、福建等沿海地区（多在这些地方打工十年以上），但随着沿海就业形势的同步恶化，大量中老年人不得不返乡。

三是近年整体就业形势问题。“稳定就业”群体日益压缩，大量劳动力从“稳定就业”转向“灵活就业”，而“灵活就业”转向打零工，打零工则活计越来越不好找。一层层卷下来、退回来，在家窝着的人越来越多……

挨家挨户细究起来，更发现不少问题。研究一个村庄，或足以管中窥豹。

二、速写

家乡小村，属于我经常说的“70%的大多数”——地处江西省中西部，不是山区，但离城市也不近。因而远离城市化，缺乏资源和禀赋，人均土地1亩多，不穷也不富，日子不至于过不下去，但也看不到什么希望。

村庄有36户人家、160多人，大概可以分以下几类。

第一类，城市化人口，标准是进城买房落户。

算上我家在内，这类人家有7户，占比19%。除我之外，一位“80后”同龄人A在外打工，跟对了老板，在广东惠州买房安了家；一位“70后”末期的族亲B，通过读书—教书—考军校—分配工作，落户广州；一位同龄人C，在杭州开饭馆，后来赚到些钱，安家杭州。

其余三户，都在附近县城。其中一户人家D，男主人原本在外做装修小包工头。由于工作环境因素，长年累月下，男主人患上血液病，情况很麻烦，全家陷入困境，将来可能要退回乡村。

除我们7户人家外，还有3户在20世纪90年代陆续搬到县城，因为缺乏专业技能、生病或后人不争气（如赌博、在县城做小混混之类），城市化的尝试都失败了，举家搬回老家，因此不列入此类。

第二类，有能力（希望）城市化的家庭。

这类人家这些年日子过得还算不错，属于“乡村中产”，再努努力，有希望跃升进城（县城）。我们村有两户，占比5.6%。

一户是我堂兄，近年跑长途客运。他买了二手小轿车和面包车，在微信群接单，专跑老家到广州、深圳、东莞一带，跑一趟可赚上千元，平均算下来，月入七八千元不是问题。另一户是我邻居E，一位同龄人，在温州打工多年，在一家鞋厂从打工人做到管理层，进入当地圈层，有进城实力，但宁愿在家建一栋四层的小楼房，小日子过得不错，不思城市化。

第三类，看不到什么希望，但日子又勉强过得下去，于是混日子的家庭。

这类人家占绝大多数。本地县城房价7000元左右（新城区更是破万元），一套房动辄七八十万上百万元。而且农民一般没有社保、银行信用（甚至工资条都没有），也没有抵押物，贷不到款，所以要买房只能全款。这些人家，大致进城无望。

所以有些知识分子、精英人士，不要老是空喊城市化。不是农民不想城市化，而是此前还没有实现城市化的农民，大多数依然缺乏城市化的能力——这里讲的城市化，应当以买房、交社保、安家落户为标准，而非仅仅体现为“常住人口”、将来还得退回乡村——你去问问农民、城市居民，进城打个工谋个生，就算城市化了？因此，宽口径的城市化率，现实指导意义并没有那么强。

可想而知，中国的城市化，与中国经济增速放缓同步，必然也会放缓，后面每提升一个点，困难程度都将超过以往。因此，大量人口还将留在乡村，乡村必然长期、客观存在，乡村振兴亦势在必行。

第四类，生活困难群体。

这类人家只有两户了。一户是前面所述的包工头 D，因为患病，处境堪忧。城市生活压力大，他们家可能会退回乡村。

另一户是前面提到的在 20 世纪 90 年代进城的村民 F。这户人家孤儿寡母，由于缺乏专业技能和背景，在城市生活困难。两个儿子又走上歪路——大儿子偷窃，小儿子做小混混还染上毒瘾，城市无法安身，随后退回老家。好在故乡房子还在，村民也很包容。

所以，困难群众在乡下也很少了。

三、就业

综上，顺利逃离乡村（城市化）的村民占 19%，他们的就业状况反映在城市里。我们来谈这剩下的 81%。

他们的就业状况，大体可以分为以下五类。

第一类，乡村小老板。

其中有三户村民创业。一户是“70 后”G，创业较早，现在在外地开锯板厂，还算稳定。另两户是“80 后”：其中一户 H 开了个养鸡场，虽问题不断，但还在勉强支撑，以进城买房标准看，离成功相距甚远；另一户 I，在上述落户杭州的村民 C 的支持下，利用自己原来在温州鞋厂的管理经验，在老家镇上开了家鞋料加工厂。

沿海鞋厂都举步维艰，I 的工厂可想而知。上游货款迟迟拿不到，而本地工人的工资等各项支出又必须实打实地按时支付。因此，这两年，他都是在循环刷信用卡中撑过来的。还能刷多久，谁也不知道。

第二类，乡村个体户。

本村的经商氛围不强。搞个体，主要是买货车跑货运。他们属于乡村领域的专业技术岗，相当于“乡村中产”。

几年前，开大货车还是乡村高薪职业，即便受人雇用，月入也可轻松过万，更不用说自己买车。村里的“70 后”“80 后”中，就有十余人从事过这个职业。但是，大货车一开就是七八个小时，注意力高度集中，又容易出交通事故，属于高强度、高危行业（村里就有一位年轻人因车祸去世），所以坚持下来的很少。

更根本的还是经济冲击。货车司机可能是近年就业受冲击最惨、落差最大的群体。

一方面，中国造车能力实在太强，汽车金融又发达，买车“创业”门槛越来越低，迅速导致供过于求。另一方面，2018 年以来，中国制造业、房地产出现困局，需求端日益萎缩。此时，物流互联网平台迅速发展，在提升物流效率的同时，不断压制货车司机的议价能力，司机们逐渐从个体户演变成“平台打工者”。

算上前面一户安家县城的村民，本村只剩货车司机 6 人（户），依然占全村就业的六分之一。其中三户自购车辆，三户给别人开。

三户自购车辆的人家，一户挂靠较大的物流公司，可以与快递公司合作，还有一些稳定生意，但油费、高速费、保险费、平台费、挂靠费等各项费用不断高涨，而货运费日益走低，两相挤压，出车利润微薄，只能勉力维持。剩下两户通过互联网平台获取订单，基本呈现三天打鱼两天晒网的局面，以至于村民哪天没看到他们，都为他们庆幸——× × 终于出车去了。

汹涌的互联网经济，终于把乡村这个赚钱的职业给干掉了，农民通过自己的艰苦努力就能进城、实现乡村“阶层”跃升的就业之门，也基本被关上了。

另一种个体户是种粮承包户。据抽样调查，本地每亩双季稻纯收入约 470

元，单季稻约750元——对种植户来说，由于人工和管理成本居高不下，更倾向于种单季稻。按国家权威部门指导的小农家庭作业种植面积10公顷（150亩）算，收入为112 500元，但至少需夫妻二人耕种，即每人56 250元，合月收入4687.5元（还有其他成本，实际上到不了），与进城打工相当。

收入低，风吹日晒，劳心劳力，乡下人自然觉得不划算。还好有农业补贴和本地政策——种植50亩以上，每亩补贴100~150元，按最高150元算，150亩合22 500元，这就相当于"激励因子"。此外还有各种农机补贴，但补贴存在较大"关系"波动——比如，购买一台收割机，上面有关系的，可以获得顶格补贴；没有关系的，只能获得最低补贴，二者相差数万元。

另外，近两年许多地方财政困难，补贴并不好拿，大户们的积极性迅速下降，地租一路从最高的500元左右回到低谷的350元。

近年来，本村土地大多集中给村民J承包。而他之所以愿意承包，是因为其有一个远亲是县财政局局长，补贴不怕拿不到手。不料前几年该局长被抓，这项补贴要拿到手，恐怕就没那么容易了。所以如今他比较发愁。

多少年过去了，在乡村创点业、做点事，依然还得靠"关系"。

第三类，稳定就业者。

主要是打工。如前文所述，全国范围内统一劳动力市场已初步形成，同样是打工，沿海城市和家乡，收入本质上没什么差别。

本地人基本上都去过浙江温州、福建等地打工，以几十人的鞋厂、服饰厂、金属制品厂为主。这些工厂的特点是按劳分配、相对自由，往往有活干的时候，加班加点，一个月能赚七八千、上万元；但订单少的时候，大半个月待在出租屋里，赚的钱连交房租、吃饭都不够。

这几年，订单少成为常态，在外打工收入锐减。大致调研下来，（普工）月收入平均在4500元左右，刨除租房、日常开销等费用，再怎么节俭，也只能存个3000元左右。

3000元，正好是家乡鞋厂、服饰厂的工资水平（要想超过4000元，基本上得做到主管级别）。很多打工人一算，上有老下有小，不如回家打工。因此，农民工返乡，成为近年中国就业市场的一大趋势。

但这些工厂之所以愿意迁到内地小县，看重的还是当地的劳动力便宜、容许不规范用工，自然不愿意给打工人涨工资、交社保。由于缺乏归属感，而且年轻人越来越耐不住性子，因此流动率特别高。所以，家乡工业园里的各种小工厂，生意虽然说不上怎么好，但一年四季都在招工。

可见，对乡村的青壮年劳动力来说，是有相对稳定的就业市场的。只是，这些工作质量不高，越来越吸引不了青壮年稳定就业。

第四类，“灵活就业”群体。

说白了，就是打零工。这类群体主要是从“稳定就业”中被淘汰下来的中老年群体。

除了北京、上海、苏南等少数区域，大部分农民没有社保、养老金（家乡农保为每月 100 多元），即便过了退休年龄，也必须努力就业以支撑自身的养老需求。但是正规就业市场已经进不去了，怎么办？

一种是继续耗在打工地，非正规就业。一方面，城市就业也很难，他们的境遇可想而知。另一方面，只有在所在城市驻扎了很久的“常住人口”（最终还要返乡），才会选择这种方式。

另一种是回乡，在家门口附近区域打打零工，比如建筑工地、修路、锯板厂、农民建房之类。本地零工工资，每天在 120 元左右，而更远离县城的乡镇，则在 80~100 元。只是，随着近年来房地产、基础设施投资的萎缩，用工量大减。

可见的是，中国乡村劳动力市场严重供过于求，地方用工企业也越来越“挑”。10 年前，企业不收 55 岁以上年纪的群体；近几年，不少企业直接打出 35 岁的界限。因此，这类半就业、半失业的“灵活就业”群体，基数还在不断扩大。更要命的是，随着 1962—1975 年的中国历史上最大“婴儿潮”正逐渐变为“退休潮”，这个问题日趋严重。

乡村“灵活就业”的底线是做发夹、扎彩灯之类的来料加工——我们见过的一串串彩灯，就是他们一个个装起来的，并没有什么科技含量——一天可赚二三十元，夫妻二人五六十元，家庭月收入 1500 元左右。

进无希望，退也不至于活不下去。村里多数 50 岁以上中老年人，心态日趋相同：“反正每个月再怎么搞，也能赚个千把块，饿不死就行了。”

第五类，失业人口。

按当地政府统计口径算，除 70 岁以上的老年人，本村失业人口只有两人。

一位是上述 F 家的“闪电兄”，不愿就业；另一位是今年刚毕业的大学生 K，他读的是一所职业高校，考不了研，而近两年应届大学生就业的情况较为严峻。

四、小结

综上，从数据上看，小村的就业并没有很差，毕竟，真正的失业人口只有两人。但从质量上看，肯定不能算好。

一是，随着制造业整体困局，乡村“稳定就业”的基数在下降，劳动力不断从“稳定就业”向“灵活就业”发展，再向“打零工”挤压，“内卷”也很厉害，且越来越不稳定。

二是，“灵活就业”市场不断萎缩，哪怕打零工，也找不到新的就业增长点。

三是，乡村难再提供实现“阶层 /（进城）跃升”的高质量就业机会，比如包工头 D，以及还没有进城的另外五位货车司机。

四是，市场经济运行多少年了，乡村“创业”（包含搞个体）环境依然不乐观，营商环境长年缺乏改善，“关系”依然是创业的核心考量点……

我们在讨论城市就业的同时，也不可忽视乡村就业形势的衰退。我们的稳就业工作，还要做得更踏实。

叁

秋与思

17

追问“城镇化”

一、需要推敲的城镇化率

我来上海一晃也有12年了，经过苦哈哈的奋斗，买了房，也算安家了。考虑到小孩几年后要上门口的幼儿园，媳妇催着去弄弄上海户口。积分是足够了，其他条件还差得远。我撒泡尿照了照，并不知道自己算不算上海的人才，毕竟远远不符上海的“人才引进”标准。

回想起来，我的户口还在老家镇上，当年大学毕业，不让迁回村里，又无处接收，只好挂在镇上的叔叔家。也不知这十余年来，统计局在统计城镇化率的时候，是如何安置我的，希望没有让他们为难。

查了查数据，心里舒了一口气：国家统计局发布的《2018年国民经济和社会发展统计公报》显示，截至2018年年末，全国大陆总人口（不包括香港、澳门特别行政区和台湾省以及海外华侨人数）139 538万人，其中城镇常住人口83 137万人，占总人口比重（常住人口城镇化率）为59.58%，比上年末提高1.06个百分点；户籍人口城镇化率为43.37%，比上年末提高1.02个百分点。按常住人口算，我提升了上海的城镇化率；按户籍算，我又提高了老家的城镇化率，真是贡献巨大。

这么一想，又觉得有些别扭。城市化中期的范畴是30%~70%，从数据上看，近60%的常住人口城镇化率，已经是城市化中后期的水准，还算不错；而按户籍人口城镇化率43%算，又是一个中期前的数据，刚刚上道。中间相差16.21%，换算下来就是2.26亿人，不是个小数目。

数据差在哪里？主要就是农民工群体。目前我国的农民工群体约2.86亿人，用2.26亿除下来，也就是说79%的农民工被算入城市常住人群，被拉去填了这

16.21% 的坑。感觉有点冤。

新生代农民工，是指进城从事非农业生产六个月及以上的，常住地在城市（要有稳定职业及稳定住所）、户籍地在乡村的劳动力。他们大致由三部分组成。

第一类是制造业工人，多集中在城市郊区、沿海城镇或各种工地，没有机会入城。由于没有学历，也没有受过专业的职业培训，其所就职的企业以中小企业、民营企业乃至小作坊为主，不交社保，不交公积金，往往流动率又大（甚至有活干几个月，没活又回老家宅几个月），所以政府往往难以统计。在这一类中，很少一部分在大企业就业（大企业往往倾向于上过技校或有过专业培训的人），也很少交公积金。因此，这个群体中的多数人没有资格参与填 16.21% 的坑。

第二类是城市第三产业人员，例如快递员、服务员、售货员、清洁工等，很少交社保、公积金。不过，好处在于，即使被赶来赶去，这类人群的职业及住所相对稳定，会有一定比例被算入 16.21%。

第三类是城镇中的各种商贩，如街上开小店的、菜场卖菜的、在各种市场中摆摊的。看起来，他们并不算农民工，但从定义来看，他们中的许多人生意不大，也不富有，尤其在一二线城市，学历不足、没有社保，买房较困难（被限购），户籍多半还在老家，所以还得归为农民工群体。好在他们职业及住所更加稳定，很多人都有资格被算入 16.21%。但“从商的农民工”，毕竟还是少数。

从这三部分来看，有资格被算入“城市常住人口”的农民工基本不到 50%。那么，这 79% 的数据就显得有点拉人头的嫌疑了。

二、需要质疑的城镇化质量

数据未必经得起推敲，那么，质量呢？

以常年生活在一二线城市的居民角度来观察，工作、生活都围绕城市，所去之处灯红酒绿，只要愿意，三年五年可以不沾泥，城镇化效率真的挺高。但一二线城市毕竟就这么些，落户门槛也高。在广袤的中国大地上，对广大的农村人口而言，城镇化真正的主战场，是众多的三四五线城市。

学者熊培云曾指出，法国大革命一半的问题出于“你不要自由，我强迫你自由”，大概，现在**乡村有一半的问题则出在“你不要城市化，我强迫你城市化”。**

以我生长的村庄为例。村庄不大，只有几十户，100多人，30年前是这个数字，30年后的今天还是这个数字。村庄由老弱病残和外出务工的农民工组成。

对老一辈来说，许多人也曾出去打过工，见过世面，但现在出去基本找不到活了，只好在老家边做农民，边打零工。即使城市现在给他们机会，他们也难以融入了。

近两年，我打算把父母接来上海，母亲为了将来带孩子，勉强答应，父亲则一百个不愿意。城市的生活是孤独的，尤其对于外来的老年人，语言和环境都不熟悉，没有亲友，又无事可干，出去又消费不起，蜗居在几十平方米的房子里，十分难熬。而老家有乡村小楼房住着，几亩薄地种着，空气清新，安静幽雅，饮食又健康，走到哪里都是熟人，何必来城里受罪？对中老年人来说，城镇化并没有意义。

除了中老年群体，“病残”群体更是如此，在乡村还能混点日子，至少饿不着，到了城里，估计一个礼拜都撑不了。

现今还在外务工的，多数是“70后”“80后”“90后”青壮年农民工，他们见过世面，也知道自己的斤两。随着经济水平的提升，网络和交通的便捷，乡村衣食住行的质量都有极大提升，整体生活水平渐渐不输城市。而他们在城市没有保障，因此大多数人还是倾向在外打工赚钱，回乡盖房子，再买辆车。想去城里逛逛，也不过半个小时、个把钟头的事儿，日子优哉游哉。城市的吸引力，也没有想象的那么大。

再苦不能苦孩子，再穷不能穷教育。那就抓孩子，抓教育！

乡村的教育条件本就较差，不见改善，反而更差。这里面当然有乡村人员流失的原因，但缩减乡村学校数量、让农民进城的举措，无疑让乡村的凋敝成倍放大。

举家进城，日子并不好过。县城打工，月薪1500元起，3000元左右就算不错，4000元已是高薪。房价每平方米7000元，可望而不可即。离开乡土，衣食住行都得交给市场，租房每月600元起，孩子教育支出平均每月500~600元，县城消费并不低，柴米油盐、交通每月2000元，还要穿衣、人情往来，生活举步维艰。

县城的小学、初中，基本跟着房子、户籍走；要读好一点的学校，还是要买房、入户。那么，咬咬牙，啃个老，背上数十年的房贷呢？

一位朋友如是说：

“让你去县城置业，就是想刺激房地产……（在县城买了房的亲友）花一生积蓄，生活质量实际很差，小区环境没有任何理念，物业管理也很差……加上自己没有审美，四拼八凑的装修风格，把一家家困在那些牢笼里……看不出也感受不到幸福感。他们三天两头还往村里跑，找熟人聊天，讨些乡土食材……融不进城里生活，也回不去村里，看起来蛮可怜。”

事实上，被“城镇化”的农民，比我们这些新上海人、“京漂”、“深漂”等更难堪。我们为了扎根大城市，背负巨大的压力，但一二线城市毕竟机遇多，资源多，潜力大，还算值得。可在三四线城市里，好工作、好资源就那么些，还被“公务员世家”牢牢把持，被迫进城的“新县城人”，比起他们所放弃和牺牲的，颇为不值！

同时，县域经济并不发达，实体企业日子难过，整个县城帮工人交社保和公积金的企业，一只手都数得过来。一些年后，当进城的农民工为城市耗尽最后的力气，却面临无法养老又回不去乡村的境遇，人生的悲剧已被今天的“城镇化”注定。

“好”的一面在于，县城越来越漂亮，住宅小区越建越豪华，休闲娱乐场所越来越多，政府单位的办公楼一个比一个庄严，市民广场、公园一个接一个建起来（令我这个在上海生活的人都惊羡不已），并荣获“国家园林县城”的称号，越来越有城市的样子……这一切，离不开被“城镇化”的农民的功劳，是他们放弃美好的生活，拖家带口，为县城贡献着廉价的血汗，为推高县城房价贡献了基数，还将为县城的持续繁荣贡献下一代！

如果不进城，进镇也行！好歹镇上的居民户籍也是实打实的城镇化率。近些年，老家的乡镇也搞起房地产开发，兴建了好几个楼盘，跟县城一个套路。只是镇上的就业前景和资源更尴尬，离乡村又近，这里的“城镇”户口形同鸡肋。

此外，国家的户籍政策规定，一旦脱离农村户口就不得回去，因此像我这样的大学、大专、中专毕业生，一旦学籍转到城市，就再也回不了乡村。我们当中不少人还在城市混迹，没落成城市户口，又迁不回乡村，也被批量“城镇化”。

我问过许多人，大家都表示，如果有得选，宁愿迁回农村。

三、城镇化不是万能的

在我发布的网络文章的许多留言中，不少读者都提到城镇化是解决众多农村问题的关键。

目前我国进入城镇化后期的区域主要有上海（87.9%）、北京（86.5%）和天津（82.9%）等地。以上海为例，城镇化率已经很高，真正意义上的农村，可能只存在于崇明岛了。那么，在城镇化率如此高的上海，如果我们像记者一样，走上街头，去问问新城镇化的本地农民：“你幸福吗？”他们会怎么回答？

我认识的一个朋友，家在浦东新区浦江镇的一个村。十年前，他每天从家里去陆家嘴上班，要穿过好多村庄和稻田，花两个半小时。现在方便多了，地铁浦江镇站早已开通，老家的宅基地拆迁了，获得了一定赔偿，又加了点钱，买到了地铁站附近的房子。

上班是方便了，但是，离开了土地，整体生活成本增加了很多，说不上更幸福。尤其是长辈们，还是更怀念以前的村庄。而那个村庄，再也没有了。

再比如前些年我在金山区做房地产项目，去乡下做市场调研。原想这些房子的主要客户会是附近的“村民”（集体土地出让给工业，多数已转为城镇户口），听到的却是村民的声声叹息：“环境污染成这个样子，还买在这里干吗”“就是没钱，有钱就买到上海去”（对他们来说，金山区并不属于上海，他们宁愿买松江区、闵行区的房子，往市区靠）“金山区（新城）已经是外地人的了”……

我们会看到，城镇化浪潮过后，环境污染、原生环境和文化被摧毁、生活质量下降、人们没有归属感等问题，都被城市的光环掩盖了。当然，你可以说上海正在迁走有污染的企业、低端制造企业，可是原生环境和文化已经彻底回不来了，原本多元化的文明，被城市化“一统天下”。而那些被淘汰的企业，又站在中部地区的城镇化舞台上，扮演着驾轻就熟的角色。

我们还要注意到，伴随着城镇化的大拆迁，往往也是社会焦点。比如前两年，我在宁波远郊做楼盘项目，地方政府为了城建，将棚户区、老街、城乡接合部大面积拆迁。拆迁是好事，获得多数居民的支持，政府宣传、组织工作也颇为得力，没有出现规模群体性事件，只是拆迁款的安排耐人寻味。

当时区域房价原本有六七千元，瞄准的是外地打工群体——他们多在此打工多年，或做到小企业高管，或做生意，或开大货车——此次拆迁，拆迁款按略高于此标准赔付（一者要分批、延期支付，二者居民的老房子面积往往不大，要买新房还需要贴一些钱）。批量新客入场，开发商心照不宣，集体涨价，我们的下一批房源也涨到八九千元。居民一看，担心更买不起，原本坚持的人也都纷纷让步，拆迁款不够也不要紧，还可以把多年积攒的积蓄贴进来。

随着市场总体回暖，区域房价逐步攀升到一万元，直到后来的两万多元，两年半内涨了三倍！在这一过程中，地价不断攀升，当地城投自己开发的楼盘也大卖特卖。居民看到自己的房子也涨价了，也暗自庆幸早买了。政府、开发商、居民皆大欢喜，城市也更加靓丽。

真的皆大欢喜吗？这个过程中，谁最受伤？

除了两万元左右买在高位的家庭（他们一辈子被套牢，太多的生活乃至人生可能性丧失），同样可怜的，还有广大外来务工人员，他们辛苦多年，原本指望着买房扎根，却越来越买不起，到头来还是摆脱不了回老家的命运，或者花费更多时间、金钱来换这一本证、一纸户口。

尽管城镇化的结果是好的，但这样的城镇化，颇有些与民争利的意味，尤其让农民工群体持续做出巨大牺牲。试想，如果居民、外来务工人员把这多出来的房款用来消费、用来做生意，城镇化的效率会不会更高一些？

我们还喜欢拿发达国家的数据做标杆。比如，它们的城镇化率 90%，只有 10% 的农业人口，到处是美丽的庄园，到处是优质的农产品基地。如果我们将来也达到了 90%，乡村也会这样美丽吧？

但不要忽略了西方乡村文明的形成。西方自古地广人稀，广袤大地随你开拓。一旦开拓下来，就可以建立庄园。每一个农场、庄园都是独立的，连封建领主、王公贵族也不能侵犯。经营得好的，甚至能成为“国中之国”。庄园建成后，就可以找人，甚至买奴隶前来耕种，天生带着规模化、精细化、商品化的基因。

如此，一代一代传承、耕耘，就可以把乡村建设得很美好，美好得令城里人垂涎不止。而城里人只要愿意，也可以拿出钱来，随时去乡村置业，参与美丽乡村的建设。西方这套独立自主、平等交换的乡村文明体系，一直没变过。

后来，随着工业发展，许多无地或失地农民成为工人，好点的成为职员，慢慢累积为中产人士。在这个过程中，即使有战乱、祸乱，往往也是城市受冲击更大。反观中国，几千年来，天灾人祸，中小地主、广大农民的抵御能力又不如庄园主，受损最多的往往是广大乡村。因此，中国农民缺失安全感、选择保守也就很正常了。

西方从古至今都没有“农村”的概念，广大农民也不拥有土地。他们不需要像我们的祖先一样，形成村落共同生产、抵御威胁、传宗接代，也不必像我们一样安土重迁、宗族抱团、固守小农意识，但也没有像我们的乡土社会一样，充满人情味、充满自律、充满多样性，自然也不像中国当前的土地制度一样，土地为国家所有和集体所有。

因此，简单套用西方的城镇化逻辑，让农民进城，在乡下搞规模化生产、建庄园，未必就是最符合中国特色的乡村发展之路！

城镇化固然是趋势，是必须推进的。但我们的城镇化率指标，是否可以不那么高？或许，让一定比例的农民留在乡村不是坏事，我们的农民有足够的智慧把自己的小日子过好、把家乡建设好；或许，可以用更人本的办法提升城镇化率（而不是靠户籍、拆迁），更适合一些。

四、城镇化的合理逻辑

城镇化率的核心驱动因素应当是经济发展。正常情况下，城镇化过程应该是：经济发展—产业发展—企业经营好，产生人才需求，能给得起优厚的工资—

高素质人才聚集，在当地买房、结婚、消费—反向促进当地产业发展，同时拉动服务业需求，吸引周边劳务人口聚集。所以一个地区城镇化快速推进的表现往往是经济发达、人口流入、房价上涨，譬如北上广深。

当前一些地方政府的做法并不符合规律，官员基于对政绩、升迁的追求，如上文所述，强行导入不符合本地发展的产业，强行导入人口，强行拆迁，强行推高房价等。当然，也包括推出不合理的户籍和学区制度。

如果以发达国家做标杆，我们也要注意到，发达国家基本都是在保护农民和农业，因为农业才是国之根本。应当在保护乡村的基础上推进城镇化，而不是为了城镇化而城镇化，行损害地方、损害乡村、牺牲百姓幸福的事，这是本末倒置，是不义之举。

我们更愿意看到的是区域经济、城镇化和乡村振兴同步发展，农民为了更好的生活，“用脚投票”去城镇发展。

我们希望少一点指标，多一点关怀，希望可以保障农民说“不”的权利，对于不愿意、没有能力去城镇的，赋予他们选择的自由和起码的保障。

我们希望这广袤而沉默的乡土大地，会因为城镇化更美好，而不是更差。

18

乡土是如何崩塌的

一、令人抓“虾”的乡村创业

前两年，湖南大学生创业者刘正轩和他的虾被广泛关注，创业两年，他的虾塘被当地村民哄抢十余次，造成的损失或达数十万元——这损失恐怕要把创业利润悉数吞掉了。从合情合理的捡田螺开始，到明目张胆的集体摸鱼抓虾，再到哄抢事件的发生，展现出一条典型的乡村创业失败之路，折射出深刻的乡村社会问题。

无独有偶，我老家有村民承包水库养鱼，最耗神的也是防止别人偷鱼。从偷钓，到偷偷下网，再到早些年令人愤慨的用炸药炸、下毒药，从白天到黑夜防不胜防，带来巨大的管理成本。近些年，随着经济发展，乡村二流子与不文明行为相对减少，大规模的炸、毒现象已较为少见，但更大的麻烦逐步凸显。

现今广大乡村的水利基础设施，吃的还是“人民公社”时期的老本。彼时上到周总理“最关心的两件大事”（两弹一星 + 水利），中到以县、乡为单位的修坝挖渠“战役”（如红旗渠），下到生产队农闲时节雷打不动的修修补补，“人民公社”时期修筑的水利基础，已造福乡村数十年。

随着改革开放的不断深入，集中力量搞水利已不再可能。伴随着经济重心的转移，政府与社会对乡村水利逐渐忽视，而且水库一旦承包出去，日常维护的责任就转移给了个人，而个体承包者无心亦无力维护，加之自然生态变化等诸多原因汇聚，导致除了政府保护的少部分水源地，大量乡村水利设施年久失修、一再退败，成为乡村社会崩塌的一大缩影！

今天，那些水库承包者面临的最大麻烦正是“水”，水库规模与我们儿时相比缩水大半，缺水季越来越长，旱季库底裸露无遗。而一些小型水库，更已消失不见，令人唏嘘。

从虾被哄抢，到鱼被偷抓，再到水库的逐渐干涸，乡村的地理范围和心理承受范围一再败退、萎缩，令人深思。

二、现代经济下的乡村命运

研究乡村经济现状，不能只看农民收入数据，也不能只看新闻报道中的“致富案例”，而要看到，大多数乡村至今没能建立起现代经济基础！

我们可以看到，现代城市文明与数百年前乃至数十年前相比，可谓沧海桑田，而乡村文明，进步甚微。广大乡村的“性格”，至今依然既稳定又顽固，广大乡村的命运，也一再坐失变革的机遇。

早在民国时期，广大知识分子纷纷投身乡村建设与民族自救事业，从费孝通的《江村经济》到梁漱溟的“邹平实验”，他们纷纷意识到乡村工业的重要性。彼时，在经济发达的江浙地区和作为改革先锋的山东及江西等地，纷纷建设蚕业、纺织业、林业、农村信用合作社等乡村初级工商业企业。知识分子、政府与乡村合力，使得乡村建设事业一时风生水起。只因日本帝国主义引发的战火，这项伟大事业被迫中断。

下一次乡村命运转折机遇出现在四五十年后。改革开放初期，以苏南模式为代表的乡镇企业发展迅猛，成为中国经济发展的一大高地。随着影响力越来越大，许多省份纷纷下达指标，众多乡镇企业如雨后春笋般出现。

这些乡镇企业是乡村集体与地方政府集中力量办大事搞出来的，多以轻工业、民生消费品为主。早期，由于物资紧缺，不愁销路，它们办得风风火火。随着市场供求关系变化，竞争逐渐加剧，乡镇企业面临体制障碍，现代企业制度的欠缺不断凸显，不过数十年，这些企业就大面积倒闭或贱卖于私人，乡村 / 镇经济的大时代宣告落幕。

尽管变集体于私人后，不少企业做大做强，增加了政府税收，提升了当地的经济发展水平，但并不能改变乡村的整体命运。究其原因，乡镇企业改姓“私”后，大多由私人老板进行“一言堂”式的管理，或者发展为家族企业，不再是“公共企业”。同时，这种“家长式”或家族企业，本身就是乡村思维的延续，与优秀的现代企业相比还有相当距离——何况伴随着风险的累积，其中许多人如今面临各种问题，自顾不暇，与带动乡村发展、实现村民共同富裕，实在不是一个概念。

少数比较成功的是后来居上的温州模式。浙江“七山一水二分田”，温州尤其如此，靠农业没有出路。在改革开放的浪潮中，温州人高喊“打地铺的老板强过大公司的高管”，展开全民创业。他们有样学样，没样的外出闯荡，从制造低门槛的零部件或初级产品的家庭作坊起家，自发行动，敢想敢干，迅速实现全面致富！

如今，江浙沿海地区的城市化水平已达 70% 以上，早已进入城市化时代，要谈的已不是“乡村命运”。后来，大量温州企业从沿海地区搬到内地众多县乡工业园中，但充其量只是沿海地区和大城市淘汰产能的转移，是外地老板对内地便宜的自然和劳动力资源及宽松用工、环保政策的利用，对广大农民、农民工来说，也只是打工的一个备选项。它们并非乡土自发求变的变革力量，也并非与乡村站在一起、致力于“共同富裕”的友善外力，对乡村命运的变革，它们并没有责任和义务。

乡村经济“变革”的自发力量，只有零散的种植 / 养殖大户、少量返乡创业的农民工 / 大学生。他们充其量只是小农经营的扩大版，依然上难抵天灾、中难破市场、下难防人祸，生存还是一说，没有产业、资本、科技、管理、品牌等现代经济因素的加持，做大更是不用想。

今天，虽然农民可以外出打工、经商，可以享受较为现代化的生活，也可以开轿车住洋楼、联网看世界、买名牌高消费，但**乡村与农民一直处于被整合的地位。现代经济对乡村经济基础和乡村命运的改造，并没有成功。**

三、病因何在

从抢虾的村民“抢是因为看得起你”“别人能抢为什么我不能抢”“警察来了也管不了”等言论中反映出来的，不是简单的“人性之恶”“缺德”，也不是表面的“世风日下”“破窗效应”。事实上，城市里、工作中、生意场上的“人性之恶”“缺德”“世风日下”的现象并不少见，大可不必戴有色眼镜。

同时，依照农村惯例，水塘放干水，主人捞完大鱼后，往往会允许围观村民下去“捡漏”，摸些小鱼小虾。当然，如果主人还没捞完，村民未经允许而不听劝阻，则是侵犯他人财产的行为。于此呈现的“人性之恶”，根本上还是流淌于农民血液里的“私”病。

中国农民普遍具有四大病症——“贫、愚、弱、私”，跟随着时代步伐，前三者已大为改观，但“私”病，难以凭外力克服，只能靠自己，所以始终是老大难。而“私”病之所以难改，是因为其病因来自传统的乡土文明！

从古至今，乡土社会发展缓慢，皆因其欠缺两大关键。

一是技术——以前是种子、耕种方式、肥料、杀虫剂等，现在是科技、金融、管理、市场营销……因此，乡村经济始终难以克服天灾、疫情的不利影响，抵御外力冲击；农业和农民，始终逃不脱看天吃饭的命运。

二是缺乏团体生活——这正是“私”病的根源所在！一直以来，乡村生产生活以土地、家庭为中心，向外扩展至家族、宗亲，最多到乡邻，而君臣、爵赏（古代官员莫不以被皇帝赐姓为最大荣耀）、师徒等关系，也不过是“家庭”关系的延伸。

因此，乡村的“团体”，仅有家庭及家族宗亲，除此之外，他们对外乡的事、外人的事、家国大事，不到切肤之痛，都“不关我的事”，对“公共事务”更没兴趣。埋头把自己的地种好，把自己的日子过好，“不要管闲事”，最是紧要。所以每每国家动荡，知识分子都要跳出来哀叹农民之“麻木”。

事实上，对人的成长，最有利的是团体。譬如西方有宗教团体，城市有公司、企业、学校、工会、协会、民间组织……人们在团体中发现自我、提升自我，通过团队协作、配合、竞争，不断改变自己和团体。个人与团体则相互依存、促进，由于无时无刻不处于团体中，别人的事、公共的事，往往也就是自己的事。

古代中国社会，由于团体的缺乏、阶级斗争的缺乏，一直处于“自省”“自悟”中，所以只有周而复始的乱，并无重大的社会变革与技术突破。而中国农民，从古至今始终跳不脱土地与家庭，难以自我进化，“小农”始终难以进化成为真正的“现代公民”。人与人的眼界，就此产生本质不同。

团体的“差序格局”，又加剧着小农意识的局限性。在经济不发达的年代，人们为了生存，需要对有限的乡村资源展开激烈争夺，哪怕在团体之内，邻里矛盾、家族矛盾、亲戚矛盾也成为乡村生活的一部分。农民心中觉得真正靠得住的，往往只有自己一家人。而当面临外部威胁或基于利益需要，又往往由矛盾转为联合，如兄弟多的人家欺负兄弟少的人家，大宗族压制小姓氏，大村庄欺压小村庄……直到20世纪七八十年代，江西、湖南等地，相邻两个村为争夺山头、林地、水源，用土炮、土枪对轰的事件亦屡见不鲜。

由此，大学生刘正轩虽然生于本乡本土，但并非本村人。既然是“外人”，又不沾亲带故，就无须讲情面，便宜能占一点是一点。试想，如果是同村人，大家碍于情面，起码不能明抢，即使有过火行为，刘正轩喊上同宗同族的亲友进行阻拦即可，压根不需要闹到报警的地步。而闹到这个地步，如果刘正轩的这个虾塘没有当地政府的强力支持，日后恐怕也难以在“当地”立足了。

无独有偶，如今国家鼓励农民将土地承包给专业户，我老家也有不少农户将土地承包给外地人（或外村人）。承包者在本村如果没有关系（比如有亲戚、跟村主任关系好），难免被本村人偷偷摘瓜弄枣，“反正是别人的，不摘白不摘”。只要损失不大，别太过难看或当场抓住，承包者也不便发作，毕竟不在自己“地盘”，又没有法律、政府强有力的约束，闹起来即使一时吵赢了，后面也恐怕面临更多、更隐秘的打击报复。由此可见乡村营商环境改变之难。

乡土社会，一面跳不出狭隘的小团体意识，一面又缺乏大团体的保护，广大农民只能选择自救。今天，不少农民外出务工、经商，脱离土地乃至扎根城市，依然不愿意放弃土地，既是无可奈何，也是合情合理的选择。

综上，乡村依然是“小农社会”，经济得不到自主革新，导致与城市、与现代化的差距越拉越大；而农民、农民工作为现代化、城市化之下的弱势群体，依然需要固守土地和家庭，因而小农之“私”难以改变……这就形成了乡村命运无法突破瓶颈的死循环！

四、有私无公的乡村经济

由于生存环境与自身的局限性，中国农民往往“有私无公”。于“私”看来，对于家庭、宗亲、乡邻之外的“公”，大家不但没有责任和义务，而且“差不多就是说大家都可以占一点便宜的意思”。既然大家都可以占便宜，看着别人去占而我不去占，是不是就显得太傻?

中国农民的“有私无公”，还有另外一层原因。中国传统“士、农、工、商”的社会构造，农、工、商负责生产、流通，但求你愚昧无知，又不许民结党，“私”字在所难免。“私”之外，于“公”相去太远，“私”与“公”之间，缺乏中间过渡，直接到宏大而模糊的“天下”。这“天下”，是“普天之下”“天下苍生”“天下兴亡”……自然归“士”所管，与农无关。

改革开放后，百业待兴，把握市场机会，集中集体力量办大事，加上好的带头人，就能打造出优秀的乡镇企业。从吴仁宝领导下的华西村，到曹锦清教授调研下的河南南街村、竹林村，优秀的乡镇企业、集体经济，都需要一位公正无私（或私心较少）的带头人。他们则顺势而上，有意无意地将自己塑造为村民公认的集体“领袖”。

领袖的力量在于为集体提供凝聚力，但往往成也“领袖”，败也“领袖”。在市场竞争从蓝海走向红海，从小地盘到睁眼看全国、看世界的进程中，乡村“领袖”能力终究有限，小农意识又根深蒂固，注定难以跟上时代发展。乡镇企业本身既难以建立现代企业制度，又缺乏科研基础、资本、互联网视野、现代金融风控体系，大多走向衰败、崩溃。

乡镇企业的工人多由农民转型而来，亦加速了这一衰败。比如南街村的目标“让南街人富得一分钱存款都没有”，意在杜绝私有、实现共产主义，但在现有生产力条件下，终究是镜花水月。人民公社环境之下还有人冒险“薅社会主义羊毛”，企业一旦由盛转衰，薅集体经济羊毛的人就会不断浮出水面。待到主心骨倒下，小农经济的“分家”就会来得特别快。

随着“红色亿元村”“天下第一村”们星星之火的熄灭，随着“××村的带头人”“××村的接班人”跌落神坛，乡村集体经济屹立于现代经济一方、改变自己命运的机遇，已一去不回头了。

五、乡村如何改命

乡村之病，在于缺乏“技术”和“团体”，治病之策，根本也在于此。

其一，“团体”仍是第一位的。

现今乡村主要的团体组织是村民自治委员会、自然村级别的党员议事会。我在前文中有过详细论述，与其说它们是组织，不如说它们是地方政府的管理工具，难以满足乡村发展需求。

农民基于切身需求，自发、联合组建的组织如合作社、农协会、议事会，或者农民工组织等，才是真正意义上的现代乡村经济组织。

近年来，农民合作社已成为政府农村工作的一大重点，农民日报社每年还会发布“农民合作社 500 强”榜单。只是，一方面，当前具有一定合作程度的合作社，主要局限在传统优势农产品产区，如赣南脐橙产区，“500 强”中排名前列的盐城市大丰区金鹿渔业专业合作社、浙江省温岭市玉麟果蔬专业合作社等。

另一方面，多数合作社的合作程度、精细化经营程度还有待深入。即使是许多“500 强”合作社，从科研、生产标准、现代管理、市场营销、品牌包装等角度看来，依然显得较为初级，距离日本地方农协会还有很大的差距。要成为现代经济组织，要为社员带来更大利益，这才刚刚起步。

同时，我在调研中发现，许多地方的合作社空有形式。譬如，我老家只要凑齐 5 户村民就可以组成合作社，而合作社成立的意义就是方便贷款，这与我老丈人所在的黑龙江农村，贷款需五户联保的概念并无差异——也就是说，“合作社”主要用来贷款，具体合不合作、怎么合作，并不重要。

更重要的一点是，地方政府需要对合作社进行职能定位。农民形成合作社，并不是为了方便政府管理。政府不应将其视为“村民自治委员会”一样的“管理工具”，而应将其视为服务对象。从税收、政务，到舆论支持、金融支持，从专业院校专家对接，到组织展会、市场推广，政府理应扶上马、送一程，但走着走着就成为牵马的马夫，势必弊大于利。

此外，中国的大多数乡村，自然禀赋并不足，也缺乏优势农产品基础，真正可做文章的，往往只有富余的劳动力。因此对乡村经济组织的发展，不应拘泥于农产品合作社，也可以是劳动力合作社。比如通过政府引导、组织，社会参与，进行整村劳动力培训，打造地方基建村、家政村、手工艺村、竹制品村等来做文章。通过提升村民的素质、协作能力，打造其市场竞争力，再通过政策倾斜、市场引导，帮助村集体对接市场，实现集体致富，更能促进当地经济的正循环发展。

其二，教育的转变，至关重要。

民国各种乡村改革，从晏阳初的“四大教育”（生计、文艺、卫生和公民教育），到苏南地区的蚕业学校，再到梁漱溟的知识分子下乡，无不将乡村教育放在首位。教育并不止义务教育，而农民的持续教育须与其生产、生活紧密联系。乡村教育，因此亟待改革。

一方面，停止人为的乡村教育“抽血”，如让乡村中小学并入乡镇、县城，将优质乡村教师调往城市等。相反，应该鼓励年轻教师、城市教师支援乡村，如将“高级教师”晋升、福利评比，向具有乡村教书经历的老师倾斜，鼓励音乐、体育等乡村欠缺科目的教师暑期下乡授课，制定城市教育、培训机构下乡支教任务“学分”等，提升乡村整体教育水平，扩展乡村儿童视野，缩小城乡教育差距。

另一方面，为广大农民提供持续性的再教育。教育的内容，从种养殖技术到农民工维权，从法制教育到公民教育、艺术教育，从防诈骗教育到电商教育、市场营销教育，从传统文化教育到乡村家庭教育，无不是广大乡村既欠缺又急需的内容。

鼓励农业专家、科研人员等知识分子定期、不定期支援乡村，让农业科技、现代知识服务于广大农民。有条件的地区，恢复县级“农业大学”、乡镇农业站，首先将基层村干部、党员“回炉”再教育，然后是对乡村“议事会”成员、乡村意见领袖的培育，再次是广大农民的再教育，最终推动全民教育、持续教育。

其三，乡村文化再造，赋予乡村活力。

乡村逐步退缩，伴随着的是乡村及传统文化自信心的逐步萎缩。广阔乡村其实还有众多宝藏可挖，除了官方颁布的“民间文化遗产”“民间文化保护项目”，更有许多不广为人知的地方文化项目，例如我老家的地方采茶戏、逐渐被取代的手工用具、逐渐消失的传统小吃等。

一方面，通过政府扶持，村民参与，挖掘、培育、扶持乡村文化，提升乡土凝聚力、自信力。例如，父亲和几个朋友前些年重操旧业，搞了个民间采茶戏剧团，因为不赚钱，又缺少政府扶持，坚持了两三年最终还是解散了。如不加以保护，这种地方传统文化恐将失传。

另一方面，像在城市倡导企业家精神一样，在乡村弘扬“匠人精神”。大棚种植的瓜果不一定比自然耕作的甜，机器生产的器具、批量生产的外来文化，未必就比手工艺品、本土文化更高级。随着经济的发展，人们向更高品质、更丰富的文化内涵升级消费，乡村高品质农产品、传统手工艺品、传统文化产品也将再次焕发其生命力！

比如日本，一个家族做帆布包一百年，可以做出“帆布包中的爱马仕”，一个帆布包可以卖出爱马仕的价格；两个“太阳蛋”品牌的芒果能拍卖出人民币3万元左右，抵得上我们一车芒果。奉行努力、执着、坚持的“匠人精神”，孕育出高品质、丰富文化内涵的乡村产品，亦培育出高收入的日本农民。

与此相对，我们的社会不但缺乏对“三农”的热爱，甚至充满鄙夷。而我们的农民，亦缺乏自信，或“等靠要”，或过于功利、浅尝辄止，或一拥而上、一触即溃，既把自己搞得焦头烂额，也给“农民”这个词注入许多负面的含义。

今天，当我们向外看、向外学习了数百年，自然更明白东西方文明各自的渊源和优劣，外国的月亮并不比中国圆，城市的月亮也不比乡村亮。

如今，我们也应该拓展向内看、向传统看的视角。乡村有其“贫愚弱私”的问题，更有温情、勤俭、淳朴、善良、优美、宜居的一面。以哄抢基围虾、哄抢翻车的橘子等事件，一再情绪化、肤浅地将中国农民大批特批，大可不必。

19

一个苹果的身价倍增之旅

一、“苹果自由”

苹果是最大众化的水果之一。我国是世界上最大的苹果生产国，产地广、产量高，即便个别年份、某些区域赶上天灾，供求总体也能稳定。但生活中，超市和水果店里品质中等的，每斤十元左右；产地、品相好的，奔二三十元去了，还时不时传出库存紧张的说法。普通家庭不但实现不了“车厘子自由”，现在离“苹果自由”也越来越远。

当我们把苹果吃出酸涩味道的时候，果农也在品尝苦涩。

甘肃天水盛产花牛苹果，果型大，色泽红艳，口感佳，是与美国蛇果、日本富士苹果齐名的世界三大著名苹果品牌。朋友寄过来一箱，我们赞不绝口。细问之下，大惊失色：家门口超市卖 11.8 元一斤的“红蛇果”（不少商家蹭进口蛇口热度，将花牛苹果改名叫红蛇果），他们卖给果贩子的价格是 0.5~0.8 元一斤。

是的，你没看错，真的是 0.5~0.8 元一斤！当地市场零售价也不过 1~2 元一斤。每年中秋前后的丰收季，苹果集中上市难以储存，果农食不甘味，即使商贩一再压价，也巴望着他们的到来。尤其是偏远、交通不便的村子，果农望眼欲穿。

即使按 0.8 元一斤的顶格收购价，以 11.8 元一斤的售价算，到消费者手中，身价暴涨近 15 倍！那么，它们是如何展开奇幻漂流之旅的？

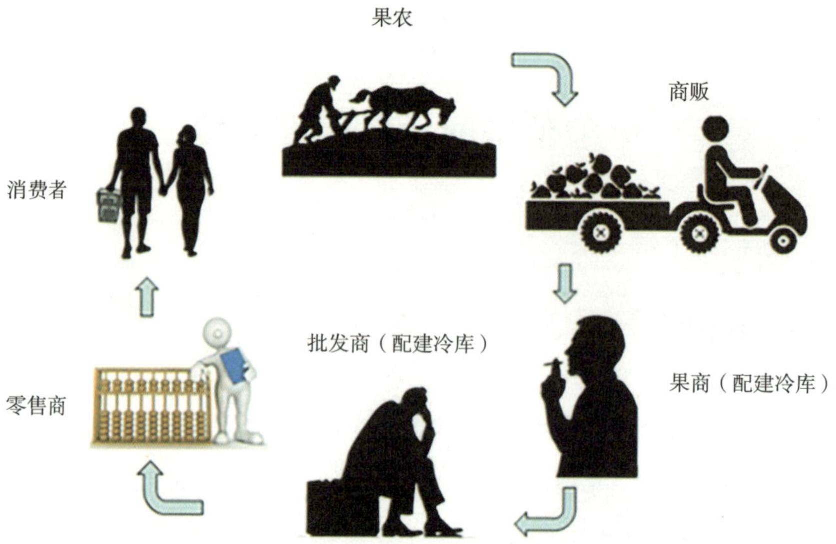

一个苹果的旅程

一个苹果从树上摘下到送至消费者手中，道阻且长。链条本来就长，每个环节都隐含人工、储藏、物流、租金、包装、损耗等各项成本，使得链条上的参与者都只能收获微利，这场十五倍的“暴利”之旅，大家多半勉强经营。

我们要降低苹果的流通成本，实现“苹果自由”，似乎并不容易实现。

二、低效的“苹果供应链”

我曾走遍祖国大地，尝过不少地方特产瓜果，印象最深又不为广为人知的，是东北的“大秋果”和北疆的“沙漠梨”。

“大秋果”又叫紫秋果，栽种于黑龙江、吉林两省，与“嘎啦果”差不多大，吃上去介于苹果和山楂之间，口感酸甜脆爽，甚合我意。可“大秋果”只流通于东北产地，北上广从未见过，只好每年秋天乞求亲友邮寄。

“沙漠梨”更加神秘，我只在北疆的布尔津县吃过，果型巨大，水分多，味道综合苹果与梨之长，令人记忆犹新。奇怪的是，即使是在新疆的其他地方都没再见过，上网搜到的“沙漠梨”只是香梨，“延边苹果梨”是延边保护性品种，既不像，也不可能横跨四五千公里专供北疆小县城。要不是自己品尝过，真要怀疑这种水果是否真实存在。

中国之大，地方风物各异，许多地方特产往往就地消化。要卖到外地，即便如花牛苹果一样本地只卖 1~2 元一斤，累加上述环节各项成本，最终到达消费者手中也必定在 10 元一斤以上。当消费者看到一种水果又贵又陌生，又是国产而感觉不够高大上，势必敬而远之。

我们一直在喊增加农民收入，降低消费者购买成本，实际期望的是“没有中间商赚差价”的理想市场模型。可现实的市场情况，往往是“两头小中间大”，果农、消费者利益持续受损，利润多被中间环节占据。

金融工具和炒作者的加入，使得中间环节更加复杂。如 2017 年年底推出的“苹果期货”，本意是形成公开透明的市场价格体系，保障农户收益稳定，事实上却形成“助涨杀跌”的局面。2018 年的霜冻灾害导致当年苹果供应减少，市场价格历年最高。市场价格预期形成，不少中间商“脱实入虚”，转销售为炒作，纷纷囤积，助推果价进一步提升，结果苹果成了“金果”，炒期货的利润也比卖苹果的利润多得多。但是果农出售苹果是一锤子买卖，无法参与中间环节，并未得到溢价的好处。

与 2018 年不同，2019 年苹果大丰收，导致苹果收购价格下跌，“苹果期货”并未阻止“果贱伤农”。但终端市场售价仍与去年相似，消费者的购买成本并未减少。但见，不管丰年歉年，果农和消费者“两头”的利益都缺乏保障，利益始终被中间庞大而低效的产业链条把持。

因此，压缩供应链、降低流通成本，成为一大商业契机。

三、谁在真正帮助果农

目前对供应链环节的改造，主要是两股力量。

一是众多的鲜果电商平台，从盒马、每日优鲜、易果生鲜、百果园，到叮咚买菜、天天果园等区域性电商，再到遍布微博、淘宝、今日头条、抖音、朋友圈的大V们，纷纷抢占销售端，以互联网流量为核心直接对接供应源头，甚至改造生产环节。

二是传统的收购商、批发商转型，成为集生产、营销于一体的专业化企业。他们占据供应端，通过规模收购、制定标准，控制上游生产，通过营销包装、消费场景化、体验创新开拓新市场，如媒体报道的陕西富县“互联网＋现代农业”，山西临猗县“一棵树果园”，让城市居民从买苹果到买苹果树，尚属优秀的战术创新行为。

只是，无论是电商平台还是专业化企业，着眼的是压缩中间环节，抢夺的是传统果商、批发商、零售商的蛋糕。而通过做出成熟有效的商业行为，这些平台和企业确实帮许多农户找到了稳定的销路，极大提升了市场效率，降低了社会成本，作用巨大。

真正从“帮助农民”的源头出发的，是一些社会公益组织，例如“守护大地”公益组织对陕西礼泉果农的帮扶。2018年丰收时节，当地苹果甚至只能以每斤0.3元的价格卖给榨汁厂，还堆积如山持续滞销。志愿者能做的，也只是现场调研，再通过网络发布、扩散销售信息。虽然效果有限，但我看到了他们的真诚。

贱卖伤农！我们在比对了商超、电商的价格，并且综合了包装、物流、人力等成本后，最终将包邮价定在28.5元8斤，平均一斤3.56元！

成本透明公示一览

【8斤装苹果成本明细构成】：

从农民手上收购回来的苹果价格：1.2元/斤

将苹果拉进仓库的费用：0.1元/斤

人工分拣、胶带封箱、套网套费用：1元/箱

快递费：8斤净果，毛重9斤，快递9元

耗材：胶带0.1元/斤

纸箱：5层外箱里层泡沫，胶带发泡网，6元／套

运输损耗、售后品控损耗：0.2元／斤

合计成本：28.5元

算下来，每斤苹果成本价为3.56元。以此为参照，如果按50%的毛利率，市场价格应该是每斤5.34元，即使按100%毛利率，价格也在每斤7.12元，因此，普通苹果的合理售价应该是每斤5~7元之间。但是，在大多数电商平台和销售渠道，极少看到这样亲民的价格（注：2019年前后团购平台大量降低中间成本，逐渐把价格降到这个区间）。

显然，公益行为只能是点对点的局部行为，不能取代商业行为，也不可能勉强商业机构做公益。要从根本上增加果农收入、降低普通消费者成本，还需另觅出路。

四、我们如何保护“三农”

我们注意到，有实力的电商平台销售的多是高价优质水果。例如苹果主要是卖“红富士”，价格往往在每斤15元以上，而山东、陕西等红富士优质产区，收购价一般在4~5元之间，换算下来，“身价涨幅”为3~4倍。

事实上，许多知名区域农产品品牌的“剪刀差”也在上述合理区间。如赣南脐橙，还未经过大规模炒作，根据丰年歉年不同，收购价一般在每斤2.5~3.5元，多为外地大果商提前半年预约收购，市场售价一般在每斤6~7元，“身价涨幅”在2.5~3.5倍之间，供应链简单而稳定。

因此，提升自身品牌价值，就是“花牛们”首先要面对的课题。

当前，各地对区域农产品品牌的塑造，多是政府行为。常见的模式是，地方政府将特产包装成一个区域品牌，而中国几乎每个农业县都会提炼、包装出一两个当地特产，如×县蘑菇、×县大枣、×地土豆，然后在中央电视台广告精准扶贫、地方电视台、地方网站上推广。由于只是简单的吆喝行为，缺

乏持续推广，也没有自己的平台，又不直接对接消费者，所以作用有限且难以持续。

产品的市场竞争力，还是要在市场上形成。而产品竞争力的提升，从根本上，还有赖于生产者素质的提升。

回到“苹果供应链”，还未有效开发的是果农环节。如果将果农组织、联合起来，形成合作社甚至组建地方企业，自发管理，统一标准，统一采购原材料，采摘时节统一招工，统一仓储、保险，统一寻找销售渠道，统一包装、推广，统一对接农科院校和社会组织……无不是既急需又有效的手段。分散经营无法参与市场，果农们只有联合起来，才能更好地争取自身利益！

事实上，这些在日本的乡村早已实现，日本同样人多地少，但农民已成为既富裕又有社会地位、政治地位的群体。中国农民的情况无疑还相差甚远，其“私”病、“善分不善合”的特性，历来难见改善。因此，要实现农民的联合，光靠农民自己还不行，需要倚靠外力。

首先是社会教育。

社会对乡村的慈善、公益始终成效不显著，一个重要原因在于对乡村教育的忽视。而乡村教育不能只是搞希望小学，毕竟不能指望小学生建设乡村，何况当他们长大变成大学生，也多半远走城市。教育还须注重当下，广大农民对融入现代化的意愿强烈，只是不得其门而入。

视野再放宽，从清末、民国轰轰烈烈的乡村建设运动，到革命年代的工农路线，从上山下乡，到改革开放初期的农民企业家运动，可见社会精英、广大知识分子始终关心、参与并推动着乡村建设。直至进入 21 世纪，人心所向城镇化、互联网，使得城乡二元化愈演愈烈，农产品“剪刀差”越拉越大。

因此，需从社会舆论开始，引导人们关注乡村，引导知识分子进入乡村，引导市场参与乡村建设。在开展乡村教育的过程中，面对知识基础薄弱的村民，政府、社会机构、公益组织应该更耐心、细致，从案例教学、公民意识、法律意识、市场经济、电商培训、技能培训等各角度对村民进行教育。

其次是社会资本导入。

鼓励产业链上的资本深入参与，不停留于中间商赚差价，而是深入并改造供应端，与果农一起推动产品提升与乡村建设。例如，产业链上的收购商、批发商，面对电商平台的竞争，要保持竞争力，与果农捆绑是一大出路。

与传统的“公司 + 农户”不同，可以与地方合作社、果农联合成立股份公司，产销一体化，不失为利己利农的好出路。在这个过程中，地方政府需通过法规保障、政策扶持、村民教育、机构协调等，加强对资本权益的保障。

再次是政府职能转变。

地方政府转变服务职能，引导、扶持村民合作组织，并适时退出，培养村民自主管理能力。对村民，转变教育职能；对市场资本、企业，明确政策导向、法规保障、服务协调；对社会及科研力量，组织产学研；对外，整合推广区域品牌。

即便在现有框架下，政府可以转变的就有很多，例如加大农业基础设施建设与区域性扶贫精准度。比如在天水，支持果农修建乡村冷库，就远比“社会主义新农村”等刷墙标语有用得多。

事实上，与天水花牛苹果“身价十倍之旅”类似的农产品有很多，例如我曾举例的老家姑父种的甘蔗，从卖给商贩的 15 元一捆（10~15 根），到城市的 15 元一根，农民的辛苦，理应获得更合理的回报。

只有让农民组织起来参与市场，而不是被冗长的供应链阻隔，才能真正地“让农业成为有奔头的产业，让农民成为有吸引力的职业，让农村成为安居乐业的美丽家园”。也只有让农民组织起来，才能防止农业像工业消费品一样被一业独大的电商平台垄断、冲击；同时，扶持优秀农业企业，深入开展市场竞争，形成农业合作社、专业企业、电商平台共同竞争的局面，才能更好地保护“三农”。

只有这样，作为普通消费者的我们，未来才能享受到更多质优价美的农产品，也才有更多可能实现“苹果自由”。

20

老无所依

一、“幺妹”的愁与筹

捐过多次款、看到多次报道后，我已不太相信“轻松筹”“水滴筹”这哥俩，但这两天还是在轻松筹里捐了款。

“筹”是“幺妹”发起的，他是我的儿时玩伴，多年前离异，自己带着儿子，在乡镇附近靠打工为生。两年前，他一辈子务农、身体还算健康的父亲邱水根，突然被查出肝癌晚期，一场危机便陡然降临，这我是清楚的。所以一看到他发起的筹款，我选择了再次相信。

现今农保已普及，我又问了下“幺妹”的报销情况：本地农保，县内住院能报 70%，省里能报 40%，出了省就是 0%。“幺妹”家病急乱投医，为了活命，总希望去更大的城市、更好的医院试试，不多久便累积出大量债务——一些地方政府传承了“各人自扫门前雪，莫管他人瓦上霜”的文化传统，出了本地，哪管你哭天喊地，哪管它洪水滔天，都不关我的事。

这时又出现了“轻松筹”，对“幺妹”一家来说，无疑是根救命稻草——其实“轻松筹”“水滴筹”本是好东西，它们确实能帮到像“幺妹”这样贫穷又突遇变故的乡下家庭。

东西是个好东西，只不过因为背负太多“业绩压力”，只好采取粗暴、激烈的营销手段，比如找一群人去医院扫楼，逮谁问谁，“要不要帮忙”？甚至“两筹”为了“抢生意”，不惜大打出手……于是，朋友圈仿佛变成烂大街的选秀舞台，遇上点事的人都要站上台，泪眼婆娑，“其实我也有个悲伤的故事”。

再好的产品经理，都敌不过资本赚快钱的冲动，类似“两筹”的“创业—融资—对赌—不得人心乃至倒闭”的案例，每天都在大量发生。没有了人文精神的支撑，市场经济越走越快，也越来越容易着急上火、脱离大部队。

“不忘初心”，不是一句口号，而是时代和人民的强烈呼唤！

二、城乡版幸与不幸

今天，如果要盘点“最幸福的人”，城市退休老年人恐怕要名列首位。

我做背包客时，在天南海北各大热门景区见到的人数最多的便是他们。他们装备齐全，不少人身背“长枪”“短炮”各一只，连镜头都不需要切换抓起来就拍，装备档次更是甩我两条大街。不出去旅游的日子，他们往往占据着大小城市公园、商业广场、小区空地，乃至年轻人的篮球场。人们听着那些欢快的音乐，看着那些轻快的广场舞步，就差惊叹“这是最好的时代”了。

从清华大学和智库公司针对国人养老准备的调查报告来看，无论退休还是在职，人们对自己的养老状况普遍持乐观态度。在收集到的关键词中，“悠闲”“自由”“享乐”几乎是大家对老年生活的共同愿景。

真是这样吗？连调研机构的眼中都只有城市。如果将视野转向乡下老人，“最好的时代”，无疑要变成个疑问句。

我乡下的叔伯们，大多在60岁左右，这些年，每年都能查出一两个癌症晚期。乡下没有体检，县乡医院也没有体检服务，农民每天劳作往往自觉身体健康，一旦感觉身体不行了，一查，多半有事儿，此时再去补救，往往为时已晚。

“幺妹”父亲身前，2019年刚有一位叫“别佬壳”的村民因脑癌去世；“幺妹”父亲身后，又有一位叫“桂桂婆”的女人正数着最后的个把月熬日子……这些名字，不过是一粒粒微不足道的尘埃。对我而言，却是记忆中一个个强健而盛放的生命，孤独地走向干瘪和衰亡。

即便躲过大病袭扰，“老去”依然是个沉重的话题，更老的一辈人，大多过得并不如意甚至是可怜。譬如“幺妹”的奶奶，2018年前后去世。去世前，由几个儿子轮流供养。每到吃饭的时间，她便摸索着用一条凳子站起来，再借助这条凳子一点一点挪到儿子家。此外的时间，便一个人坐在黑漆漆的老房子里，喃喃自语，有时大声发泄不满，只是谁也听不懂她在说些什么，村民们便认定她有点精神病。

不是儿孙们不孝顺，只是他们自己生活压力也大，多数都外出打工去了。没有外出的，也多半边务农边做点小工，难以全身心照顾她。

老人家也不是穷。现在乡下满 60 岁的老年人，每个月有 108 元的养老金，加上逢年过节后辈的孝顺，又不需要（也不舍得）花什么钱，往往有一定积蓄。从物质上来说，千百年来他们终于基本实现了经济独立，再怎么着也不至于饿死，算得上遇上了好时代。但从精神上来说，乡村的空洞投在他们身上，便化成巨大的黑洞。

譬如，我 80 多岁的外婆，体弱多病，同样一个人住在老房子里。还不如“幺妹”奶奶，外婆连去儿子家吃顿饭，都是难事。她的儿子，也就是我的三个舅舅，一个数年前因车祸早逝，两个已搬到县城——都把一生献给了县城的房子，无不生活拮据。

长期分离又缺乏生活基础，老人不习惯城里，“城里”的后辈也不习惯她的“土味”，儿媳又嫌她年老事多，于是他们难以和睦相处。偶尔喊老人去城里“团聚”，也就是走个形式——城乡的断裂，清晰而又具体地体现在千家万户。

叫外婆来上海住，她又因为晕车出不了远门（一生走得最远的“远方”，无非 50 公里外的县城儿子家）。好在女儿多，偶尔去几个女儿家住住，又一心挂念着过得不如意的两个儿子，一边操心他们过得不好，一边操心“百年之后”不给她送终……一个乡下女人为鸡毛蒜皮操心又被时代远远抛弃的一生，已经像她的老房子一样，老无所依，摇摇欲坠。

村庄空空荡荡，同辈老伙伴也渐渐离世，还活着的人，无人可倾诉，无处可交流，孤独的黑洞将伴随他们，直至最后的日子。城市还有敬老院（乡下以前也有），献爱心的人还有个地方可去，乡下呢？爱心都没有立锥之地。

现实中，精神上的空洞还无暇顾及，我的外婆最担心的事，是突然生个病、摔个跤都没有人发现——的确发生过几次，还是邻居发现的。还留在老家的父亲、大姨小姨、姨父、表兄妹们便商定，大家隔三岔五或一有时间，就去看看她。

当温暖了乡野数千年的四世同堂、父慈子孝、其乐融融的岁月逐渐远去，人们乃至家庭内部，都日益被切割成一个个个体。一代人与一代人之间，时代的“淘汰”来得太快，自前而后的“财富”与经验传承不再有意义，自后而前的生活方式和思想观念上的“革命”却不断冲刷，“后浪”一心摆脱乡野和传统，“前浪”日渐失语和孤独——缺乏人文传统缝合，代际之间的现实剥削和精神否定，取代了以往的长幼有序和温情脉脉，情感联系日益支离破碎。如此，乡下老年群体，代表的正是时代最落后、最失落的一面，所依者何？

幸好老人们手中还有点钱，在无知、孤独和沉默中，还有生存下去的一点点底气，否则何止老无所依！

三、个人—集体—国家

令许多城市知识分子不解的是，至今去乡下，甚至新疆、西藏、内蒙古等偏远牧民家，还能见到许多人家的墙上贴着毛主席的画像。这些知识分子不知道，在广袤乡土，人们对那个物质匮乏的时代，始终充满精神上的深深眷恋。

一次与朋友老张的母亲闲聊，谈起往事，她突然顿住，脸上突然出现孩子般的笑意。她说，虽然从物质上来说现在才是农民最好的时代，但还是会怀念以前。

傍晚时分等待父母从地里回来，一家人吃完饭坐在门口乘凉，讲故事。

“大锅饭”虽然有时吃不饱，但大家没有攀比，人情简单，养老、教育、医疗什么的，也都有集体可以依靠。

乡里偶尔有放电影的人下来，方圆几里地的人就都来看。大队里也有年轻人自己组的“戏团”，虽然不专业，但都很认真。

那时的人们愿意付出，对未来也很认真，虽然没有什么钱（货币化程度低），虽然不能杜绝“薅社会主义羊毛”，但集体环境依然可以让人相互信任、依靠、温暖……

"集体"这个词，如她所描述的那样，曾在广袤乡土上闪闪发光。

梁启超在《论学会》中说，"道莫善于群，莫不善于独。独故塞，塞故愚，愚故弱；群故通，通故智，智故强……疾党如仇，视会为贼。是以佥壬有党，而君子反无党；匪类有会，而正业反无会"。千百年来，作为最正业的农，缺的便是这"集体"。

近代以来，由国共合作推动成立的广东农会组织，到民国晏阳初等知识分子建立的中华平民教育促进会和梁漱溟创办的乡农学校，再到新中国成立后及改革开放初期有志之士建立"农会"组织的尝试，都因为各种原因不了了之……计划经济时期的人民公社，便成为中国农民仅有的一次集体生活体验！

人民公社虽然有国家推动工业化、维护工农产品"剪刀差"、限制城乡人口流动等战略目标，但在这一阶段，国家力量前所未有地与占人口绝大多数的农民相结合，的确推动了广袤乡村事业的全方位建设：1956 年，国家建立农村"五保供养"制度，1958 年又推出集体敬老院办法，依托集体力量实现养老，此举还为城市职工企业养老制度提供了借鉴；1965 年，毛泽东提出要把医疗卫生工作的重点放到农村去。于是，全国大中城市有大约一半的医务人员下到农村，帮助建立起农村合作医疗体系，使得农民看病有了集体保障；有了集体的力量，人民公社时代的生产力并没有想象的那么低，当时集体开垦的良田、兴建的水利基础设施，规模大、质量牢靠，才奠定了 20 世纪 80 年代包产到户后"占世界 7% 的耕地养活了占世界 22% 的人口"的基础，甚至今天，不少乡村水利还在吃当时的老本……

"集体时代"，便成为新中国乡村建设的重要阶段，也是广袤乡土迄今为止比较温暖的一段记忆。其时，个人有了依靠，结合意识形态，最终形成了"个人（家庭）—集体—国家"的完整逻辑。

改革开放后，集体不断瓦解，1983 年国家正式宣布取消人民公社，乡村重归小农经济；20 世纪 90 年代以后，随着国家对农业和乡村公共服务的支持方式调整至更注重市场化效率，上述体系被简化成了"个人—国家"关系。

于是，当一个城里人遇到问题，可以找工会、部门、社区、协会寻求沟通与帮助，而一个个“乡下人”遭遇不公被误判入狱，只能寄希望于“上天有眼”——有的人还算幸运，还有亲人几十年奔走，而那些没有组织、集体依靠的“罪人”，又有多少还在黑暗中无声地等待。

直至今天，当国家要反哺“三农”、振兴乡村，向“三农”进行财政转移支付时，没有了“集体”的对接、组织，即使想送钱，面对数以亿计的分散农户，也无可避免地存在交易成本过高、效率有待提升的困境。这个困难迟迟无法克服，以至于许多地方的新农村建设和乡村振兴，难以避免地存在流于表面、进展缓慢等现象。

由此再看乡下老年人的“老无所依”（珠三角发达地区老年人“有股份”、长三角发达地区老年人被纳入城镇化户籍保障，以及潮汕、客家等保留着敬老传统的地区，在此不论），不难发现，城市老年人因为有单位、企业作为“集体”积累，有社区居委会、街道医院、养老院、活动中心等“集体”公共服务载体，便有了幸福的基础。而乡下老年人，没有“集体”可依赖，同时宗族文化又被“大集体”自己扫到历史的垃圾堆，连曾经可依赖的家庭和“孝道”，也已被现代商品经济冲击得面目全非。

有“集体”作为中介，“国家”就可感、可沟通、可依赖；没有“集体”，“国家”就是一个遥远的概念。正如电影《老无所依》里那样，“暴力”后面隐藏的深深的“无力”，并不容易挣脱。

四、求人与求己

我乡下的祖辈已日薄西山，来不及讨论“老有所依”；父辈则正在转换的当口，与上文“调查报告”里的乐观结论相比，呈现出的却是悲观和焦虑。

跟父亲吵了一辈子的母亲，这两年突然对父亲关切和温和起来，在上海帮我带孩子的这两年，每天都要跟父亲视频通话。通话无非是些家长里短：多去看看老人，地里的花生、辣椒该去摘了，工作累不累之类……还是再坚持坚持，为咱再存点养老钱……

我的心中其实充满悲伤。当同龄城里人的父母在盼望着退休，计划着退休后去哪里玩，计划着买这样那样的装备，我乡下的父母却在盘算着还能坚持多少年。同样为国家做过贡献，也同样为城市、工业做过贡献，当时代和国家都“无所依”，占人口相当比例的他们何去何从，并没有乐观的答案。

我所知的比较好的答案有二。

其一是李昌平先生的“乡村内置金融方案”。

乡下老年人多少有一些闲钱，存银行不划算又有风险（这两年不少地方小银行存款就不翼而飞），而乡村外置金融始终不愿进入，农户贷款困难。李昌平先生便把老年人组织起来，建立金融合作社，老年人可以把闲钱投进来，支持本土乡民搞生产。

骗本乡本土老人的钱，无疑是个遭天打雷劈的事儿，加上贷款需合作社里五位或以上老人联名担保，老人鉴于对自己资金负责的角度必然认真了解，便基本不会出现现代金融始终难以解决的骗贷等道德风险问题。

乡民有了贷款，推动了乡村生产建设，还能支付利息。老人的钱有了回报，更重要的是，围绕贷款、利息收益分配、公共事务建设和管理，形成集体议事体系。老人有了自己的集体、自己的话语权，才能老有所依，乡村建设的自发性力量也才有所依……

此时，政府与其大量重复建设，大量把钱塞给贫困户，不如主导成立乡村建设基金，投入一定资本作为种子基金，吸引老年人入股，并将收益投入地方公共事务建设中。在带动在地化产融结合、盘活乡村自发建设力量的同时，解决地方养老、乡村缺乏集体及议事机构方面的弊病……可谓良策。

其二是乡村互助养老设计。

既然无所依，那就求人不如求己。

乡村可建立“互助养老社”，年满 60 岁可加入。60 岁左右的老年人，身体往往还健康，有一定照料能力，可以参与照料社内年龄更大、身体不便的老者，并可兑换成“养老券”。当自己年龄增大或行动不便时，便可获得社内“新生”老年人的照顾，或凭券获取相应服务。

此一设计，开端需要政府的信用背书、鼓励及推动——随着中国老龄化不断加快，城市有老龄办，县乡政府也应该设此组织，并推动类似事务的发展。

“个人—集体—国家”，新中国乡村发展历史表明，“个人”太弱小，“集体”无法包办一切，“国家”也绝非万能，尊重个体、依托集体、国家统筹，平衡发展，而非喋喋不休“国进民退”“国退民进”……这才是美丽乡村、和谐中国的希望所在！

21

乡关日暮

一、磨盘岭

那座叫磨盘岭的小山已成为过去式。

前两年，老家村旁的一条高速公路通车了。它逢山开路遇水搭桥，逢见磨盘岭，就毫不犹豫就把它给开了。小小的磨盘岭，挨不了多少炸药的爆破，儿时爬起来得费去大半上午，如今，从山脚到山顶不过一脚油门。

我爬上去看了看，山顶已经磨平，路旁还堆着从它的身体里炸出来的石料。山脚倒是郁郁葱葱，那儿曾经有我家的西瓜地。

儿时的夏天，我时常跟着干农活的父亲在地里玩，傍晚就去地里摘个瓜带回家。我们分明是那一亩三分地上的国王和王子，挨个巡视那些最大的瓜，敲一敲，传来清脆的嘭嘭声，我们就在晚风中满足地哈哈大笑。

村庄炊烟升起。父亲把瓜装进箩筐，把我装进另一个筐，便挑起扁担走向回家的路。夕阳把我们的影子拉得老长，扁担吱呀吱呀、拖鞋嗒吧嗒吧，和着稻田里青蛙的咕呱咕呱，就都一齐融进那一点一点蔓延开来的夜色……

那些山脚的瓜地，早已消失不见。2002 年开始的退耕还林工程，逐渐将它们变成林地。种地人倒无所谓，因为种地的利润微乎其微，不如出去打工。渐渐地，村庄越来越空，土地日益萎缩，荒地日渐增多。

今天，人们曾经耕种过的许多地方，早已荆棘丛生、蔽天遮日，人无法进入，成了野生动物的乐园。野猪时常跑下山来吃地里的红薯、瓜果，随处可见的野兔子擅长“刨根问底”，更可恶的是老鼠，这边农民刚刚播下种子，那边就被它们吃掉大半。

我问父亲：“今年种瓜了不？”

父亲说：“种啥啊，种了也抢不过老鼠。”

“那要吃瓜怎么办？”

“想吃就去买点。大家都这样。”

要买的何止瓜果。以往每户人家都会种的豆角、毛豆、玉米、花生，以及其他许多豆茎类蔬菜，现在都得花钱去买。野兔、老鼠、麻雀们轮番上阵，“种瓜得瓜，种豆得豆”，这句千百年来颠扑不破的道理，已经不再那么正确。

老鼠之所以泛滥，关键是没了天敌。以往是农村喜欢养猫养狗，现在猫狗的家都安在了城市。以前农村人养猫，主要是防屋里的老鼠，现在的农民房多是钢筋混凝土建筑、铝合金门窗，足以把老鼠堵得严严实实，猫就没了用武之地。养只土狗，原本是为看家护院，随着人们渐渐装起防盗门、监控，而且辛辛苦苦养大又容易被偷狗贼偷了去，也渐渐放弃。

还有蛇的减少。早些年政府收缴猎枪，加大对偷猎野生动物的处罚，野味逐渐告别餐桌。但蛇不一样，一方面，是人们对蛇的保护重视不够，甚至还有“为民除害”的老观念；另一方面，吃蛇在许多地方还是个传统，又可大规模饲养，辨别、监管都更加不易，加之使用毒药和电的“技术便利”，一听说哪里有条蛇，村里的年轻人都跑去抓。早些年开始，大量蛇被捕杀（近两年政府加大打击力度，局面好了一些），老鼠们陷入狂欢。

现在的许多乡下，除了基本农田之外，土地已大量抛荒。瓜果蔬菜，能买则买。曾经自给自足的小农，完成了市场精英的预设，已完成走向市场。只有少量年纪大的种植者还会种一些，但在播种、萌芽、收获阶段，得靠人力去看守、驱赶鸟雀鼠兔，这投入产出比实在难堪，还能找到工作的村民多半不愿意干这件事。

好在即便年纪大点，附近找点小工、临时工的活儿并不难。加上政府扶贫以及新农保覆盖到位，反正发财无望，饿又饿不着，何不想开一点？如此，农民种田种地不再天经地义，打打牌，日子照样过。

相比城市以效率为中心，乡村看重的，往往是公平和尊重。人心一比，谁谁谁天天啥都不干，只知道打扑克麻将，照样好好的；谁谁谁不等不靠，累死累活，并不见过得更好。中华尤其是农民美德的勤与俭，渐渐成了“傻子”的代名词。

这是时代的进步还是退步？

二、碧山

碧山（胡晓耕 / 摄）

日暮乡关何处是？家乡小县已跟随城市化、工业化大潮，发展为本省知名的工业强县，家乡人说起来也是自豪满满，谈“乡愁”已经显得矫情。

人们对“新”的热望和追寻是必然的，我们不能一面自己去追新，一面要求别人去守旧，去为你守住那点乡愁。磨盘岭下的那点小小乡愁，我向来不太好意思跟人谈起。

这点乡愁，却与一个叫碧山的村庄撞了个满怀。

黄山脚下的黟县，以众多徽派古村闻名，譬如西递村、宏村。我曾去过宏村，村子很漂亮，古建筑保存得也很好，但见满街游客在导游催促下忙着参观，满村村民在村头巷尾忙着做生意，繁华、忙碌的市场性，早已取代简朴、宁静的乡村性。

碧山村离西递村、宏村不远。2007 年，独立策展人左靖、欧宁，带着对城市生活环境的不满和对中国当代艺术最新发展的失望来到碧山村，瞬间被这里的自然风光、文化和历史遗存吸引。他们如获至宝，开始思考如何协调城市与乡村、发展与保护的关系。

不同于一般知识分子的光说不练，作为策展人的他们有着强大的资源整合能力和执行力。他们陆续把家搬到村里，相继启动“碧山共同体”“碧山丰年庆”“碧山计划”“艺术乡建”等计划，以期探索、改变农村地区的经济文化生活。这些计划曾备受关注，令人振奋，但因种种原因，“碧山丰年庆”及“碧山计划”被叫停，欧宁也无奈离去。现实中，各种舆论争议、关于琐事的争吵也从来不断，碧山乡建并不顺利。

要么走向西递村、宏村式的旅游村，要么走向村民外出打工的空心村，仿佛只有这两种命运合乎政府与村民的认知和市场规律。

只好信这“命”吗？好在左靖没有放弃。

今天，沿着村口窄窄的水泥路（石板路已被发展替代），走不多远，你会遇见一家叫“一个店”的小店。小店只有 10 平方米，老板是东北姑娘，曾在京、深工作，是一个广告设计师。她两年前来到碧山村，租了小店和民房安顿下来。店里卖的，是她从各地搜罗来的新奇小玩意儿——尼泊尔的手工纸日历、日本年代久远的书写得很漂亮的明信片、本地产的小木雕、她自己画的丝巾之类。

除了这些创意小玩意儿，“一个店”更是一家卖故事的店。她给每件物品都设计了一个小故事，比如卖的“野生袜子”，她介绍说，与工厂生产的图案简单的机器袜子相比，“野外生长”的袜子都是有灵性的，各种图案匹配着你的性情：在野外，你休息的时候，如果把赤脚伸出去，就会有匹配你的袜子跑过来套上你的脚……

我们听了哈哈大笑，村民听了也许就会说“神经病”了。但这并不妨碍他们的和谐相处：她给老人小孩拍照，后期修图再搞个小表情，她每天在朋友圈和视频里发碧山村的耕种、山溪、白鹭，闲下来做点小手工，她掩埋路上被车碾死也有可能是被狗咬死的黄鼠狼……乡下给她古灵精怪又可以养活自己的想法安了家。

沿着蜿蜒的巷道再往前，是被称为“中国最美乡村书店”的碧山书局。这里曾是村里的汪氏祠堂，后被村民用来仓储和置放牲口。2013 年，南京先锋书店的钱小华来到这里开了第八家店。呼应左靖的碧山共同体，除了书店，他更把这里当作能为碧山村的公共空间和生活重建做出贡献的场所。

这是一家独一无二的书店。在百年历史的白墙灰瓦、传统徽派天井间逛着，仿佛时空漫步。从村里请来看店的大叔，带着不声不响的农民的表情，坐在梁漱溟画像下，也有着同样的油画般的倔强和尊严。

碧山书局

书局是轻松、开放的，没有文物保护式的“禁止触摸”，也没有生意人式的用猎奇盈利，哪都可以看一看、摸一摸。为鼓励人们坐下看书，四处都有沙发和座椅。最妙的是在咯吱咯吱的阁楼上阅读，选两本城市早已不卖的旧书，也可以点一杯茶或咖啡，读累了，抬头望一眼村前的白塔和远山，便是一种新旧交融的、活生生的乡村生活艺术。

出书店，再行不远，则是著名的“碧山工销社”。2015 年，左靖与友人合作，租下村里早已废弃的供销社和残破院子，并将其改造成具备研学、工坊、展览和销售功能的新“工销社”。工销社甄选、销售、推广、发展本地制作且无公害的产品，村民自己做的农产品和手工艺品也可以放在这里售卖。左靖还改造了后院里的破损戏台，不时请来乡间戏班为游客和村民表演。

以碧山工销社为核心，左靖通过研究、展览、出版等多种方式，搭建起让人们了解碧山村、黟县及徽州地区丰富的民间工艺、文化资源的平台。而左靖也从一个热爱乡村的城市知识分子，蜕变为他梦想中的“乡村工作者”。

碧山之趣，还有许多，譬如用猪栏改造成的猪栏酒吧，等待着人们去发掘的破落老宅，巷子里各种土生土长的民宿，等等。今天，即便整体的碧山计划早已叫停，即便面临上上下下的诸多阻力，即便工销社始终难以盈利，这些民间自发的、化整为零的“碧山共同体”计划依然在实践。

当然，村里也有许多新建的钢筋混凝土农民房，农民有权追求自认为舒服的居住方式，倒也并不突兀。又好在村民日益认识到自己文化的意义，或者将老房子出租也是不错，这些新房总体数量可控。

事实上，在中国的广袤乡村，如果没有地方政府的支持、投入，要做一个“大计划”并不现实，许许多多“乡村工作者”蚂蚁搬家式的乡建行动，才造就了今天碧山村不靠不要、云淡风轻的自然发展路径。

相比那些被围起来收门票、被旅游大潮消灭灵魂的古村，相比被村民自我放弃而大拆大建的“美丽乡村”，碧山之美，便在于并没有市场化的讨好，没有商业化的急功近利。游客与村民之间令人舒服的不咸不淡，以及慢慢建立起的乡土自信、乡村共同体……一切在自然而然地缓慢变化着。碧山的命运，始终在自己手中。

事实证明，真正懂乡村、爱乡村的，往往是一些有过乡村生活背景的城市知识分子和觉醒了的本土村民，他们结合起来，应该而且有能力成为乡建的核心力量。如碧山村，少一些资本的暴戾，少一些官僚主义、形式主义的干预，尊重他们，即便没有大量政府投入，即便没有大量投资带动 GDP，从文化、艺术乡建切入，进而有序带动本土文化重建和商业发展，也可以诞生真正美好、共同发展的美丽乡村。

三、吾乡

山中问答

——李白

问余何意栖碧山

笑而不答心自闲
桃花流水窅然去
别有天地非人间

题在碧山村口的这“笑而不答”“桃花流水”“别有天地”，何尝不是中国人祖祖辈辈血液里一脉相承的乡愁。

只是我们大多数人的乡愁，或像磨盘岭下我的小小故园，因为缺乏市场价值变得空空荡荡、得过且过，或像西递村、宏村，在市场大潮中实现了“价值”却又失了自己的魂魄。市场，已然成为经济发展的唯一价值准绳。

无独有偶，2020 年我曾看过浙江卫视一期真人秀节目，主持人带着博物院院长、明星、文化人参观某古村。在参观一座古宅的过程中，主持人带着众人展开即兴辩论——“旅游是否是保护传统古村的最佳办法”。

不出预料，大多数人都坐到支持的一方，他们摆出不少市场经济规律和事实证明，而院长作为少数坐在对面。最后，或出于对院长、对文化人的尊重，宣布打平，但反方的辩驳确实苍白无力。这也验证了左靖这样的“乡愁守护者”，以及依托文化和艺术发展起来的碧山村们的孤独。

事实上，反方并不难辩驳。

一者，旅游其实是古村文化价值的一种商业变现手法。商业自然不坏，但是否只有由旅游、商业主导才能保护古村和传统文化？

当然不是。政府的传统村落和文物保护、以冯骥才推动的民间传统村落保护计划等都是好办法，而且更专业；碧山式的“文化 + 艺术乡建”也是，而且更有“共同体”的意味；河南修武县大南坡村、成都蒲江县明月村的文化自觉与重塑，箭塔村社区营造中心、理事会式的村民自我组织，都是对传统村落保护更可持续、更可靠的好方法。

二者，除了上述许多非商业主导的乡建案例，我们还可以举出许多因过度开发商业、旅游而破坏古村及其传统文化的反面案例。即便破坏不多，但跟随市场，就着商业谈商业，往往还陷入低层次竞争。譬如千篇一律的旅游纪念品、似曾相识的当地传说、一个模子刻出来的仿古建筑。去这些古村，你会关心它们的文化和传统吗？而一旦它们逐渐被商业同化，失掉自己的独特性，就将面临被市场竞争抛弃的境遇，此时，这些古村和传统文化再想回过头去保护、再面市，这回头草，恐怕就不好吃了。

三者，市场和商业背后的逻辑是优胜劣汰、资源不断向胜利者汇聚的马太效应。商业主导下，人们只见少数“胜利者”，不见更多需要保护的“失落者”，对旅游村之外的更多古村来说，这到底是保护还是摧毁？譬如彼此相隔不过数公里的碧山村、西递村、宏村，能说市场追捧下的西递村、宏村就是“优”，波澜不惊、笑而不答的碧山村就是“劣”吗？

我们不应当只关注“市场价值”。当市场已然成为当代社会衡量一切最重要甚至是唯一的价值标准，多数人便已命中注定，将在时代的浪潮中，渐渐丢掉故乡、失魂落魄。于乡村如此，于城市如此，于我们每个人，又何尝不是如此。

“此心安处是吾乡”，然则，此心如何安放，何处才是吾乡？

22

乡野无声

一、晚风

2022 年 8 月初，我把两岁半的女儿送回乡下老家，我想让她过一个草木葳蕤、像村里其他“野孩子”一样嬉戏、在田野里自由奔跑的半个夏天。

虽然她离开了父母和熟悉的环境，前些天睡前都要哭喊一阵“回家”，但不久就快乐地把家忘记了：她喜欢和满地跑的小鸡小鸭、我奶奶养的小兔子玩；她喜欢跟着村里的孩子到处野，哪怕晒得黑不溜秋；她喜欢坐着我母亲的电瓶车到处走亲戚，在广袤的乡下，吹着我曾经吹过的那些晚风。

我多想和她一起成为个孩子，在那自由自在的乡下晃荡，像一个领头的小伙伴那样，牵着她的手，带她去我儿时爬过的山、乘过凉的山洞、游过泳的水库、抓过鱼的河沟……当然，这些浪漫只属于孩子，大人的主要任务，还是去面对那些沉默而沉重的现实。

二、父亲的纠结

父亲有一段时间在县剧团干得不太开心。

2022年年初，他在一些老朋友的邀请下加入了剧团，主要工作是为团里十来个人做顿午饭，演出时做一点场工，偶尔需要时上台客个串。这份工作颇为轻松，周末有双休，没有演出时通常下午三点就能到家，节假日福利也和正式员工一样。所以，虽然月工资只有2000块，但他很满意。村民也颇为羡慕，尤其是在这两年乡村经济一片萧条的情况下。

前文陆续讲过，父亲年轻时就是地方剧团的角儿，可惜20世纪80年代剧团解散了。2010年左右，他还和一帮当年的老同事、老伙计复办过采茶戏团，一度颇为风光，在县里演出还引起轰动，令我感叹看到了乡村文化振兴的曙光。可惜文化终究不是个能创收的玩意儿，起初县里答应的支持（补贴、指标戏）一点没兑现，光靠年底酒席、春节期间的生意，根本撑不下去。坚持不了三四年，像这些年许多偶像团体一样，复出没几年就散了伙。如今能够重操旧业，还能发点稳定工资，他的激动简直溢于言表。

只是团里最近不太排戏，排了的新戏也不让演，也极少再下乡演出，他十分颓唐，问为何会这样。

2022年上半年，团里还结合传统戏曲与现代市场需求积极排戏，大力创新，其中就排了不少反腐主题、现代生活的创新戏，结果一上演，就被一些人挑毛病，并不断反馈上去。文化局、团长发挥“领导思维”，怕出事，认为多一事不如少一事，干脆不让演，也不再批新戏。团里几个年轻人干脆上网搜一些节目排着，偶尔去外面“走穴”去了。

同时，随着疫情反复，各种演出、下乡越来越少，出去又怕人告状，干脆能少演就少演。还是团长想得开：这情势有啥想头，大家还是吃好喝好吧。团里其他领导也没了心气，渐渐把团里的食堂变成请客吃饭的饭馆。结果，父亲想搞的戏剧，尤其是传统戏剧没了空间，渐渐变成一个拿 2000 块钱工资的厨子。

父亲纠结了很久，终于还是没有去闹。在严峻的乡村经济形势面前，他选择了低头。

三、生计

父亲作为一个 61 岁的乡下中老年人，再怎么着，还有一份旱涝保收、还算体面的工作。我的许多叔伯，早已被时代淘汰。

我的邻居是我小学时的语文老师，曾是地方受人尊重的职业，可惜迟迟无法转为公办，后面失了业，一样跟着大家出去打工。这些年年纪渐大，本已是半退休的状态，却因为儿子离了婚，只好再次扛起生活重担，包括养育三个孙子孙女。每天一早，他就骑着电瓶车去附近的电瓶厂上班，然后摸黑才回，一个月只休两天。

他所在的那个工厂，我父亲经他介绍也去干过几个月，主要是穿着胶鞋，全身包裹得严严实实，搬来浓硫酸，按比例稀释、搅拌。冬天还好，一到夏天，厂子里的空调就不够用了，加之浓烈的气味，简直要出人命。另外，还要小心不要被浓硫酸溅到，否则……大家也能想象。

这样的工作，我这位 60 多岁的老师已经干了好几年。这份工作，月收入能达到 4000 元，对乡下 55 岁以上的中老年群体来说，已算绝对的高薪，所以他还在坚持，拼着老命地坚持。

或言，换份工作？要拿这样的高薪，留给他们的选择，也只有金属制品厂、化工厂、瓷板厂之类的重体力活了，境遇都差不多。所以，家庭压力相对小一点的，宁愿选择在家扎彩灯、做夹子（发夹、衣服夹子）之类——这些活属于原始的“来料加工”，有人把材料拉来，分到各家，做好了他们再开车拉走。其中，视力还行的，就做彩灯，手快的话，一天有个五六十元，眼神差点的，就做夹子，一天二三十元。夫妻两人干，一个月一两千、两三千，基本生活还是有着落的。

近两年最难过的是夹在上述两者之间的村民。他们原本有一个中间路线，就是去建筑、修路的工地上打零工，或者去搞装修，不同工种、季节（如炎热的夏季），一天一般能有个 80~150 元的收入（泥瓦之类的技术工种除外）。奈何这两年房地产、政府财政大收缩，这些活骤然变少。他们既不愿去腐蚀型工厂“卖命”，也看不上扎彩灯、做夹子，只好三天打鱼两天晒网地混着生活。

青壮年稍微好点，一般能在鞋厂、服装厂之类的厂子，找一份三四千元的工作。好的一面在于，十多年来，大量这样的工厂从沿海搬到内地，工作还算好找；坏的一面在于，一个月只休两天，工作环境不甚理想——几年前，我的母亲也在这样一家鞋厂工作过，我去看过她，光是那刺鼻的糨糊味就让我立马跑了出来。上升的希望也极为有限，比如要拿 4000 以上的工资，就得混上个小领导。

在这广袤的乡下，想要高收入，出路并不多。以前倒是有收入能轻松上万元的活儿，那就是开大货车。开车有两种，一种是自己买车自己开，好的时候月入两三万元都有可能。只是细算之下，还掉月供（车贷）、付掉工资（一般两人轮流开，必须招一个司机），算上工作时长，相当于重投资、高风险、重体力（熬夜，疲劳驾驶）、中等回报，也就比进厂打工好一点。还有一种就是给别人开，基本能保障月收入过万元。

只是，在乡下人看来，这也是一个“拿命换钱”的职业。想要赚点钱，按常规逻辑、政府规定很难实现，往往只能铤而走险，如超载、开夜车（赶时间）或想着法儿躲避交警，结果又导致大量事故，而且一出事往往车毁人亡！光我身边，我一个小舅、一个远房表舅、一个邻居（刚复员回家的年轻人）、我妹妹一个闺蜜的老公……就都是开车出车祸去世的。以至于我们邻市——著名的物流之乡，随着物流产业的壮大，出现大片大片的寡妇村、寡妇乡。

高风险如果有个高回报，自然有它发展的基础。但在近年经济形势冲击之下，物流货运，尤其是中小企业、个体司机已一片哀号。

其一，房地产、基建等方面的投资大收缩，业务来源大缩减。

其二，互联网货运平台成为货运发展的“亮点”，并快速增长。在互联网时代，这些平台已成为中小企业、个体司机绕不过去的平台。但它们有利有弊，客观上，它们提升了物流运输的透明度、运转效率，总体是积极的，但对中小企业和个体司机来说，它们无可避免地抢夺了司机的利润和议价空间，使得他们从相对独立的个体户、小老板，退化为平台的“打工者”。

其三，中国制造能力太突出，融资租赁、物流供应链金融也发展太快，随着供给过剩、购车门槛越来越低，货车保有量迅速飙升，导致供过于求。赚钱本来就越来越难，同时，上游货主结算周期越来越长，而高企的油价、高额的过路费、购车月供、保险，则是一个都不能拖欠、必须实时支付的，多重压力下，货运已逐渐沦为一个纯粹的底层行业。

其四，全球疫情和国际形势对行业的冲击是巨大的。一者社会流动减速，货源大量减少；二者油价大幅走高，利润被大量吞噬。

综上，2021 年—2022 年，大量中小物流货运企业倒闭，大量个体司机忍痛将车转让，行业一片萧条。我们村的一位族兄，就完全是一副“两天打鱼三天晒网”的节奏，偶尔哪天不见他，大家都要为他高兴——友根终于出车去了。

数据显示，截至 2021 年 9 月，全国载货汽车保有量达 3242 万辆。也就是说，中国有 3000 万~5000 万货运司机（长途货车一般会配两名司机），这些司机基本都成家立业（要不是家庭压力，谁愿意这么拼），按一户 3.5 人算（农村家庭人口较多），那么，这个行业就养活了 1 亿~1.75 亿人！

这不是国计民生行业的话，还有谁是？

近年来，互联网外卖、快递平台对从业者的保障已经引起社会各界重视，但互联网货运平台由于不直接与消费者发生关联而不受关注。同时，它们与司机的关系完全是合作关系，平台在获取利润的同时，基本是一个中介角色，所以基本无须承担风险和责任，所以一面是它们实现大发展，从而成为行业亮点；另一面是它们对货运司机的权责、利益分配存在不少不合理之处。因此，在互联网货运平台扩张的过程中，理应进行监督、引导，防止它们走向垄断、攫取过高利润、损害亿万司机家庭的权益。

尽管经济规律终究会促使这个行业走向大量出清、供求平衡，集中度也将进一步提升，但短期内，要保护就业、保障国计民生，以及为广大乡村留一个相对高收入机会的话，还是要保护好这个行业——在为前些年疯狂的大地产、大基建“还债”的过程中，在追求市场效率的过程中，不能将责任都推给市场，不要让板子都打到司机、农民身上。应当在发展互联网货运平台、汽车金融、物流供应链的同时，尽量维护好公平、保障好民生，更不要轻易去摧毁广袤乡村追求美好生活的、所剩不多的希望。

我们要谈市场发展，也要强调社会发展，那么如何定义发展？譬如“帕累托最优”，说的是在没有使其他人情况变坏的基础上，哪怕使一个人变好了，就是社会进步。但当发展是建立在使许多人不好的基础上，那么这个“发展”就要引起注意，应当引入市场之外力量的协调。我们不能在该追求效率的时候谈公平，而在该谈公平的时候把责任推给市场规律后光去谈效率！

四、本分

也许有人会问：“你们是农民啊，为什么不去种田种地？种田种地不就是你们的工作吗？”

此问就有点“何不食肉糜”的意味了。原因很简单，数据显示，2022 年稻谷最低收购价大概在每公斤 2.48~2.62 元，即每斤 1.24~1.31 元，按亩产 1000 斤、南方两季收割算，那么每亩年产值就是 2480~2620 元。我们村人均不过两亩地，按一家四口算，那么全家年收入就是 19 840~20 960 元，刨除日益升高的种子、化肥、机械、灌水等成本，利润大概在每亩 300~500 元，即全家全年利润在 2400~4000 元，请注意，这还是在没算人工的前提下。显然，农村家庭靠种田种粮，在现代社会压根没法生存。

所以，种地只能趋向集中，大家将每亩300~500元的利润以地租的形式转让给别人，这样，一户种植户就可以通过规模效应将人工摊平（相当于打工收入，好处是自己做“老板”），同时以一季的租金获取两季收成（或一季早稻＋半季再生稻），再加上一些政府补贴，这样，种田种粮才能符合市场逻辑。

因为种田种粮越来越难，许多承包户、种植户都不干了，导致租金一降再降，从几年前的每年四五百元一亩，到如今的两三百元一亩。就这样，2022年还差点没人承包，到春播前才由一户叫才妹的老实巴交的族亲承包了去。

说到政府补贴，也不是一件轻松事。近年地方政府财政紧张，补贴并非那么容易到手，而且“补贴”很内行，哪年种哪种作物有补贴、种哪种作物补贴多一点，“上面”没有人点拨、没有人帮助，补贴也就没那么容易拿到。

这时候，种植户只有去闹。闹也不是没有用，但由于势单力孤、没有集体背书，而且“上面”没有人的话，往往就是闹就给一点，久而久之，闹来闹去、跑来跑去并不划算，干脆也懒得再吵，大不了明年不种了，如此，进一步挫伤了种植户的积极性。所以直到开种前，村里耕地的承包才“轮到”才妹一家。

农忙

人们不光忘了如何种田、种粮，甚至也忘了如何种地、种菜。今天，农村人户户买米，家家买菜、买瓜吃已成了共同的市场现实。在城里人向往着去乡下喂马劈柴种菜的时代，乡下人却大量抛荒不愿去种。为何？

一面是空心化的村庄，人少空地多，一面是生态环境越来越好，又禁止猎杀野生动物，以至于我们以前的土地，一再退还给自然。

在我们村那一带，野猪越来越多，野兔子、田鼠更是泛滥成灾，刚种下去没多久，或者眼看着就要收获了，就被小动物刨了去。种两垄它们不吃的辣椒或许还能有点收获，种点西瓜、玉米、花生、豌豆、豆角之类，基本上能被它们祸害掉一大半。长此以往，种地越来越不划算，导致种地人越来越少。此时，原本分散祸害的小动物再集中到一两家，更导致种地人最后的难堪。其结果是，土地进一步“退耕还林”，人的空间越来越小，人们就只在房前屋后看得见的地方辟一点地，而动物的空间越来越大。如此恶性循环，土地抛荒愈演愈烈，农民基本不碰农业！

但把农业的根都丢了，靠进厂、去工地打工就是出路？

所以，像家乡那样的许多乡村，农民陷入两难的境地。退饿不死，进没有希望，大家干脆宅在家扎扎彩灯、做做发夹，每月有个一两千元的吃饭钱就够了，平时再打打麻将、打打扑克牌，日子照样飞快。毕竟，又还有什么出路呢？再挣扎、再“卖命”，收入涨个一倍到两三千元，又有什么本质差别呢？

既如此，农民何时能成为有前途的职业？农业如何能成为有前途的行业？

很多时候，“有前途”还不如“上面有人”实在。在中国乡村，“上面”有没有人，往往是一方经济的重要决定力量。譬如，本县2022年种芋头补贴就多一点，但这事，“上面”没人通消息，谁知道？待知道了，再种也就来不及了。另一个例子，由于“上面”相关系统有人，本乡及邻近两三个乡争取到一些种烟叶的指标，收益较高、补贴也不错，这个“上面的人”的关照就被农民奉为佳话。

更有甚者，邻县某地由于地处山区，生态良好，村村都是大树、古树名木，却得依靠扶贫。其中，某村因为“上面点拨”，年年砍树再栽树，并且栽的是政策导向的树，这样，村里既能通过卖树赚钱，又能通过种树获得补贴，还年年评优，倒成了“脱贫”的好路子、生态振兴的好典型……类似的例子，在广袤的乡土上不断“合情合理”地发生着。

五、沉默

家乡小村，作为一个离城市（县城）不远也不近，不穷也不富，条件不好也不坏的平常乡村，无疑是中国多数乡村的代表。这次回去，一眼望去，村庄经济一片萧条，未来缺乏想象，人们日益沉默无声。

何止乡下，县城也一片沉默。一个事实是县城靠乡下养着，这些年刚进城的“新城市人”，很多都靠乡下庞大的家族、“六个钱袋”撑着面子。譬如我的一位表妹夫，进了县交警队做协警，月工资不过1000多元，在房价动辄六七千元、基础消费与大城市相差无几的小县城，他如何能撑起一家人的生活？交警队又靠什么招揽这些年轻的“人才”？

当今天中国那些激动人心的事情，比如新能源、“中国制造2025”等，与家乡这样的小村日益无关；当那些舆论的流量日益忽视这些沉默的群体，乃至“内卷”“躺平”“小镇做题家”这样的社会反思都懒得再往下看看这些人的生存状况时，这个社会的喧嚣、各种利益的争吵和许多自以为是的“专家”，在这广袤的沉默面前，就多少有些无知和站着说话不腰疼了。

好在，一如我熟悉的乡下晚风，父亲、我的小学老师、开货车的友根、包地的才妹，他们都沉默地接受了所有既成事实，也都想开了：反正买一包米能吃几个月，反正再怎么着也能活下去，反正也没有更好的办法……

当然，也有好的一面，比如以往严峻的乡村赌博现象如今已大为收敛。毕竟，大家手上真的都没钱了。

23

东北民谣

一、乡愁

飞机降落在哈尔滨太平国际机场。下机后看到一排更衣室，远道而来的旅客纷纷冲进去，换上秋衣秋裤。出了机场，一个从广东来穿短袖的旅客，喊了一句“丢”，快速冲进网约车，驶进黑咕隆咚的夜色。

十几年来，我去过的许多大城市机场，早已跟市区连成一片。比如有的通了地铁，有的在开车进市区时可见连续不断的建筑，万家灯火一路相随。但哈尔滨太平国际机场不通地铁，依然被农村包围，在进城的路上，经历了好一阵子的黑灯瞎火。借着偶尔的路灯望去，能看见马迭尔冰棍、一些本地白酒、各县的大米大豆之类的机场高速路广告牌。

清冷的空气中，这种情景让人觉得有些陌生又熟悉。

熟悉的，比如房价。问起司机，市中心房价在 1 万~1.5 万元区间，最高不到 2 万元，八年前回哈尔滨，当时就是这个价格。司机解释说，本地人都有房，有钱的跑海南、广东、广西去了，盖的房子没人买，大家也不关心房价。

我在中央大街下车，预订的是一家中档宾馆的家庭房，节假日只需要一天两百元出头。第二天的中央大街，人流也不大。人们沿街走到松花江畔，坐在大堤上，望着大河静静流淌，江鸥翻飞，倒是悠闲，与到处被游客挤爆的新闻大相径庭。闹哄哄的假期，似乎只有东北比较冷清。

再搭火车沿江而下，广袤大地上，春耕还没有开始。土地刚刚平整完，翻出的土壤黑油油地连到天边。环绕着村庄的杨树刚刚吐绿，映着红色或蓝色的农家屋顶，犹如一幅安静又浓烈的油画，让久居大城市的人胸怀开阔，精神一振。

到家后，老丈人端出饺子、锅包肉、酸菜粉条、豆角焖肉，还有刚从地里挖的婆婆丁（蒲公英）。刚从屋脚拔的小葱，蘸上黄豆酱，一口咬下去，脆嫩、辛爽，足以解一路风尘。

后面几天，几个舅舅、姨姨、姑姑每家轮流请客聚餐。镇上、县城饭馆里的盘子巨大无比，菜量扎实，几乎每个菜的分量都有上海的五六盘之多。尤其凉拌菜，堆成珠峰似的，约莫有南方大城市的十盘之多。

三年疫情期间，哈尔滨乃至黑龙江几乎都是每一轮疫情的中高风险区，亲戚们也聚得少。一连几日，大家聚在一起吃饭喝酒、烧烤唠嗑、开着玩笑，其乐融融。

透窗望出去，丁香、樱花、杏花怒放。春天虽晚，但终究还是热热闹闹地来了。开阔、丰盛、豁达、浓烈，又有些孤寂。这，便是东北。

二、命运

前同事J君，曾是哈尔滨某出版集团的科级干部，在东北人看来，他的工作绝对是一份好工作。2017年，他却选择辞去公职，带着妻儿、父母，义无反顾地来到上海找工作、重新开始生活。

我问原因，他讲了自己的故事。

在东北，找工作部分要靠亲戚。J君周边的同龄人，早早被父母安排读医科类的大学、专业，毕业后也多进了卫生系统。他的父母也在卫生系统工作，但只是普通职员，自己又不想学医，便选择了新闻专业。2009年，他毕业的时候，中国的互联网大潮已经汹涌，东北却波澜不惊，新闻专业毕业的他们，几乎只有黑龙江、哈尔滨的广电、报业，以及东北网五个单位可选。

他先后进了市级报业、广电集团做记者。日子闲散，每天下午两三点，同事们陆陆续续下班接孩子去了。他没有孩子，多上一会儿班，算下来，每天上班时间也只有4个小时。

作为新人，他一直被“欺负”。“我后面才渐渐知道，进了电梯，里面十个人，可能九个人都是亲戚，只有我一个是外人”，以至于去办公室给部门领办公用品，也经常被办公室主任找各种由头发牢骚。

他不想过这种生活，2015年进了省出版集团旗下的一家数字出版单位，自己对应的级别是科级干部，还负责两个千万级别国家级项目的执行管理。但是，“那两年，我学到的东西只有一个，那就是见什么样的人说什么样的话”，这也是领导对他最主要的教导。

日子同样闲散，工资涨到6000多元，在传媒业朋友的失业潮中，他的优势还挺明显。直到孩子的出生，他的想法改变了。

首先是钱不够花，职级、关系还不够，想要赚更多的钱是不可能的事情；然后是他骨子里其实有点反感这种“体制生活”。自己还能相对“舒适”地忍受，但孩子怎么办？再回过头去看，他才看清八年来的工作和生活，“感觉像在山里一样”。

不出去还好，一旦跳出去看“山里”的生活，顿觉感伤。一想到孩子的命运，也要像自己这一代人一样被“体制化”，他就恐慌起来。

思索了很久，跟双方父母沟通多次，2017年，他终于痛下决心离职，带着全家来到上海。他从普通白领开始，做到现在某光伏企业的总经办主任，只是一直没有买房。“就算卖哈尔滨的两套房子，也还是买不起上海的房子”，算下来租房也划算，就一直租着。

现在这份工作，每天上班单程通勤60公里，早上五点多就得开车出发。不过，他并不觉得多累，“因为我终于知道自己在干吗了，每一天都能学到新东西，下一代也更有希望。离开那个舒适圈，我挺开心”。

说起乡愁，主要是想念亲人、东北的一些饮食。“对了，还有人与人相处的方式。东北人谈的更多的是感情而不是利益，同事之间相处简单、互相信任，很容易处成哥们儿。在南方，不可能。”他说。

有人往南方，有人回家乡。妻子的姑姑，前年则选择从上海回东北。

2017年，他们老两口在亲戚带动下来到上海打工，在亲戚负责的一个快递分拣站做分拣员。老两口工资加起来有一万元左右，在郊区租房子，控制一下生活成本，每个月能攒下大几千元，对此，他们感到很满意。

第二年，他们又把女儿接过来一起工作。原想一家人在上海工作几年，攒点钱再回乡，不曾想，快递站生意萎缩，亲戚也失了势，他们的收入缩水。更要命的是，女儿一到上海就水土不服，生了一场重病，不但没有赚到钱，反而花了一笔钱。刚出生

哈尔滨城外，
“我的家，就在松花江上”

不久的小外孙，也同样有点水土不服。

一方水土养一方人，加上现实压力，他们只好陆续搬回东北。

他们一家子在县城定居。姑姑照看孩子，姑父木工出身，人本分，找了份仓库管理的工作，深受老板信任，月收入4000多元；女儿找了份工作，女婿开货车，收入都还可以。而当地的房价只需要三四千元，生活压力并不大。假期去看望他们，他们犹如一窝青蛙终于从大海游回自己的池塘，舒服得不得了。

不过是一场生活，不过是一场命运，本质上，这些还是由环境决定的。想明白了自己要什么、适合什么，再选择好自己想要的环境和命运，即是幸，即是福。

好像很少有哪里的人比东北人更明白这一点。只是放眼望去，全国人民都在追求“更快更高更强更富有”，倒显得东北人有些另类了。

三、活法

一只鸟飞过东北的天空，也会变得幽默。东北人的幽默，来自他们的真实、通透和豁达，凝聚着丰富的民间智慧。

据说东北乡下有“四美”：穿大鞋、放响屁、坐牛车、上老丈人家去。乍听粗俗又不明所以，但细细思量，便会会心一笑。

人们常为了形象、他人眼光削足适履，忘了最舒服的状态不过是“自己舒坦”。生活中，最美的享受，何尝不是趿着拖鞋、四处溜达。

当众放响屁，当然更不好意思。实则，响屁一代表气顺，不压抑；二当众放出来，代表无所忌惮，身心畅快。生活中一大乐事，也莫过于家人、好友坐在一起，当众放响屁，再相视哈哈大笑。

“匆匆忙忙，碎银几两”，旧时能坐牛车，一表示家境还不错，二表示没什么琐碎事，不用急不用慌，优哉游哉。现今，人们把车越开越快、越开越高端，又有多少人能享这“牛车”之福。

上老丈人家去，更无须说，“姑爷进门，小鸡儿没魂”，好吃好喝招待。上老丈人家，一可享受自个儿家都没有的VIP待遇，二代表家庭关系和睦，有资格享受。

这趟回东北，对这句东北俏皮话，我算是深度感受了一回。

东北人的活法，也就这般实在且洒脱。按说东北气候寒冷，经济不景气，人口流出，尤其冬天零下二三十度，活都没法儿干，那为何还不走，反而乡愁最烈？他们心中自有明白的答案。

送我们到高铁站的司机，老家在山东菏泽，20世纪80年代随家人来到东北讨生活，从此他乡作家乡。我问他：“按理山东现在发展得比东北好，你为什么不搬回去？”

他给我算了一笔账。山东老家亲友，多进城或在县域工业园上班，月工资3000元左右，每周或每两周休一天（看企业正规程度）。算下来，累死累活，平均一天能赚100元。

在东北，哪怕平常打点零工，一天也有150~180元。各种种养大户、农业企业、林场、建筑工地、政府以工代赈等，用工量比较充足，只要肯干，不愁没活干。

到每年几个月农忙季，就更不愁了，即便卷苗、插秧盘、补苗这类的普通农活，也有一天五六百元，如果还能操作农业机械，可以到七八百元。算下来，辛苦干上两三个月，就相当于进厂打工一年。

一面打着工，另一面还可以把地租给种植大户做“地主”。这几年粮价不错，本地（七台河市勃利县）一垧地（15亩）可租到16 000元，合1066元一亩，是南方我老家土地租金的5倍。他们村土地不算多，一般每家也有两垧地。

从土地上获得的租金和务工收入就已经比较可观且稳定了，剩下的半年冬天，猫着又有什么关系呢？

不想给别人打零工，也有不少选择：养一两百头猪或羊，搞点大棚种植，说不上大户，但也足以谋生；收粮、贩粮，土法酿酒，农产品粗加工，农机销售维护，等等，也都是活计。

山区农民，也同样可以活出自己的花样。种植林下作物，农忙季下山打工，春天采蘑菇、挖蕨菜，秋天打松子，一天能赚三四百元，比农户更自在，更犯不着背井离乡出去打工、被人管。

相比南方农民要么出去打工，要么做点小生意，东北农民活法丰富，而且性价比更高，更得实惠。宅在老家，也没什么不好。

真要出去打工，首选也是日韩。又有一次乘坐出租车，司机是“80后”，年轻时通过劳务派遣到韩国首尔和日本千叶县做后厨工作，月收入合人民币七八千元。当地混得久了，还可以“逃出去”，自己出去找工作，收入有2万~3万元，“只要不被抓，就可以一直打工”。

几年前，他被当地劳务部门抓到，遣返回乡，就没办法再办签证了。他在县城买了房、买了辆出租车，月收入五六千元，日子还不错。而他的妻子还在韩国，打着高收入的“黑工”，每个月有2万多元的收入。

“算来，我老婆已经6年没回国了，我们也分居了6年。儿子现在读高中了，也有6年没见着他妈了。”他透过车窗，望了一眼南方，叹了一口气。

四、文明

尽管东北看上去并不繁华，但我欣喜于它的平静和多元。

多年来，在我们所生活的南方乃至大部分的中国，曾经的多元化文明已逐渐被城市化、工业化“大一统”，人们的选择不外乎两种：要么拼一把做老板，要么老老实实给老板打工。东北的城市化、工业化，远不如沿海和中部省份，但它的农村，却比这些地区的农村要“繁荣”些。

东北以外，各省农村普遍空心化，空留老幼、鸡犬；人口集中到城市，集镇萎缩，丧失了“村头城尾”的衔接力。因此，城—镇—乡村“几线”的划分十分清晰，各线之间，往往形同两个世界，隔阂日深。

东北虽然也是这个趋势，但要好得多。

21世纪之前，东北堪称中国乡村建设的典范。改革开放前，北方很多地方的人吃不饱饭，流行到东北讨生活，我老丈人家就是从苏北宿迁搬过去的；东北地大物博、相对富裕自不必说，农村也很聚集，一个聚落就是一个行政村（而非自然村），有大几百、数千人规模；村庄也很早就形成规整的街区形态，以至于农村人互相串门，都说家住哪条街。

聚集形成规模效应，村庄规划、建设就有优势。东北农村很早就村村路面硬化、通公交、栽路灯、修村民健身广场了，现在团购、快递都可以直接进村；规模带来分工，“一产”有种粮大户、养殖大户、大棚种植大户，以及相关商贸企业；“二产”有烧酒坊、粮食加工企业、机械设备销售与维护企业；“三产”有打车司机、拖拉机司机，村民也可以打打零工，等等。农村还保留一个相对完整的生产生活形态。

东北城乡界限也没有那么泾渭分明。一般中小城市甚至是大城市郊区，都与农村融为一体，没有分别。如此，也就没有南方地区一向存在的“城里人—街上人—乡下人”的划分法和鄙视链；乡镇也更为完整，人口多，产业更完整，围绕农业的种子化肥、农机农具、农产品、农副产品等行业较为兴旺……

因此，东北农村、集镇还有相当体量的青壮年劳动力，他们的出路更多元，农民进城意愿也没有那么强烈。农民不愿进城，富裕家庭又外流，城市发展就缓慢，房价“鹤岗化”。反过来，城市熄火，发展动力不足，又拖累了经济发展。

大量东北地区，便依然处于一种农业文明的状态：相对落后、封闭、重人情，但自足、不慌不忙、平稳、多元；而且，它本身就是“中国粮仓”“端好饭碗”的鲜明定位——虽然数字、界面、政绩并不好看，但它有着丰富的“里子”和自身发展逻辑，并不需要被别人定义来定义去、评论来评论去。

人们的活法本应多元且自由，人类的文明本该多元且包容。东北，就这么“东北”着、缓慢平稳发展着，未必就不是一种幸与福。

24

城市化不是“历史的终结”

一、“温陆之争”

一直以来，在各种讨论乡村问题的场合，都会听到一个答案——“城市化”。逻辑大同小异，那就是只有加快发展城市化，将农村人口吸引到城市，才能解决乡村振兴的根本问题。

这个逻辑的代表，是陆铭教授的《大国大城》。该书的一大底层逻辑是“集中”，主张用“集中”解决中国的发展和平衡问题。比如，社会发展向大城市集中，资源向大港口 450 公里范围集中；随之，人口自由流动，“人往高处走”，中西部、农村人口向东部沿海、大城市集中；随着人口流动，落后地区、乡村人口越少，人均 GDP 就越高，而发达地区的人均 GDP 下降，就可以实现地区平衡发展乃至共同富裕。

陆铭教授的观点，对普及城市化发展的常识很重要，也是当前社会知识精英群体的主流思想。很多知识分子尤其喜欢拿它来与温铁军教授的“三农”保护观点比较（两位教授本身并没有争论），我在很多场合都听过，耳朵都快磨出茧了，因此觉得有必要在此讨论一下。

本质上，陆铭教授的基点在城市，更强调“城市发展的需求”，而温铁军教授的立场在“三农”，更强调“三农”保护的重要性；一个讲经济常识，效率、集中，一个更偏社会学，讲公平、多元。有趣的是，社会学虽是研究社会的，却向来不受社会关注，拿来跟经济学这门“显学”直接比较，注定要吃亏……大致来说，两者出发点不同，学科不同，舆论环境更不同，被直接拿来比较，并不合理。

通常来说，搞社会学的容易忽视“效率”，搞经济学的往往忽视“公平”，这很正常。但我们面临的社会发展现实是，既要讲效率又要保证公平。两者应当相加、相互融合，而非相互对立、指责，乃至搞“左右之争”。

虽然容易被两边骂，但我还是要说一句，陆铭教授和温铁军教授的观点，大致是乡村振兴和社会发展大课题的两极。他们各有对的地方，也各有失偏颇，我选择“允执厥中”。

陆铭教授的观点，基于经济常识、经济发展趋势，高屋建瓴，代表着精英主义式现代理性价值观。社会发展确实要靠精英引领，但精英本从民众中来，万不可脱离民众这个基石。切忌居高临下，拿理论模型来抱怨现实，而应该多贴近民生民众、社会实际，多搞点现实研究并进行融合改良，最终实现更高层次的社会价值创新，而不是只见“经济”这一种价值，或动辄拿“经济常识”指责他人。

温铁军教授的观点，基于社会稳定发展和农民保护、“去精英化”的态度，具有浓浓的平民主义精神。平民主义虽是中国文化的底色，但有其鲜明的局限性，发展到一定程度，容易走向理想主义和自我封闭，乃至民粹、“革命”，因而需要更开放、更面向解决实际问题一些。

二、常识与成本

以上对陆、温两位教授的简要“归纳”，前者或不必细说，站在理性经济学、经济常识的角度批评温铁军教授的文章是舆论主流。但站在社会学、现实发展角度上来看，后者对“去精英化价值观”的评述，则常见知识分子群体的激烈反对：城市化、市场经济是常识，是理性的逻辑，你凭什么说有问题？

——论述要很长篇幅，有机会再详细探讨。在此简要说几点。

（1）不是只有经济常识是常识，社会常识、文化常识、政治常识等也是常识。

譬如，现实中，中国农民尤其是中老年农民并没有如《大国大城》倡导的那样“集中进城”，相反，很多农民在城市打工，想的还是赚钱回家盖房、买车、过小日子。为什么？

试问城市的高房价答不答应，不堪重负的社保答不答应？而高房价、城市负担过重，正是“集中”的必然结果，这也是常识。一边呼吁农民工进城，提供廉价劳动力、支撑房价和促进城市繁荣，又一边埋怨劳动力（农民工）工资“过快”上涨拖累了中国工业、经济发展的竞争力，提倡保护房价，不给他们涨工资、交社保，不给他们与城里人同等的医疗、教育权利，最后还对他们返乡、对国家搞共同富裕感到不可思议，这就陷入了典型的精英主义式双标思维。

另外，城市不易，而乡村经过多年振兴，生活条件（硬件）好了很多，两相对照，返乡、回流便再正常不过。更何况，几千年来，中国农民“安土重迁”，老家有他们的亲友、邻里、归属感、安全感，乡愁是中国文化的根，这些都是文化常识。

都是常识，何必拿一种常识打压其他常识？又何必拿着西方思想界自己都不断反思的理性主义一元价值观，来一统自身丰富多彩的多元社会架构？

（2）不能只谈“集中”的收益，而不谈成本。

有收益就有成本，这是经济学常识。“集中”同理，有巨大收益，但也有很多成本。

“振兴乡村的根本在城市化”“城市化本质就是农民工进城”，都是“集中”思维的体现。但我们不能只要集中的收益，不管集中的成本。现实中，农民工在自己有价值的时候去城市打工，在缺乏价值的时候返乡“安居＋半乐业”，贡献价值而不拖累城市，就是最好的经济结果。如果城市化，是要把他们强留在城市安家、生活，问题就来了。

年轻大学生还可以透支“六个钱袋”买房，中老年农民工还能透支谁？

买不起房，城市不欢迎，还要硬留在城市，必然导致城中村的出现，而城中村的扩大，必然导致城市治安、教育医疗挤兑和众多管理问题，最终成本还得由全体城市居民承担——光分析西方城市发展的“集中”规律，怎么不去看他们早期“集中”过程中的圈地运动—驱赶农民—农民失地回不了乡村，只能耗在城市贫民窟中的必然现象？怎么不去分析城市，尤其是超大城市集中过程中的社会问题、治理成本问题？

当然，越是精英群体，越能赚取“集中”的收益，而越少承担“集中”的成本。毕竟，专家教授不需要跟年轻人一样早晚高峰挤公交地铁，生病住院有VIP通道，后代子女自不必为学区房担忧。从经济学角度看，收益不一定都有，但成本一定是必然的。那么，这些成本都由谁承担去了？

当下更甚。细想一下，大城市需要的是农民工吗？抱歉，它们更需要的是“人才”、科技、资本。这点温铁军教授的分析一针见血——科技、资本越集中，对“人”的价值就越压制，“人才”与“人”的分化就越厉害。

再往前回溯，其实在十多年前，科技、资本对农民工价值的压制就已开始，农民工收入增长陷入停滞，人们漠不关心。后来这种价值压制逐渐蔓延到自身，直至近年城市中产人士有了切肤之痛，大谈“内卷”“躺平”，才引发社会大讨论。

（3）不能只算经济成本，也要算社会成本。

企业家不应只是生意人，只算投入产出数字，而要算综合账。社会管理者、文化传播者也应如此。

企业家不会允许员工“躺平”，社会管理者也不应放任。因为，“躺平”就是一种巨大的社会成本，这种“成本”积累下去，结果就是步日本的后尘。日、韩够“大国大城”，东京、首尔够集中、够现代化了吧？但它们的“躺平”“丧文化”，直接拖累国家几十年的发展。

这种潜在、巨大的社会成本需要多少代人才能消化？难道这就是我们要的“大国大城”？

可见，一味追求“大国大城”、高喊城市化，难以经受住现实的推敲、人民的质疑。人口增长与资源不足，是全球性问题，在这个城市资源紧张的“内卷”时代，“去城市谈乡村问题、解决乡村问题”，显得过于理论化和理想化。

综上，引领社会发展的精英群体，不能只研究显学，只讲经济常识，而应该多一些社会（整体）主义、平民主义、多元化的视角和立场。

三、城市化不是“历史的终结”

城市化当然是一种科学的社会发展模型。但科学的评判标准，正在于它的可证伪性——科学可以被事实证实是错的，然后在不断的纠错、融合中一点一点往前发展。怎么解释都对的科学，一定是伪科学。

不论从科学还是现实的角度，城市化都只是“过程”，远非终点，我们不应掉入“大国大城”的思维陷阱中。

一个典型的例子，就是20世纪90年代弗朗西斯·福山的“历史终结论”。他断言，冷战的结束标志着共产主义的终结，人类政治历史发展已经到达终点，历史的发展只有一条路，即西方的市场经济和民主政治。然而，这一著名的论断并没能经受住21世纪的现实拷问。

抛开各种复杂理论，逻辑其实很简单：西方市场经济的底层逻辑就是“集中+分工”，一面不断集中，一面不断分工、切割——包括科技，底层逻辑也是切割，例如从分子到原子再到电子、量子。市场越发达，分工、职业化就越精细，对人、对社会的切割就越厉害。最终，个体日益原子化、社会日益分化。

这种不断的切割，经过几百年积累，导致巨大的分化和对立：譬如种族、宗教、阶层、贫富、市场地位、政治、文化等。这些系统矛盾，在经济繁荣的周期还可以被掩盖，近年来随着经济发展的根源——科技（增量）发展的停滞，正在逐渐爆发，对自身、对世界发展的反噬也越来越厉害……这些文明的底层基因，是西方“市场经济+民主政治”的“历史终结论”所无法破解的。

同样，以“集中”为底层逻辑、以“大国大城”为代表的中国城市化理论，也只是社会发展的过程，而非“历史的终结”！当然，我国当前城市化率还不足，依然要继续推进，但这并不代表城市化就是唯一的社会发展路径。

譬如，逆城市化是已经被西方城市发展证明过的趋势。我们能否思考得更长远一点，现在就为将来的适度“分散”做点准备？

城镇化曾是20世纪八九十年代中国城乡发展的主流，进入21世纪后逐渐让位于城市化、房地产化，小城市尤其是小城镇急速衰落。小城市尤其小城镇作为

"乡头城尾"，衔接城乡、促进社会流动的功能弱化，加剧了乡村衰败，拉大了城乡差距，阻碍了内需和内循环流动。为此，2022 年国家提出县域城镇化，就是对唯城市化的修复。

集中带来收益，也蕴含风险。人类的历史，就是一部战争史，没有战争的年份，不足人类历史的 10%。"鸡蛋不能放在一个篮子里"，经济理论如此，社会发展、城市布局也应如此。

如何破解城市"内卷"、中产"躺平"的社会趋势？显然，只谈"集中"的话，这种趋势还会加重。当下很多社会积弊，也正是过去几十年一味强调"集中"所致。有聚有散、促进流动才是健康的循环，所以解决乡村振兴、中国发展问题，应当"城市化 + 县域城镇化 + 乡村振兴"同步推进，绝不能只靠城市化一条腿走路。

四、城市化与乡村化

《大国大城》一书的封面上写着"去往城市，来谈乡愁"，从经济角度分析固然有道理，但从社会文化的角度来看并不正确，因为城市是按照现代西方模式建立起来的，乡愁、传统文明的承载者依然是乡村，两者的语境并不相通。

从人类发展的角度来看，西方大城市的发展，或多或少都伴随着圈地运动、大量农民失地从而回不了乡的事实。但在中国，很长时间内都不会出现这些现象，农民依然具有自由进城和返乡的权利，无须硬套 80%~90% 的西方城市化率目标。而中国发展规律也是世界规律的一部分，无须拿着只包含他人不包含自己的规律来框定自己。

从经济学的角度来看，社会生产力和发展水平才是城市化的基础。我们要看到，差不多的经济发展水平、差不多的国土面积，美国、欧盟都只有 3 亿 ~4 亿人，自然可以把 80%~90% 的人接到城市过"好日子"。但中国同等的经济体量和国土面积（欧盟面积要小一半），要承载逾 14 亿人的"美好生活"，即使把相当于美国、欧盟的 2 倍人口接到城市过"好日子"，也还剩下 6 亿 ~7 亿人进不了城，这是很浅显的事实和道理。

从一些数据中，我们多少能看出一些问题。

第一，2022 年，中国人口 14.12 亿，常住人口城镇化率为 65%，对应的人口为 9.21 亿，已经很“卷”，再不顾国情地一味“集中”，更要“卷”不动。

第二，2021 年，中国户籍人口城镇化率为 46.7%，显然，这个数字更代表城市（镇）的实际承受力（户籍往往与房产、社保、教育、医疗等相通），与常住人口城镇化率相差近 20 个百分点（约 2.8 亿人）。未来的很多年内，把这 20 个百分点的目标补齐，就是现实的城市化努力方向。

第三，按照预测，常住人口城镇化率即便十年后达到 70% 的发达国家水平，那就是有 10 亿城镇居民，但还有 4 亿人进不了城镇。4 亿人，已经是欧盟或美国的几乎全部人口了，这个数字依然巨大。他们的出路和需求，必须被看到！放任不管，最终的成本是会还转移给全社会。

可见，一味强调集中、大国大城式发展，并不符合中国的发展现实，也必将造成过大的“集中”成本。从整体和长远来看，其经济成本和社会成本，必然是全社会难以承受之重！

再从实操来看，“解决乡村问题的根本在城市”，这一看法过于简单化、理论化。城市发展的模式其实并不复杂，以前大体是工业化—规模化—人口聚集—房地产—土地财政，今天则是“升级”，将“工业化”换成“科技 + 资本”，将“人口”换成“人才”。几十年的乡村建设已经表明，套用上述规模化、产业化、标准化之类的城市化路径去做乡村振兴，都将陷入困境。因此有人提出，干脆不管乡村，“专心”搞好城市，乡村自然就会好——历史也表明，这是一厢情愿。

相反，乡建圈有一句话，“乡村的事，还是应该放在乡村讨论”。中国的乡村太多元，用上述城市化一种标准不可能框得住，但并不代表各种乡建者没有办法。“坐在办公室里都是问题，去到一线都是办法”，与其站在旁观者的立场理论化地指导，不如去到乡村，在“三农”的场景里分散找答案。

除了“城市化”这条路径，人类的发展、社会的进化，是否还存在“乡村化”这条路径？

第一个答案，正在于西方历史经验。

1967 年，法国著名社会学家孟德拉斯出版了《农民的终结》一书，作为法国历经 10 个世纪之久的农业文明的一份“死亡证明”。然而，该书于 1984 年再版时，作者吃惊地发现，“我们的社会对农民和乡村的态度突然地转变了：曾经成为过时的遗迹的农民，在年轻人眼里成了智慧和学问的典范。生活在农村（或小城市）成了 3/4 的法国人的期望”。

不同之处在于，他们想回乡而不得，因为城市穷人已回不了乡，“回乡”已成为富人的特权。而中国的农民，依然可以在家乡丰衣足食、颐养天年。

连西方人的心中，也并非只有“城市”这一个“梦想”。何况中国人。

第二个答案，在于价值。

西方现代理性主义思想，长于“事实理性”而短于“价值理性”。前者很简单，你在城市月薪一万元，肯定比在乡下五千元要多，这是“事实理性”。但数字就是全部吗？未必。相反，可能你在乡村赚五千元，更符合“价值理性”。

譬如，城市月薪一万元可能还不够花，你在乡下月薪五千元就可以过得很潇洒，还能存点钱；你在城市身心疲惫，而在乡下日出而作日落而息，劳逸结合，生活更健康；你在城市承受城市病、紧张的生活节奏，而在乡下住自己的院子、吃自己种的菜，没有房贷 / 房租困扰，不用担心食品安全，拥有更高的幸福指数……究竟哪个更值得？各人有自己的“价值理性”判断。

现代经济思想最大的短板，正在于“事实理性”这种价值观过于发达且唯一化，而丰富的“价值理性”被“大一统”，导致人、生活被物化，人们都陷入困惑。

乡村有没有价值？站在市场价值的“一元价值论”角度看，确实缺乏，但这并不代表它没有其他价值。城市强于市场价值，而乡村强于生活价值、文化价值，两者只是价值评判标准不同，本无绝对的高下之分。正因为现代社会对市场价值的一元化单向推崇，才造成了乡村价值的黯淡。

乡村跟随城市谈市场价值（当然也要谈），注定了乡村价值只能是城市价值的附庸，永远无法对等交易。双方要价值对等，乡村就要谈自身擅长的生活价值和文化价值。

所以，当下的乡村困境，不过是一定时期内，自身价值被忽视的结果。但它的价值并不会消失，迟早会迎来价值修复、回归的时代。

第三个答案，在于社会发展的本质。

乡建人陈长春在朋友圈里曾发过一句话，说的是："时代在给欠发达地区发糖，迟疑的孩子就会错过。"其意是，时代快速变化，当前城市"内卷"，只要思维调整过来，广袤乡村反而大有可为。

社会发展的本质和人类的需求，不在理论化的"××化"，而在"安居乐业"。"安居乐业"，说的无非是"产业+生活"。生活要过得好，当然不能脱离产业基础；而发展产业，最终还是为了生活。两者需要的是平衡，而不是为了产业、集中、经济规律，持续忽视生活需求和社会常识。否则，"产业"就将陷入"资本"的意识形态问题。

城市化过度集中，产业兴旺，经济繁荣，未必就生活舒适，而乡村、小城镇打好宜居、舒适这张牌，未必就发展不了产业。小有小的好处，小地方未必非得学大城市搞大产业，这不符合经济规律。相反，只要找到并发挥出比较优势，培育出可以支撑居民舒适生活的小产业，人们也可以安居乐业，乡村、小城镇也可以是高度的社会文明。

城市化虽好，集中虽高效，但它并非万能，并非没有成本，并非没有其他"××化"出路，更非"历史的终结"。我们的思想和实践，应该越来越开阔，而不是越来越狭隘！

肆

冬与归

25

生活在故乡

一、在冬天和奶奶一起晒太阳

二三十年前的某个除夕，奶奶领着我们一大家子聚在饭桌前等待。那时候没有手机，也不知道我那个打工返家的叔叔到了哪里。

村里人晚餐团圆的鞭炮响过了一家又一家，人们陆续吃好饭坐在电视前看起春晚。直到孩子们看得打起了呵欠，我叔叔才裹着风雪推门而入，一家人压抑着的欢声笑语才迸发出来。

叔叔袋子里还有几包路上没吃完的方便面，我和堂兄弟们满心好奇地拿去泡开。哇，异香扑鼻，想不到“面条”还能这么好吃。那是我们第一次吃泡面。望着年夜饭桌上呼哧呼哧吃面的我们，叔叔感慨地说：“我们的孩子太可怜了，吃包泡面都像过年……”

现在过年，再也等不到其中一个叔叔了。两年前，一家顶着制药厂的名义粗放生产的本地小化工厂，发生了一场设备爆炸，夺去了他的生命。人们对经济的高速发展喜闻乐见，对类似的事故漠不关心，连县里的本地新闻也不屑提及只言片语。亲人们把他葬在村前坡上的祖坟地，干着活，吃着饭，聊着天，一抬眼就能看见。

带大我们一众孙辈，又在城市帮两个叔叔带孩子多年的奶奶，一下老去十岁。她想起多年前一个算命先生说的命数就在这几年，决意回到乡下。另一个叔叔也放弃继续在城市投资买房的打算，回到乡下盖了栋小房子，此刻我就坐在他的房子里，陪奶奶聊着天。

乡下阳光正好。隔壁我家院子里，第一次回乡的女儿在追着鸡鸭，一只小狗趴在一旁津津有味地瞧着。院子外的小菜园里，菠菜、卷心菜、大蒜绿油油一片。父亲从厨房走出来，随手拔了几棵蒜，不一会儿，菜香飘满整个院子……

许多出走一生或半生的乡下人，成不成功，愿或不愿，都会命中注定似的回到故乡。

没回来的，功成名就潇洒离弃的总归是少数，更多的是无颜还乡的乡下游民。

今年隔壁邻居家的年，就注定要过得冷清。在外打工的“90后”独生子欠了数十万元赌债，自己无颜回家过年，媳妇也早就被气回娘家，空留三个子女跟着年老的爷爷奶奶度日。这本是一对恩爱的小夫妻，前几年回家我还给他们拍过一些照片，抱着第一个孩子的他们坐在碧绿的田野前，眼神年轻而充满憧憬，不料没几年就变幻至此。

乡下最大的问题，不是贫穷，而是寂寥，留不住青壮年。出去一看，万千世界多姿多彩，但又不属于他们。“何以解忧，唯有暴富”，如何暴富？许多悲欢离合由是而生。也许只有到年老体弱的时候，才会幡然明了——还好，还有故乡可回。

于是熊培云写道：“没有故乡的人寻找天堂，有故乡的人回到故乡。”

二、故乡

村里的“光头佬”还是混成了一个二流子。

他与我同年，一起上小学、初中。小学时，他的父亲去给自家稻田放夜水，被蛇咬伤，医治不及时而死。他舅舅家在县城生活，可怜他们孤儿寡母，便把他们一家接走。一想到他每天都能吃馒头、油条，每天都能“去街上赶集”，就令我们这些孩子羡慕不已。

只是“街上的集”没那么好赶，我去县城念高中那年，他已经成了街上的混混。那些年《古惑仔》系列电影风靡全国，读不了书的青少年（还有读书的我们）都梦想着有一帮兄弟能两肋插刀。他神气地跟我说，以后咱县城要有谁欺负你，报我名字就行。

可惜对乡下人来说，城市的“江湖”也不好混，“光头佬”再拼命，也只能是“江湖”底层的小人物。有一次上街，我被一伙小混混敲诈，我果断报出光头佬的名字，小混混互相嘀咕了半天，没一个人认识，我揣着的一个月生活费还是被抢走。

后来我去上大学，在北京、上海工作，逐渐远离故乡。在汹涌的城市化进程中，“光头佬”一家却逆流而动，从县城搬回村里。原来是“光头佬”不学无术还染上毒瘾，妻子抛下孩子老早跑掉，一家全靠老母亲打点零工生活。这些年老母亲的身体慢慢不行，在城市活不下去了，只好返回乡下。

乡下的房子虽然破点，但还能遮风挡雨，故乡的土地虽不肥沃，种点菜养几只鸡也不至于饿死，不够吃的时候，就去别人菜地、瓜地里偷点。一点菜说不上“偷”，村民也心知肚明，同情加上本村本土不好拿他怎样，偶尔隔空骂几句，也就算了。由于一直喜欢说大话，“光头佬”还被村民取名为“泡水哥”。

祸不单行。后来，他的哥哥、母亲相继因意外去世，他终于活成一个孤家寡人。之前见他，大冬天穿着一双凉拖鞋四处晃悠，身体和神情倒很轻盈——一个半生一无是处的社会“渣滓”，却在故乡活成一道无牵无挂的闪电。

“少年去游荡，中年想掘藏，老来做和尚”，自作自受的“光头佬”自然无法跟余华笔下乐观、坚强的福贵相比，但广袤、深情、宽容的故乡，同样容纳着他们活着的意义——“活着的意义，就是活着本身”——对亿万普罗大众来说，又何尝不是如此。

城市如父亲，激励、催促着人们前行；故乡如母亲，宽容且最终包容人的一切——哪怕是罪孽。只有父权、市场性的社会恐终将欲望横流，陷入暴虐残酷，没有母性、大地性的宽厚、温暖，人们恐怕都会成为现代文明中走向罪与罚的二流子。

三、生活在何处

几年前高晓松写的一句歌词——“生活不止眼前的苟且，还有诗和远方的田野”，引发大量文青追捧，一看就是见过大世面又无奈或乐意埋首小日子的精英知识分子的偶发性喟叹。

不多久，网友把这句话反过来说成“生活不止诗和远方，还有眼前的苟且”，引发更多共鸣。对普罗大众来说，任何时代都是这样，人们其实都是在为自己的生活和出路而战，并非简单归结于某个宏大或辽远的理想。

生活在何处？我在回乡的叔叔身上看到了一种答案。

我叔叔开着车，载着一家人回村。他们一家五口从车里鱼贯而出，后备厢里则装着满满的礼物。在广东和本地县城工作、生活了30多年的他，站在自己刚建好的农村小平房“别墅”前，心满意足。

叔叔的三个儿女，分别在上大学、高中、初中，压力颇大，这两年他又患上糖尿病，身体也承受超负荷压力。谋生亦如此，外出工作或在小县城做生意都越来越难，一代人已经身处被淘汰边缘，赚钱并不容易。高歌猛进的社会，人们热衷赞颂翻涌的巨浪，对数量庞大的失意者的命运和出路却少有关心。

多年攒下的积蓄已所剩无几，在县城买一套房做最后的投资是主流想法，叔叔却决定把钱投回乡下。与其说是落叶归根的乡土情怀，倒不如说这是一个现实的选择：十几二十万元，已经不够县城买房首付，在乡下起一栋一层的一百四五十平方米的小房子，倒是足够。

叔叔在房前屋后开辟了几块菜地，院子里养着鸡鸭，后院打了口压水井，墙角堆满了柴火，新栽的果树不出几年就能收获……即便先回来安顿的奶奶，一个月有个200多元的政府养老金，主要支出不过油盐钱、偶尔买点肉、一点电费，自给自足不在话下，要说高质量的自力更生，也并不为过。

过些年，待叔叔老去，也可以回到生养自己的一方水土。那时，拿着城市标准的养老金，住在没有贷款的乡村小别墅里，吃的是自己种的菜、养的鸡，呼吸的是森林环绕的干净空气，城里人只能驱车去“别处”感受的夜晚的爽朗星空、雨打芭蕉的春意、萤火虫飞舞的浪漫夏夜、鸡栖于埘的自然节奏……都不过是叔叔、婶婶的生活日常。

我跟叔叔打趣说，你这是美国电影里的城里大资产阶级，每到假期，一家人开车回乡下庄园度假。叔叔会心一笑，电影里的“资产阶级诗意假日”，也没有那么遥远。

我想起这么一则故事，说一个在海滩度假的富翁看见一个贫穷的渔夫也在悠闲地晒太阳，觉得不可思议，忍不住问他：“你为什么不去工作呢？”

渔夫答：“我今天工作过了，打上来的鱼已经够我一天用的。”

富翁很可惜：“那你可以多打一些鱼，多赚点钱啊。”

“要那么多钱干什么？”

“可以买更多的船，打更多的鱼，然后可以有自己的船队，进而建立远洋航运公司……最后当上富翁。”

“当了富翁又怎么样呢？”

“那时你就可以什么事都不用做，每天躺在海滩上晒太阳啊。”

渔夫哈哈大笑：“我现在不正在这里晒太阳吗？”

感谢太阳、自然与生活，他们其实是公平的。

未来理想生活之一，恐怕不是生活在城市，当然也不是生活在乡村，而是可以在城市与乡村之间自如地切换。随着农村宅基地和土地的确权，出走半生的乡下人，无须衣锦还乡，也可以迎回属于自己的乡下人的春天。

生活无须在别处，诗意亦无须在远方。

回望过去，明了现在，面向未来，从物欲横流的唯“物”主义，回望“物我合一”的传统文明，从天花乱坠的唯“高大上”主义，守望还能挽回的美好乡土，就是中国人本就熟稔的诗意，也是一代人应该清醒和肩负的现实责任。

26

父性的城市，母性的乡村

一、为何把故乡比作母亲

我老家小村在赣西北，过年有一个习俗：大年初一的早上，全村人扶老携幼，挨家挨户互相拜年。这一天，无论平常是否相熟、是否走动、有没有嫌隙，人们都会走进彼此的家，互道祝福。碰上上一年有人去世的人家，死者为大，大家都不约而同地先去他家“拜大年”，拜完年，再一路串门。各家都端出瓜果小吃，大人互相敬烟，小孩兜里装满压岁钱和零食，人们一路嘻嘻哈哈，直至午饭的炊烟升起。

有一户人家，我已经完全不认识。在我小时候，他们就搬去了县城，男主人在城里杀猪、卖肉，两个孩子比我大一些，都走过一段非法的歪路，可想而知，日子过得惨淡，也一直无颜还乡。几年前，男人被查出胃癌，选择离开城市回村生活。

乡村像母亲，张开怀抱，重新接纳了这户被城市淘汰的旧人。他们买下一户村民的闲置农宅，男人在田地里养了许多鸡鸭，土鸡蛋、土鸭蛋 1.5 元一个，偶尔再卖些鸡鸭，自给有余；乡下闲散、轻松，原本时日无多的男人，竟然健康地活到现在。儿子虽然打着光棍，但跟着父亲偶尔杀几只猪卖卖，即便三天打鱼两天晒网，也能生活下去。由于他的年龄在同辈人中偏大，大家半尊重半开玩笑地称他为“三哥”。

我问起与他们相熟的村民，这家人以前在县城的生活，大家都留着面子，避而不谈。游子回头，记着那些破事儿干什么。在这里，一点也没有现代化的“互联网”或者“数字化”记忆。

比他们早一些回乡的，还有前述的族亲“泡水哥”一家。20世纪90年代，他们在村民羡慕的眼神中搬去了县城，又迷失在“繁华”中。大概十年前，他们在城里过不下去，也选择了回乡，兜兜转转，最后只剩下“泡水哥”孑然一身。说起来，“泡水哥”几乎没有任何社会价值：放到城里，要么饿死，要么犯事被抓进监狱、放出来祸害社会后再抓进去，怕是只有这两种可能……但在并不富裕的乡下，依然有他生存的一席之地。

乡村似母亲，宽恕、宽容、慈爱，又似歌曲《故乡的云》里描述的情景一般，当你行囊空空、满怀疲惫，它依然可以抚平创伤。

二、城市怎么比

我写过许多关于乡村的文章，提出过“乡村其实已经振兴了”“小农优越论”“土地制度并非乡村发展命门”之类的观点。由于并非主流观点，有不少读者和朋友表示反对，有一位作者朋友甚至直接问：“既然你说乡村好，那你为什么不回乡村？”

这个问题的逻辑是有问题的：我说乡村好，并没有说城市不好。乡村有乡村的好，城市有城市的好；乡村有很多问题，城市发展到今天也有很多问题，“内卷”、“躺平”、倦怠、债务陷阱、中产陷阱、价值虚无、马太效应与贫富分化……都是光靠城市自身难以解决的问题。

知识分子和媒体应该客观地告诉人民：大城市有大城市的繁华和压力，小城市有小城市的舒适和困惑，乡村也有乡村的空旷和闲适。大家可以根据自己的情况选择合适的城市或乡村，而非狭隘、充满偏见地一味撺掇“大国大城”，宣扬城市化，诱导所有人涌向大城市、追寻所谓的“繁华”。

2020年，时任国务院总理在记者会上提到，中国有6亿人每个月的收入也就1000元。北京师范大学中国收入分配研究院课题组2019年的数据也显示，中国月收入低于2000元的人数达到9.64亿，其中月收入在1090元以下的6亿人中，来自农村的比例高达75.6%……让这几亿人都“城市化”，怎么不先问问城市（包括小县城）房价和不堪重负的社保答不答应？

社会精英或“次精英”（中产人士）有选择的自由，不代表这几亿人都有。当然，如果有得选，相信多数人都会选择大城市。大城市是比乡村更高级的文明和生活形态，这点相信99%的人都会认同，我也不是这剩下的1%。即便从县城败退回村的“三哥”“泡水哥”，应该也不会反对。

城市，已无须我找出新意的赞美，但是

它提供机会，也让人不堪重负；

它展示着美好前程，但收获美好的终归少数；

它提供着丰盛的物质，也压抑着深层的美好；

它充满理性和“规律”，催促、激励、带动着我们前进，却又总是冷面无情；

它解决着我们的生存和发展问题，代表着主流价值，又时常让人想逃离、反抗……

看上去，像不像一位强大又令人产生逆反心理的父亲？

三、最坏的家庭结构

一个最坏的家庭结构，大概就是只有父亲而没有母亲的单亲家庭了。

瑞士心理学大师荣格曾说，一个人毕其一生的努力，就是在整合他自童年时代起就已形成的性格。我有一些朋友、亲人就成长在这种家庭中，他们都有一些共通的特点：情绪不稳定，缺乏安全感，敏感、脆弱，容易走极端，要么阴郁低沉，要么极富攻击性。其中还有一个朋友精神分裂，多年前就离了婚，过得非常不好，完全变了一个样，令人感伤。

道理很简单，父性如城市性，给人压力和动力，提供庇护和上升空间，迫使或激励人成长，但缺乏母性的温暖、宽容、慰藉、调和，以及托底。只有父亲没有母亲的孩子，一遇挫折，就容易失衡，缺乏安慰，甚至做出极端选择。

这么看，城市过于偏重城市化、工业化，硬桥硬马，充满“父性”，但抛却了乡村、传统，柔软、包容不足，“母性”严重缺失。

压力和动力都很大，成长的速度也快，但经常让人喘不过气，上层的想逃离，中间的被“内卷”，下层的想“躺平”，再不行干脆做“三和大神”。

跟着父亲往往物质要好些，也要放纵些，吃香的喝辣的，垃圾食品、垃圾文化随便上，管他健康不健康，但精神的食粮呢？成长的均衡呢？内心的纠结和空虚呢？无处诉说。

面对层出不穷的成长（或发展）问题，充满负面情绪或对抗心理，“键盘侠”“喷子”与极左或极右人士拉帮结伙带节奏，制造不安、焦虑。本是成长必然烦恼、家庭内部矛盾，本来只需坐下来好好聊聊、好好想想，互相宽容，一起面对、解决即可，又何必动辄骂骂咧咧、摔锅砸碗？

这样的“家庭氛围”，再有钱也会让人觉得压抑、想逃离吧。

父亲决定着家庭的高度，母亲决定着家庭的厚度。一个好的家庭，不外乎父母恩爱和谐，两人心平气和，互相补位。父亲有本事，负责养家或带动家庭发展，母亲宽容、有涵养，调和家庭关系，打造一个温暖的港湾。

一个家庭如此，一个国家和社会亦如此。

我们不能只要城市化、高端制造业、高科技，“更高更快更强”，也要乡村、传统、大地、乡愁，互相调和，共同进步；我们不能只讲“市场规律”、制度，只讲“自由”竞争、优胜劣汰、成王败寇，也要讲宽容、包容，“龙生九子”的多样化，共同富裕；我们不能顾头不顾腚，只求发展，只顾前程，不计后果，“不达目的誓不罢休”，也要讲和谐、均衡，稳固后方，建好港湾、命运共同体；我们不能只要“父亲”，不要“母亲”，只讲“父性”，不讲“母性”！

四、家与国

家事如国事。显然，这些年，我们的“父亲”进步神速、飞黄腾达，而我们的“母亲”黯然失色、有点配不上“父亲”。这时候我们应该怎么做？

继续鼓吹“大国大城”、消灭乡村，劝他们“离婚”、分道扬镳？纵然可以跟着“父亲”吃香的喝辣的、逍遥快活，但总有一天我们要跟他争吵、拍桌子，当我们迷茫、困惑、不知归途时，到时会做何感想。合理合情的选择，当然是劝和，帮助“母亲”赶上，缝合家庭裂痕，全家共同前进。

国事如家事。前些年，我们的GDP、城市化、大国制造、科技突破如数家珍，但我们的乡村、乡愁、生态、文化被忽视，我们的负面情绪、不稳定感与日俱增。这时候我们应该怎样做？这时，我们能理解乡村振兴、留住乡愁、城乡融合、共同富裕了吗？

纵然世事变幻，好在我们的国家整体走在正确的道路上，这就是文化与道路自信；继续实干兴邦，少执迷甚至人为扩大发展过程中的正常烦恼、分歧，融合、包容，共同发展，我们的家国才不会愁云相伴。

27

乡村酒席，去还是不去

一、乡村的情与债

年底通常是繁忙的日子，大家忙于收尾、收款、为来年做计划……忙得不可开交。所以城里人更不理解，为什么许多农民工哪怕辞职不干，也要吵着早早返乡。他们不知道，在农民工遥远的家乡，乡村酒席已陆续登场，早日返乡帮亲友操办或赴宴，可是要紧事。

酒席文化承载着亲友情谊、团聚欢闹，是乡土文化的重要组成部分。但近些年，它逐渐发展成“酒席经济”，令人大倒苦水。

我的父母年逾六十，渐渐失去收入来源，每年仍需准备三四千元礼金。从近亲到远亲，从朋友到乡邻，从工友到合作伙伴，从婚丧嫁娶到买房起屋，从长辈大寿到婴儿百日/周岁，从升学节庆到开业大吉……尤其是年底的黄道吉日，往往数场赶在同一天，这边站着喝杯酒，再赶往那边吃口菜，忙得连轴转。

往往越是感情深，越得“一口闷”。朋友回乡给女儿办百日宴，亲戚纷纷询问外婆红包包了多少钱。孩子外婆也是60多岁，在朋友家带孩子，城里也无特别习俗，因而并未准备。于是亲友颇有微词——按当地习俗，百日宴主要是做给孩子外公外婆看的，外公外婆的红包越大，各方才更有面子，因此当地的百日宴红包已是1万元起步。当然，有些是走走形式，宴会后有些人家也会以各种形式退还一部分。

与此不同的是“下对上”的孝敬，比如老人大寿，后辈礼金跟“孝顺”挂钩，许多地方已是五六千元起步。奉献孝心，退是不能，“孝”字舆论又令人不得不为之，更令不宽裕的家庭为难。

情谊和面子，已经让人们骑虎难下。调研数据也反映了这一点。2019年，时任中央农村工作领导小组办公室副主任、农业农村部副部长韩俊就在国新办发布会上指出，人情礼金已经成为农民仅次于食品消费的第二支出。

可见，从人情到人情债，乡村礼金负担已成为一个全国性难题。

二、酒席之殇

乡村重礼尚往来，收礼者往往要加钱“返还”给下次办酒席的人，而且只能多不能少，导致礼金越给越多。

同时，乡村仍有民风淳朴的一面。送礼往往应时而变，比如某年肉价大涨，平时舍不得买肉，趁着人家的酒席大吃一顿并不为过，吃酒席的人也不好意思，主动把礼金上调，渐渐发展出新标准。然而一旦成为“标准”，再想降下来就难了。

另一面则是乡风越来越不淳朴，“巧立名目”办酒席收礼金，屡见不鲜。老丈人家在东北，近年参加过一次升学酒席，去了才知那孩子只是考了个本地大专；还有一次亲戚在镇上盘了个店办了场酒席，结果这边刚开门大吉，没几个月就关门大吉，一次收的礼金估计比全部营业利润还高。不平衡的心理不断产生，导致胡乱办酒席的人不断出现，乡风大变。

酒席之间的攀比也同步发生。菜品、厨师、烟酒等，档次要是不够，难免有人议论，办酒席的人就会没面子，导致酒席标准不断攀升，办酒席的“利润”越来越薄。

总体来说，人们不断送礼收礼，送出去的礼金将来还能回收，虽然总体支出大于收入，但这本账还算算得过来。但从整体社会成本来看，不必要的酒席、铺张浪费、人工投入、过度消费、过度随礼等，难以估算地损伤着乡村资本积累！

乡村经济基础本就薄弱，有限的收入本来就难以集腋成裘为发展“资金”。你来我往的乡村酒席，本质上类似于亲友间的互助、“集中力量办大事”，无可厚非，但好不容易集中起来的资金，直接浪费于吃吃喝喝乃至铺张浪费，最后转化为一堆粪便而不是发展要素，实在可惜。

同时，随着人情礼金成为农民仅次于食品消费的第二大支出，乡村家庭的文化、娱乐、旅游等各项支出均被挤占。可见的是，内地县、乡经济往往餐饮、医疗行业发展迅猛，而其他消费行业难以深入发展。

因此，过度操办酒席、越来越重的礼金，不仅增加着农民负担，阻碍着乡村生活水平的提升，有损社会风气，更增加了整体社会成本，拖累乡村的经济发展。

三、酒席有理

好在失控的酒席和礼金问题，渐渐得到政府和社会的重视。近年来，各级政府旗帜鲜明地反对天价彩礼、婚丧大操大办、铺张浪费。有些地方顺势控制住“酒席经济”的上涨势头，例如老家所在村，除了丧葬，其他酒席一般不再邀请邻里。

但一些地方相关“禁令”的出台，又显得过于刚猛。例如，四川通江“酒席禁令”、贵州凯里“复婚再婚禁办酒席”、贵州福泉“禁止以升学、复婚、入伍、乔迁、开业、立碑、满月、生日、新居落成等各种名目操办酒席或变相操办酒席”、浙江绍兴越城区“无礼金村”等。行政干预之下，办酒席还需提交申请、进行审批、接受监管，一度引发社会热议。

这种“一刀切”、过于“为民做主”的做法并不可取。要知道，乡土社会作为“熟人社会”，“酒席”在社会运转中，既合情合理，又十分重要！

其一，维持社会运转的，除了客观规律，总体有三，曰法、德、礼：法从外在限制人，德从内在影响人，礼则从行为上规范人。

自古以来，乡村都是“礼治社会”，千百年来形成的传统维持着乡村运转，虽不似“法”的条条陈列，但各种“礼”也明明白白地存于人们心中。酒席作为“礼尚往来”“礼顺人情”“来而不往非礼也”等的重要承载，“一刀切”掉，岂不成了“非礼”。

“礼”是慢慢形成的社会文化，是社会公认的行为，可渐渐引导，不管时代如何变迁，血缘、乡情、人情、礼序仍在，不可能被一道“禁令”消除。

其二，酒席、礼金是经济发展的产物，也属于客观经济规律。

记得儿时，亲友间参加酒席还流行带礼品，例如几斤猪肉、两只鸡、一筐鸡蛋，有时还附带少量的钱。彼时的酒席，看上去更靠近大家集中人力、物力，和亲友共同庆祝，集中力量办“人生大事”的本质。

随着经济货币化，礼金逐渐取代实物成为唯一选项，又随着经济发展，人们收入提升，酒席成本上升，加之中国人的“礼尚往来”，礼金标准也日益上涨。

因此，酒席和礼金都是客观存在的现象，并不是问题。真正的问题是过度操办、攀比、份子钱脱离实际地上涨——**我们要防止的是“过度”，而不是本身的客观事物。**

其三，广大乡村至今仍处于小农经济状态。小农经营分散，抵御风险能力低，又缺乏外界扶助，因此，村民之间的互助才是抵御风险、稳定社会的关键。

互助的基础，缘于血缘、乡情，如何展现、维护、巩固？酒席可能是最重要的载体。一般酒席，请的都是关系较为亲密的人，你不请我，说明你不把我当亲戚、朋友，也就宣告往不往来无所谓。因此，乡间只听闻因为不请而闹意见者，很少听说请了而百般推辞者。

乡村缺乏社会保障及金融扶持，参加一次酒席，感情就加固一次，日后谁家有个困难或急用钱的地方，身为亲友一般不好袖手旁观。而除了酒席，缺乏其他能把广泛的亲友集中起来的项目。

其四，乡村作为分散性社会，除了家庭的小团体，一向缺乏团体生活和团体观念（这也是小农意识的一大根源），而政府、社会在组织村民团体生活上，除了曾经的“大公社”“大锅饭”尝试，一直没有更好的办法。

酒席作为为数不多的乡村团体生活选项，在客观上防止着村民往更狭隘的“小农”上走。

以往的乡村酒席，并非如今在酒店匆匆地吃一顿、收礼金，而往往是摆上数十桌，数百人齐聚一堂，连续两三天一起吃住。在那些寒冷的冬日，跟七大姑八大姨、堂兄表弟吃在一起、玩在一起、住在一起，热热闹闹，温情洋溢，让我深深感受到，我不仅生活在狭小的家庭里，还生活在更宽广的宗亲、乡情里。每个乡村家庭都有着坚强的亲情后盾，正是这些亲情让我立志改变穷苦亲戚和落后乡村的生活现状……那些场景，一直是我最美好的乡村记忆之一。

与我的感受不同的是一位苏州亲友的诉说。随着城市扩张，她家早已由郊区变为中心城区，早些年父母过世，亲友来往渐少，后来由于拆迁赔款闹矛盾，更加深了亲友隔阂，现今逢年过节也不怎么来往。即使来了一堆人，家里坐不下，外出饭店一两桌下来，随随便便也要好几千元，成本太大，不如不聚。

仅剩的亲友大规模相聚，只有在酒店的酒席上，随个份子吃顿饭，话都说不上两句。她怀念起以前的乡村生活，觉得现在越来越孤独、失落，令人心生感慨。

以乡村为镜，反观城市与时代，我们对工业文明、城市化、效率、个人主义的过度崇尚，渐渐淡化了传统的情感、“德”与“礼”，这就进一步加重了个体和社会整体的焦躁与撕裂。

总体来说，我们的近现代史就是学习西方的历史。只是东西方基因并不相同，中国人的骨子里仍然具有乡土情结、宗亲情结，仍然流淌着情义的血液，仍然具备“德”与“礼”的社会观，与西方基于“个人主义+法制+宗教”构建社会关系的模式有着本质的不同。**用西方文明给自己“输液”可以，但用它来给自己“换血”，必然导致身体垮掉。**

因此，中国人不应活在西方文明模式中，传统乡村文明也不必活在现代城市文明的影子里。中国发展至今，对文明的反思、对传统的解析和回归，与高喊“国际化”“城市化”“全球化”同等重要——在当前时期，甚至更加重要！

传统乡村酒席，隆重、严谨、温暖、有趣、全民参与，婚丧嫁娶、百日与大寿、上梁（起屋）与乔迁……各种酒席并不相同。中国酒席文化源远流长，还诞生了陕州穿山灶、宴席十大碗等地方特色酒席文化。

在越来越快餐化、越来越功利、乡村与传统丢盔弃甲的今天，作为传统文化的代表、衔接乡村的重要一环，在反对过度操办、高昂礼金的同时，传统乡村酒席不仅不该被严禁，反而要被引导性地保护！

四、适当保护乡村酒席

首先，认识上的改变是第一位的。广大乡村管理者要认识到，城市有城市的活法，乡村有乡村的好处，现代有现代的潮流，传统有传统的光芒，乡村不必凡事学城市，传统不应苟活于现代。

管理更不应“一刀切”，要慎用“禁令”，多用倡导。我们要反对的是铺张浪费，是大操大办，是“巧立名目”，是越来越重的份子钱，而不是酒席本身。许多“禁令”缺乏科学依据，也与实际民情不符，不仅徒增管理成本、难以禁止，而且物极必反、使结果远离初心。

其次，地方可根据实际情况调研，制定独立的乡约。民间对繁重的酒席负担感同身受，只是局中人自己下不来台，这时候需要一个“意见领袖”站出来说句公道话。

地方政府可以以县、乡为单位，发动全民调研（重点在于让全民参与、决策），结合本地文化、居民可承受力，制定酒席种类、操办规模、不同酒席份子钱的参考乡约，切忌拍脑袋做决策、随意“定价”、出台严苛的标准、组织形式上的审批，操之过急的“禁令”则更不可取。

继而加强宣传，引导村民合理操办、合理随礼。超出参考线操办、收受礼金的人，在乡风民俗和周边舆论的影响下，自然觉得惭愧，“过度”之风必将得到有效遏制。

最后，发挥党员干部、公职人员的表率作用。在乡村管理方面，这一群体的表率作用极为重要，通过他们的酒席案例，树立一个又一个实实在在的标准，形成示范效应，乡村酒席问题并不难解决。

中国的发展，将越来越需要乡村的振兴；时代的再进步，也越来越需要传统的力量！

与酒席文化一样，乡村的振兴、时代的发展，并非简单的向上看、向外看，对自己民情的尊重，对自身传统的珍视、合理引导，将打开时代发展的另一扇窗！

28

我们需要一个怎样的乡村

一、漫长假期

2020年的春节，突如其来的疫情让很多人有了一个较长的假期，那个假期成了他们多年来在老家待得最久的一次。

漫长的假期里，老张一岁的小姑娘在老家学会了走路，学会了呼叫鸡鸭，每天早上要去地里看牛牛，白天要跟着奶奶去摘菜，晚上会抬头仰望星空……这些在城市体会不到的乐趣，让小姑娘流连忘返。

乡下其实也很方便了，老张打开电脑就能远程办公，虽然不能走亲戚串门，倒是有了大把时间陪父母、爷爷扯淡，赶上埋锅造饭，还能坐到土灶前烧烧柴火。出门一看，又见炊烟升起，暮色罩大地。

不禁想问阵阵炊烟，你要去哪里？

反正不想回城里。

疫情在肆虐，回了城也只能宅在几十、一百多平方米的房子里，人们终于理解了小狗渴望被遛的心情。乡下虽然也比较严重，好歹还能遛鸡、遛鸭、遛牛，摘菜、烧火、仰望星空。城市空了，就真的空了；乡下空了，反倒心里满了。

如今城市有的，乡下渐渐也有了：WiFi、外卖、电商快递都有了，去商场、影院开上汽车也不过半小时最多一小时的事儿。而乡下有的，宜居环境、新鲜空气、自给自足的生活，城市一直都没有，在北上广深发动汽车开一小时，得到的东西还是一样的。

因此，城市与乡村，并不是二元对立的关系，反而像人们心中的红玫瑰与白玫瑰，都客观存在，都少不了。

那么都是好玫瑰，又何必差别对待。譬如当前的政策和舆论，一面要广大农村保障城市的菜篮子供应；一面又说，乡下人你先别回来——颇似近两年流行的搞笑视频：你站在楼上，对楼下送东西来的人说，东西留下，你走。

二、门前大桥下，游过一群鸭

多年前租房时，隔壁刚大学毕业的合租室友去买菠菜，到了菜市场，摊主正忙，说要什么菜自己拿。她站菜摊前等了半天。摊主问：“选好了吗？”她弱弱地问，“老板，哪个是菠菜”……她只认识能吃的菠菜，不认识生的菠菜。

我一直想，等将来孩子长大一些，一定要把她送回乡下待一段时间。她不只要认识菠菜，还要认识白菜、辣椒和大蒜；不只要认识动物园里的老虎、大象、长颈鹿，还要认识鸡、鸭、牛、羊和其他飞禽走兽；不仅要在教室里扫地抹桌子劳动，还要在土地上亲身劳作，接受一下“贫下中农的再教育”。

她应该在大地上奔走，认识大自然这个好朋友；应该跟农民伯伯去田间地头，认识“劳动”这个好朋友；应该扔下各种培训、补习班，真实地野一回，去认识“自由”这个好朋友。我想让她知道，人不是生来就该困于牢笼，生来就该这般苦厄。

我们的教育和传统本就是这般贴近大地的，“锄禾日当午，汗滴禾下土”“谁言寸草心，报得三春晖”“两个黄鹂鸣翠柳，一行白鹭上青天”“门前大桥下，游过一群鸭”……只不过多年来，言必都市、国际、现代化，而忽略了土地、自然和传统。

我们需要乡村式的教育，可乡村自身的教育都在节节败退。譬如我家乡的小学，一再压缩合并，只剩三年级，而要读四年级及以上，必须去镇上；本镇原有初中三所，后合并为一所，高中更是早已取消，要读高中，只能去县城……各种优秀中青年教师也被不断抽离，乡村中小学多剩一些学历更差一些的中老年教师。

如此，乡下孩子要接受优质教育，只有进城一条路。其结果是，只有实在无能为力的农民才将子女留在乡村；稍微有点能力的，砸锅卖铁也要把孩子送进城。人都走了，又进一步导致乡村教育资源被抽离。不要说发展，恶性循环之下，连留守儿童都越来越少，只剩下无法外出打工的中老年人和实在贫寒的农民子弟，整个乡村日益缺乏生机。

进了城，自然要学外语、拉丁芭蕾和钢琴，接触各种主持演讲与竞赛等；去上学，挤破头也要进好学区、重点学校、重点班；考大学，自然也要选金融、管理和外语专业。地方教育部门则推波助澜，不断将优质教育资源集中到城市、好学区和“重点”学校，人为划分好学区差学区、好学校差学校、好老师差老师、好学生差学生，极大地制造社会不公正、不平等的根源！学校就坡下驴，好学校名利双收，高校更是热衷搞产业，试看曾经最“重思想”的北京大学，如今其下北大方正、北大青鸟、北大资源（房地产企业）等企业四处扩张，使北京大学以340亿元的营收成为全国最赚钱的大学，不禁让人深思。

教育被政治、市场、舆论裹挟，沦为“名利场”；个体的思想、人格的独立、精神的自由，正日益成为梦幻泡影。发展经济可以以效率为先、效益为重，可以“抓到老鼠就是好猫”，然而教育不可以！教育的原则必须是人本、平等和公平。

“百年树人”，社会的复兴、民族的崛起，当从教育始。教育的复兴，当从停止抽离乡村资源、重视自然与传统始，当从教师的自由流动始（比如日本，教师收入水平不因区域、城乡区别对待，而以资历、年限为标准），当从去市场化、去功利化与培养独立、健全人格始，简言之，当从重建乡村教育始！

北疆图瓦人小骑手，
没法学拉丁芭蕾，骑马算不算才艺？

三、根基

乡村是社会的根基。这个根基，不一定要像城市一样光鲜亮丽，不一定要大量财政重金打造，也不一定要国际化、上档次，但必须得有，而且必须是舒适和自在的。

为了城市化、工业化、国际化、GDP数字化，中国的城市已被整成千城一面。尤其同一档次的城市，差不多的CBD、新城区、工业区，差不多的高楼大厦、商场超市、娱乐场所，差不多的星巴克、肯德基、西餐川菜、沙县小吃……逐渐被整容成一个模子。

然而中国有超261万个村庄（自然村），东西南北、沿海平原山区大不相同，不必也无法以一个或几个标准去发展。

当前大多数乡村，虽然空心化严重，外出的农民工待遇也一直不好，他们却往往心态平稳，最焦虑的反而是城市中产人士，为何？

因为大多数农民工的目标很清楚——在城市打工赚钱，将来回老家盖房子、过日子。乡村也许发展得慢一些，农民工也许都往外跑，但将来还是要回归，城市越来越难而乡村越来越好，这是自然的选择。

历史一再证明，只要乡村不乱，社会就不会乱；只要城市不出现大量贫困人口，城市治安、文明就有保障。因此，保护好乡村这条退路，就是保护好社会的根基。

贺雪峰教授指出，农民靠农业致富是不现实的。无论搞二三产、经济作物还是休闲农业，一者本身就是高投入、高风险，二者一旦有人成功，必然导致大量跟随、供求关系发生变化最终摊薄利润。农民要致富，还是要通过城市、商业，致富是市场的事情，基本保障则是政府的事情。为农民提供保底的农业和农村，作为基本保障领域，一定要防止纯市场化的思路。

乡村生活未必多好，城市生活也不容易。为了农民增收、城镇化、工业化，为了快速致富奔小康，逼着乡村向城镇看齐，逼着乡村一变再变，比如缩减乡村学校、让农民去往城镇、苏北大规模整村拆迁并入城镇、鼓动农民一窝蜂地种植经济作物、发展休闲农业，可能都会破坏这条退路，都需慎重。

乡村不仅是农民、农民工、“新城市人”的退路，也是国家和社会的退路。政府与社会应该共同努力，营建自然、安详、和谐的乡村与自由、平等、舒服的城乡关系，这样无论我们多么匆忙、兴奋、斗志昂扬地往前冲，都可以心安理得。

四、故乡的光芒

2020 年春节虽然有一些阴霾，但许多父母有另一种开心，孩子都可以长时间地、老老实实地待在家里团聚，在这个日益匆忙的年代，何其难得。

乡下固然也因疫情被封控，但还算简单。一个大队在主要道路两端一堵，喇叭一喊，大家就都知道该怎么做了。虽然不能走亲访友，但米在仓里、菜在地里，不用还房贷，根本无须慌张。

一个武汉的朋友就向我感叹，城市看似运作精密，其实不堪一击，乡村看似无组织无纪律，反倒心气平和、该怎样就怎样。

商品化时代，人们已经习惯了各过各的，习惯了贷款、超前消费，习惯了再拮据也要买点奢侈的物件悦人悦己，习惯了有点余钱就拿去“投资理财”（往往一再缩水）。我们渐渐不习惯乡下父母的缝缝补补、勤俭持家，不习惯逢年过节、大事小情都聚在一起串门、办酒席，看不惯大姑二姨有点闲钱就存在银行里……

时代冲得太快，这些人情、传统和保守思想，既缓慢又落伍，一点都不现代化和国际范……然而须知我们的文明，本就是依托乡土，围绕土地、血缘、亲情和伦理发展起来的体系。我们的父母从来不光为自己活着，更为子孙后代而活，他们赚钱不易不可能将钱轻易交给外人控制，遇到困难求诸亲友而不可能去教堂诉诸上帝。

亲人依然是最能打动我们的词，乡愁依然是我们的精神家园。

早在20世纪初，作为西方一代寻路者的托尔斯泰就对西方民族的历史使命丧失了信心，他的顽强信仰在不断寻找能托付此重任的其他民族。他想到了“伟大而智慧的中国人民”。他相信“东方民族可以觅回西方民族几乎已经永远失去的自由”，相信中国将能引导东方民族循着“道，非常道”的道路去完成人类转变的大业。

这一希望很快就破灭了：老子和孔子所在的中国如同在它之前就已经这么做的日本一样，否定了自己往日的智慧，以效仿欧洲。

如今的乡村有了基本的农保，虽然还远不如城市的社保，但乡村从来都是靠自己——农民依靠的是勤劳节俭与积蓄，亲友乡邻互助依靠的是人品、口碑和信任；乡村也自有其生活保障体系，除了土地、宅基地，院子里的鸡鸭、圈里的猪牛羊、菜园子里的蔬菜瓜果、溪流河塘里的鱼虾野获，都是实实在在且高品质的生活保障……

时代再如何向前，乡村从生活到精神永远会散发光芒、显现文明。只有看到和认可这些光芒，我们才不会迷失在这五彩斑斓的时代；只有尊重和回归那些文明，我们才能挺直崛起和向前的脊梁。

29

“你不要担心”

一、大约在冬季

每年冬天，临过年前，都是老家大伯最忙碌的时候。他是乡下葬礼上念祭文的。小时候我听过他的几次祭文，凛冽寒风中，关于逝者的生前事迹和悼念文字，从他抑扬顿挫的哭腔中流出来，击中周围的人，每次都要把他们弄得眼泪汪汪。

祭文结束后即是发棺送葬，浩浩荡荡几里地的送葬队伍向墓地进发，送逝者最后一程。而后大家凑在一起吃顿午饭，就各自散去，该上班上班，该上学上学，该下地下地。仿佛田野上不过刮了一阵风，卷走一个人最后的痕迹，然后大家该干吗还干吗。

2023 年的年初，持续了三年的疫情防控正式结束。我忧心 80 多岁的奶奶和姥姥，隔天就打个电话回去。她们俩一个在老家独居，一个生活无法自理被送到县城养老院。

“没事，都躲在家里没出门”“都活了 80 多岁了，怕啥”“你不要担心，他们（得病的村民）三四天就好了，就是感冒”“没啥，吃了药，烧已经退了”“就是身上有点没力气，大家都一样。坐着晒晒太阳就是了”……她俩倒是豁达。

老人尚且有如此心态，其他人更不在话下。老家小村的疫情，最初是由镇上初中、县城高中放学的孩子带回去的。孩子倒好，基本上烧个一天，第二天就活蹦乱跳去玩了；大人的症状厉害点，一般就是烧个两三天，再浑身乏力、咳个把礼拜，早就该干吗干吗去了；有几个症状更厉害点的，去村诊所打两针，效果不大，也就选择硬扛，再多病一个礼拜，照样四处溜达；大家心态平稳，并没有想象中的恐慌出现。

我有点恍惚。我在上海还病了一个礼拜，小区楼下、地铁一个月都空空荡荡，刷个新闻都是疫情如何如何，其中许多正是关于农村的："疫情下的真实农村""农村在硬扛""无声的风暴"……一片风声鹤唳。但好像几个电话之间，这场紧张了三年的疫情就被乡下的大风吹走了。

与许多新闻或自媒体渲染得并不一样，农民没有那么柔弱、紧张、凄惨、充满怨气，从北方到南方，我问过的亲友，都已淡然。

"都好了，就是有点咳。不过家家户户都咳，大家都一样""那几个天天喝酒的，一点事没有""开始几天也有点担心。不过看到得过的人很快就好了，就不怕了"……

面对疫情，老人很坦然，他们从20世纪一次又一次的苦难中走过来，什么苦难没见过。老人往往还反过头来安慰年轻人。

冬天的这场大风，在田野上四处奔突，旁人见了大呼小叫、要死要活，只有风中的人不慌不忙。他们早已把根扎进土里，并不会轻易被风刮跑，来年春天暖风吹过，生活又将是新的开始。

二、大疫止于乡野

2023年，家乡小村（包括临近的几个村庄）并没有人因为疫情去世。按说乡下医疗条件并不好，村级卫生室、一些私人诊所连药都开不出，真要碰上患有心肌方面并发症的患者，连送医院都来不及。但为何并没有出现大家心态失衡的情况？

细细思来，答案主要在以下几个方面。

第一，乡下老龄化并没有人们想象的那么严重。

在我的家乡小村，70 岁以上的老年人，包括我奶奶在内，数来数去只有四五个，占比极少。或问，60~70 岁之间的算不算老年人呢？你去问问他们是否觉得自己是老年人？

在乡下，评判一个人是否为“老年人”，并不只看他的年纪，一个很重要的标准是“是否拥有劳动能力”。因为农民不像城市居民有法定退休年龄，他们即便 60 多岁了，依然具有强烈的劳动意愿和一定的劳动能力，就算正规劳动力市场不要他们，也要挣扎着四处找点零活干。待在家“享福”，既因为没有社保不可能实现，也会被人笑话懒。

当一个 60 多岁的老人依然在努力地劳动，他就很难被称为真正的“老年人”。所以真正缺乏劳动意愿和一定劳动能力的“老年人”，在乡下其实非常少。

第二，乡下老年人“自然淘汰”，留下来的身体状况普遍要好于城市老年人。

这同样是一个有些悲伤的事实，因为这种“自然淘汰”伴随着大量的早逝。譬如我的爷爷 40 多岁去世，我外公 50 多岁去世，都是因为生病。20 世纪八九十年代的中国农村，缺医少药、没钱治病是普遍现象，所以今天 80 多岁还夫妻健全的双老人农村家庭，其实并不多见。

随着农村新农合的普及，因为没钱治病死人和全家返贫的现象已经非常少了——这是时代和国家的进步。中国农民虽说不上富裕，但也并没有“水深火热”，不要一谈到时事就走向愤怒的极端。显然，新农合及乡村基础医疗都只能起到基本保障作用，但譬如预防、体检等，几乎都是缺失的。

不像城市居民有固定的体检福利、良好的医疗通达性，农民普遍认为自己身体好，不要说疫情，平常的许多小毛病也都选择扛着，直到病情明显才去医治，许多基础病到发现时通常为时已晚。所以乡下的早逝，以及诸如车祸、无人照看摔一跤、喝酒喝多了冻死在路边等非正常死亡现象要比城市多得多。

第三，县乡村三级医疗卫生服务，缓解了城镇医疗挤兑的恐慌。

一开始社会各界普遍担心的医疗挤兑、人心惶惶为什么没有在乡村出现？一个很重要的原因就在于“县乡村三级医疗卫生服务”。一般来说，农民生病首先去的是村级卫生室或私人诊所，村里解决不了再去乡镇医院，除非要住院之类的大病，才会去县里的医院。东北乡下的亲友说生病了有时会预约村医上门打吊瓶，妥妥的 VIP 上门服务……这种分散的医疗制度，有效防止了基层医院患者聚集和医疗挤兑状况的出现。

疫情中，只有一些实在顶不住的患者，才会先去村级卫生室或私人诊所，乡村医生也没那么多套路，打几针退烧针或抗生素，开几片退烧药就行了，简单、粗暴，但有效。有一段时间药品短缺，打不了针、吃不起药的农民也不怕，因为民间有的是土方子、老办法，几天下来，多数人自己就慢慢康复了，压根儿用不着去医院。

一个在上海工作的安徽朋友打电话回家，她的家里人听说她一个多星期还没好，感到忧心忡忡：“我们都是三四天就好了，你怎么要那么久？”听说她买不到药，家人还从安徽的乡下把药寄到上海。结果药不知怎么遗失了，就收到个空盒子。

当然，很多地方的乡村诊所也少药，患者也排队，但没有一些媒体渲染得那么厉害，起码不会出现城市医院那种动辄排队、化验一两个小时的焦虑和挤兑的恐慌现象，因而患者的心态也要好很多。正因为县乡村三级医疗卫生服务和广大赤脚医生的存在，乡村无论是医疗还是心理上，对疫情的承受力都要强得多。

自古“大疫止于乡野”，在广阔的乡村，不迷信集中、统一管理，适度分散、因地制宜、不阻止人们各找办法，往往就是最好的治疗方案。

多去思考风暴下面的农村社会保障、农村体检制度、乡村医疗制度改进和基层医疗人才培养、互助养老或集体养老、乡村振兴之类的问题，远比盯着这场风暴更有意义。

三、要操心的事情

前两年，我们村有一位老人没能熬过那个冬天。

他70多岁，患有老年痴呆，老伴前几年去世，无人照料他，两个儿子就把他送到养老院。前些日子养老院放假，两个儿子又把他接回去住几天。某天半夜，他一个人照常出去溜达，结果第二天一早被发现冻死在某户村民家的屋檐下。

彼时正是疫情期间，因为没法大办红白喜事，儿女们便将他草草埋葬，像埋掉一个烫手的山芋。自前些年得老年痴呆以来，他归两个儿子轮流照料，其中一个对他很不好，另一个则对此沉默不语。村里人叹息，就这样死了，倒也是种解脱。对方圆十里村庄的老人来说，这个事例的冲击，要远远超出对疫情的担心——他们不是不怕死，而是有更多事情要操心。

类似这样的子女不孝、老人不得善终的悲剧，千百年来在乡下总是翻来覆去地上演，毫无新意。不忙于道德批判，经济上的依附才是这些现象的根本原因所在。

城市老年人一般都有退休金，独立生活之外往往还有盈余，并且是一笔“正资产”，对自己、对子女来说都是这样。但乡村老年人，由于劳动能力缺失，缺乏收入，只能依附于子女生存，对后人来说，完全就是“负资产”和“拖累”，老年人自己也经常自责“没有用”。“久病床前无孝子”，病的时间一长，子女不孝，就难免陷入悲苦的境地。

除了感性上的批评，我们也要看到，“甩包袱”其实是人性和理性决策的一种较优解。今天虽不至于如此，但乡村老年人从经济到人身的依附性并没有丝毫减退。

经济和时代发展到今天，一面是城市和工商业繁荣，另一面是许多社会短板一直不被人所见，譬如乡下老年人何时才能更独立、更有尊严地活着，譬如再放大一点，广袤土地上沉默的农民群体如何才能活得更有保障、更有尊严一点……

实干兴邦。我们有太多的日子要过，有太多的课要补，有太多深层的事情要担心。

30

用“共同富足”替代“共同富裕”

一、生活的意义

2023年春节，我提前十天左右回到家乡，全村人就基本到齐了。刚刚过去的这一年，人们归心似箭，许多人在外头没赚到钱、混得并不好，幸有家乡不弃，早早张开怀抱等候游子归来。

城里的朋友还在热衷讨论XBB（一种奥密克戎亚型变异毒株），乡下人去赶集已经不戴口罩了。从县城到集镇，各种集市熙熙攘攘，熟悉的热闹又回来了。要是开车去，停车的地儿都找不着。村里，人们杀鸡宰鸭，互相搭把手。家中，炸鱼炒花生，现代煤气灶已经不够用，老灶头又烧起火，炊烟袅袅，对城市居民的我来说，竟有些感动。

冬天乡下的乐趣

闲下来，人们生起火堆，聚在一起烤火。有人睡眠不好，半夜5点就爬起来生火，等着早饭，邻居一个一个加入进来，添几把柴火，添油加醋讲点逸事，再扔几个红薯进去，不多会儿就香气扑鼻。冬天日短，很快又天黑，无所事事又恬淡的一天就过去了。

生活的意义是什么？对普罗大众来说，生活本身就是意义。

我则喜欢带着三岁的女儿去田野里撒欢儿，拉着她的小手在田地中瞎走，看着她欢快地追着大鹅小鸭，坐在田埂上啃甘蔗，或者带她去树林里捡拾柴火烤火用。村子很小，不多会儿就能绕一圈。有时沿乡村公路走到隔壁村，路旁晒太阳聊天的老奶奶看我们眼生，用手遮着太阳老远就喊："你们是谁家孩子啊？"

就这么瞎晃着，两耳不闻窗外事，一个礼拜、十来天很快就过去了。蓦然回首，这样的日子，不知从何时开始已成奢侈。

二、坚守生活，防止"过度"

朋友水姐曾写过一篇《倦怠社会，"去有风的地方"》。她写道，"为什么倦怠？是因为太努力、太入世、主动或被动地太想要了，然而又没有结果"，并提到一个叫韩炳哲的韩裔德国哲学家在其《倦怠社会》中提出的"肯定性暴力"的这一概念。这一概念的大意是，倦怠是太过追逐世俗目标导致的，过度生产、超负荷劳动、过量信息，人们不断被成功逆袭、做一番事业、追求幸福和成就等目标和任务所充斥，陷入过度积极性，完全自愿地自我剥削。

在乡下的这些天，远离了"过度"的刺激，我才发现生活本该如此美好。

我的母亲这几年在上海帮我带孩子，一直有些萎靡。她有事没事刷手机，看到疫情有关的短视频，忧心忡忡，自己不出门不说，还不让孩子出门；看到拐卖孩子的新闻和小道消息，提心吊胆，叠加疫情的影响，坚决不去人多的公共场所；买菜买水果，又总要一通抱怨，保鲜剂、催长素、打蜡，一副"总有刁民想害朕"的样子……城市过度的、碎片化的信息刺激，让她对外界充满疑虑，时常一惊一乍。

回家的这些天，她抹桌椅板凳、擦窗户，拆洗被子、洗衣服，晒这晒那，杀鸡、炸鱼、做饭，抽空去赶个集买点生活用品，一直很忙。虽然偶尔"抱怨"几句父亲和我"偷懒""不干活"，却很开心——简单的属于劳动的开心。

我的女儿，在田野上悠然自得，渐渐融入了大自然和村里的小伙伴中。有一次，我带她进城到火车站接她的妈妈，由于时间尚早，我们先去离火车站不远的万达广场逛了逛。一进商场，炫目的抓娃娃机、捉小鱼喂小鱼、卖各种玩具的商店、所谓的3D打印巧克力的机器、价格不菲的商场巡游小火车、充满各种诱惑之声的游戏厅，一下就把她迷得五迷三道。她什么事情都要去试试，什么玩具都想买，完全没了几个小时前在乡下的气定神闲，不被允许就号啕大哭，最后还误了接站时间。

我上海的朋友S君，一个月多了，奥密克戎还没有脱身，她80多岁的父母尤甚。他们试过各种医疗办法，都不太管用，加上各种XBB的真假消息，全家决定“能不出门就不出门”。那个春节，他们怕是在自我封闭中度过的。

我乡下85岁的奶奶，大致跟S君父母同期感染，由于年老虚弱，前面一个月也深受病毒困扰，乏力、缺乏食欲、萎靡不振。随着干点活、晒晒太阳、跟人聊聊天，在几乎没吃药的情况下，很快恢复健康。

城市充满“过度”。为了健康，过度医疗、过度“养生”、60岁就过早养老催生的“养老经济”等，都成为城市经济的“亮点”。至于效果如何，人们各自有一本账。反观我的奶奶，80多岁了，依然种点菜、养十几只鸡、去林子里捡柴火，在自然作息、简单劳作中自然“养生”，除了眼睛、牙齿不太行，其他都还不错。过往疫情三年，她最大的愿望就是一大家子一个不落地团圆。2023年春节终于实现，在子孙满堂的笑声中，一个老人生活的诗意自然流淌，哪还需要什么“养生”……

正是对“过度”的计算、撩拨、策划、刺激，催生了城市的繁盛。只是今时不同往日，过多的“过度”累积了巨大成本，消费主义、身心和信用透支、过度投资、各种时髦“概念”狂轰滥炸，人们急于释放欲望，市场便捷满足“消费需求”以及快速“创新”下一个兴奋点……日子久了，大家发现生活并没有本质变化，自然要陷入怀疑和倦怠。

我们应该向乡下人学习，守住生活的本意，谨防深陷他人精心设计的“过度”牢笼，一切就终将回归原本的美好。

三、多谈“富足”，少谈“富裕”

当然，几家欢喜几家愁，乡下的新年也存在巨大落差。有人一年到头没赚到钱、没攒下钱，有人捉襟见肘地盘算春节怎么过，也有人因为男主人在外面不务正业导致经济窘迫、面子尽失选择不回乡过年。总的来说，窘迫的基本都是心思不定的青壮年。他们多在外打工，有些年他们会选择年底拼命冲一把，带点钱回家过年；有些年只好囊中羞涩地提前返乡，连以往火爆的麻将桌、扑克牌桌也变得冷冷清清。

气定神闲的主要有两类人。一类是勤劳简朴惯了的老一辈。譬如我的大伯，在种点地之外，兼职为乡下白事唱祭文，多年来攒了不少钱。这两年村旁修公路，需要大量劳动力，他们老一辈又是主力。前两年的年前几个月，公路上集中栽树、种草，他跟伯母两人出工，一天可以赚三四百元。乡下吃住用都是自己的，几乎没有额外消费，他们老两口光年底就攒了好几万元。

尽管他们的两个儿子都老大不小还心思不定，一个想建房但没钱，一个离异、没钱、梦想暴富，尽管他们还要肩负三个孙子孙女的日常开支，尽管迎面而来的养老只能靠自己，但大伯两口子始终很淡定、知足。外面的世界再如何充满危机、焦虑、“躺平”，都与他们关系不大。任尔东西南北风，“手中有粮，心中不慌”。

还有一类是坚守住自己的年轻人。比如，一些人在外打工做衣服、鞋子、打火机，做成了老师傅或小主管；一些人开大货车跑物流，十几二十年踏踏实实做一件事，有了经验和一些积蓄，家中的乡村别墅盖起来了，车子买好了，其中有些人还在县城买了房子，尽管也有子女教育等生活压力，但足以抵挡外部形势的变幻。

多年来，包括家乡小村在内，人们热衷谈论“富裕”“共同富裕”。但究竟什么是“富裕”？因为没有标准，导致许多争议。从本意上说，所谓“裕”，是指衣物富余，强调“有余”。但“有余”的标准是什么，余多少才叫“富裕”，并不清楚，反正追求更多的“剩余”就对了。

“剩余”就是目的、意义，人心便永远不足；但追求“剩余”的大军中，定然失败者众，多数人注定在追求“剩余”的过程中迷失自己，倦怠、“躺平”、廉价的娱乐（麻痹）便是必然。乡村亦如此。

我们真正要谈的，应该是“富足”。“富足”是有标准的，那就是足够＋知足。人人心中各有其底，也知道各自的能力和界限，就不至于迷失在过度追求“剩余”、发财乃至暴富的陷阱里。对大多数人来说，年年富足，再加一点“年年有余”的祝愿，就是生活最美的样子。

所谓“共同富裕”，也应该叫“共同富足”才对，原因有五。

其一，全民都追求、占有“剩余”是不现实的。这些年来，也就是在全民盲目追逐“剩余”的过程中，许多人相对返贫，变得或“内卷”或“躺平”，或倦怠或愤懑。

其二，“富裕”是相对的，没有标准，如果所有人的“剩余”都多，也就体现不出谁富裕谁不富裕。要放在一起比较才成立，而这样对社会价值的导向并不好。

其三，过于强调“共同富裕”，难免与平均主义、“共同贫穷”联系起来，对真正富裕群体的心理冲击较大，容易戳伤“创富力量”的积极性。

其四，“富足”强调的是“富”+“足”。知足、知止，有界限、有敬畏、懂感恩，是中华文明的传统美德。诚然，经济要发展，需要刺激，但没有目的地刺激所有人，并非好选项。所以，主流价值观应该谈“共同富足”。

其五，“富裕”创造更多“剩余”，应当交给专业人士——企业家群体、创新力量。一方面，保护、激励他们富裕，创造价值，奉献社会，再结合分配机制带动更多人富足，才是走向“共同富足”的根本——现实中也是如此，只有老板赚到钱了，员工才能变得富足；另一方面，应该让专业人士干专业的事，如果让善于创造“剩余”的人去搞人心教化，实在有些专业不对口、浪费资源。这是与“共同富足”并行的另一条线。

从“共同富裕”到“共同富足”，虽一字之差，却或是醒世良方。

四、多谈“休养生息”，少谈“强化管理”

这些年的乡村振兴了吗？我的答案是肯定的。

这两年，从老家村旁经过的宜万同城快速通道（双向六车道一级公路）贯通，以往村里人去市里坐火车至少需要两个小时，现在只需要半小时。

我的奶奶对此感慨良多。作为一个出生于20世纪30年代末的老人，她见证了这个小村乃至国家的沧桑巨变。放在几十年前、二十年前、十年前，她都不敢想象会有这样一条大道经过我们这座山脚下的僻静小村。还有山那边、山坳里的好些村庄，90年代甚至还几乎与世隔绝，即便同属一个乡镇，我们本地人也都觉得神秘并且与之少有来往。随着快速通道的贯通，乡里人惊讶地发现，他们已整齐地在路旁修建起漂亮的乡村“别墅区”。

这些村庄，如果不去“振兴”，就只能被经济规律、市场规律淘汰。虽是所谓“规律”，但凭什么“规律”就应该由别人来定义，自己的命运就应该由别人来决定？

早在十年前，包括我们村、山坳中的那些僻静小村在内，中国大多数乡村都通了水泥路。路好走了，私家车也多了起来。随后是电商、快递进村。除了乡村教育的衰退，其他基础生活条件其实好了很多。人们发现，乡村与城市的距离并不那么遥远了（当然，教育除外）。面对城市动辄七八千元的房价，一算下来，同样几十万元，只能在县城买套90平方米的房子，在家却可以盖一栋漂亮的现代别墅，还可以再买一辆车，而且没有房贷，自给自足，生活质量并不差。就业方面，骑电瓶车最多半小时可以抵达各种工业园，压力不大，能找到生计，又何必舍近求远、背井离乡、抛妻弃子去城市瞎折腾？

事实上，今天市场要“收割”一个城市中产人士或上班族并不难，房价、物价、教育、税收、消费主义、债务陷阱，都在“强化”；老板要“剥削”一个员工也不难，“996”、“居家办公”、缩减福利、增加工作量，越来越有底气。但在乡下，要如此明显“剥削”一个农民，反是难事：各种农业税费早已取消，现在从务农政策上来说还有各种补贴；乡村生活自足为主，房价、物价再涨，影响都可以自己调节；去上班，说好工作8小时，超出时间不给加班费谁给你干，又有几个老板敢拖欠他们的工资？

在乡村，但凡勤俭、知足、存钱之人，日子过得都还算富足。普通城市中产人士，在他们面前其实只有形式上的优越（除了子女教育）。一面往乡村注入资源，一面减少管控上的干扰，让农民“休养生息”，乡村的振兴就是自然而然的！

至于另一个现象——今日城乡融合之停滞、乡村振兴之难，本质上并非路线不对、违背市场“规律”，而在于城市自己都难。

这些年来，从城市与市场，从地方政府到企业，从组织建设到人才、科研、创新，从各种报告到会议，凡事一上来就大谈“强化管理”，结果是管得越来越多——报表、考核、流程、工具越来越多，人们却越来越疲惫，发挥能力与创新的空间越来越小，大家最终都在“强化管理”中沦为流程、工具、数字，失了意义、心气、斗志，如何能不倦怠？可见，过度“管理”也是一种病。

治病之方，也便在这充满智慧的“休养生息”中。

除夕，乡下团圆的鞭炮从各家各户传来，还有此起彼伏的烟花，给新年带来喜庆氛围和祝福。此前，我有两个春节都是在上海过的。城市禁燃烟花爆竹，所以一片寂静，街道空空荡荡，小区冷冷清清，人们大门一关宅在家中看电视，也没有什么亲戚要走，春节大抵在孤独中度过，还不如日常的周末。这样的春节，实在不愿再过一次。

当然，新年焰火下，家家各有难处，乡村更非世外桃源。但这样缓慢、自然的乡居小日子，足以慰藉城市游子倦怠的心，并引发深沉的反思。

31

民间经济的韧性

一、15 元的自助餐

堂弟说要带我去县城吃一顿 15 元的自助餐。

我好奇，15 元钱，能吃啥?

他介绍说，有 38 个菜，可乐、啤酒免费，口味还不错，“全村有一半的人都去过了”！

有一次趁着进城，我特意去看了看。饭店位于县城新建的大公园旁，地段不错。走近一看，门口大招牌赫然写着“40 多道菜品，15 元随便吃”“水果畅吃、饮料畅饮”，颇有诱惑力。

进门一看，大厅摆着十几张大方桌，旁边堆放着啤酒等饮料，开放式厨房，烹饪过程全程公开透明。晚餐时间临近，厨师正卖力地炒着菜，香气四溢，传菜员正端着刚炒好的一盆菜盛到菜盆里。

看起来，像简朴版的酒店自助餐，虽空间紧凑，但开放、整洁，除凉菜外，热菜几乎都是现场炒制的，品种确实不虚，卖相也不错，且荤素搭配合理。饮料、水果品种虽不多，但都是主流品牌，且全场畅饮畅吃……15 元，“还要啥自行车”！

我好奇地问老板怎么赚钱，老板狡黠地笑笑，没接话。

我们分析了一下：一是薄利多销，生意确实好；二是口碑传播，无须推广；三是成本控制，食材量大且直采，还有人员控制。除老板负责收银、管理之外，整个餐厅只有四位工作人员——一位厨师，一位洗菜切菜工，一位传菜员，一位洗碗工（正餐时还兼服务员）；而 15 元的价格，顾客对口味的预期并不高，一般厨师即可，又省去了高额的厨师工资和人员流动的烦恼。

这种商业模式颇像乡村流水席的升级版本，即“永不散场的流水席”，不同在于乡村吃席礼金 200 元起，这里只要 15 元。

我们没留下来吃饭，原因是刚刚从县城的“古城”过来，喝了半下午的茶。

古城“从泉茶馆”是个老字号，有着百年历史。打我小时候记事起，村民不管进城卖菜，还是采购物资，都习惯去菜市场附近这样的老茶馆歇歇脚。要一碗茶、几碟瓜子点心，饿了就要一碗炒粉，价格都十分实惠。后来，城中心改造，这样的老茶馆一度面临消亡风险，好在前几年政府将城区一片老街巷改造成“古城”，几家老茶馆才又有了安身之处。在城市日新月异的进程中，老茶馆还逐渐承载起人们的记忆和情怀，渐渐发展成地方文化符号。

茶馆换了空间，价格涨了一些，但依然亲民。大碗凉茶，底下铺着厚厚的本地山野药材，冲上开水，一碗只需要三元，且无限续碗，拧着茶壶走来走去的大婶，见喝了一半，立马过来续水。小吃也依然繁多，油货、米片、冬瓜糖、卤花生、卤毛豆，七八元一碟，三四个人坐上半下午，也不过 50 元。

聊天到无话可谈，还可以上茶馆的戏台唱首歌，唱得好不好不重要，开心就行，旁人一鼓掌，唱歌的人更来了精神。有时，这里还会有地方戏团或县里文化演出，充满市井烟火气和闲情。在快速变化、充满焦虑的年代，这样的光景令人心生慰藉。

相比以往，环境确实改观了。这些年，外出游子过年返乡，都习惯来这儿坐一坐，此处渐成乡愁的寄托。所以经济再不好，也不影响这里生意的火爆。

二、生计为天

经济再难，老百姓的生计为天。

这两年不少在外打工的村民早早返乡过年。好在与大城市居民的焦虑不同，村民的心态还算平稳。一方面，乡土文化中的人历来不愿意诉苦，大家坐在一起，并不太愿意传递、增加焦虑；另一方面，大家还是要寻些生计和出路的。

2023 年雨水好，是本地冬笋收获“大年”，男人们拧着锄头进了竹林，多少有点收获，自己吃之外，还有商贩来收购，3 元 ~3.5 元一斤。女人们则背了竹篓，去地里挖原本无人待见的野藠头，本地人不吃，都卖给商贩，也是 3 元 ~3.5 元一斤。

冬笋这样的山货、野藠头这样的野菜，不可能打农药、施化肥，于是渐成城里人的新宠，需求稳定，挖多少都有商贩来收。所以，虽然城市工厂提前放了假，村民提早回了乡，但他们多少还有些事儿可干，有点收入可补贴，没有心思去发牢骚。

有一次，我去了我们村隶属的县城（上述县城是邻县，只是离我们村较近）。

本县是江西省制造业大县，多年前就从昆山引进了不少台商，以及从温州引进了不少制鞋、制衣厂，有某著名运动品牌的最大工厂和阿迪达斯、耐克等国际品牌的大型代工厂。近年，相关产业产能过剩，外贸又受阻，拖累本地经济发展停滞。

县城中心，几个新建的大商场生意一般，不少商街大量空置。反而是街心对角的老牌“国贸商城”，20 世纪 90 年代以来一直是高档次的标志，2010 年左右急速落伍，这两年转型为亲民路线，却是生意火爆。

除临街商铺外，“国贸商城”整体改造为大型服饰卖场，200 多元的羽绒服、100 多元的毛衣、几十元的秋衣秋裤，甚至还有 10 元的儿童玩具，款式多，品质好，备受城乡居民欢迎。眼见，许多大商场、专卖店容易成为“网络试衣间”，而这个平民商城，很少有空手出门的顾客。

纵然外贸遇到困难，但实力超群的中国制造能力，匹配巨大的消费市场，依然有超强的市场韧性；经济增速下降，物价提升，购买力下降，老百姓虽偶有抱怨，但心态还算平稳。所以，各种鼓吹放水、通过制造通胀来刺激经济发展、重新提振房价的观点，显然是脱离民众的精英式论调。

民间自有民间的韧性。近年来，各种赚钱效应弱化，大城市中产人士普遍收入缩水，加之人工智能的持续冲击，让他们十分焦虑。我的一位开废品收购站的朋友反而充满稀缺的乐观精神。

这位朋友一直在老家宁波慈溪市做废品收购生意，三年前分户出来，到杭州湾对面的嘉兴平湖市开站。不巧遇上疫情，连年亏损，压力巨大。以往经济形势良好的时期，人们热衷于新增增量，对旧物利用并不珍惜。疫情后的 2023 年，随着各方控制成本，对旧物利用开始重视且需求提升，进而带动了纸板、废旧金属等废品收购价的上升。

收购端也日渐稳定。三年来，他们夫妻俩维持住信誉，全年无休，努力控制住成本，一直屹立不倒，终于获得商贩们的认可，所以货源越来越稳定。供需两侧同步改善，年底一盘账，盈利 150 万元。守得云开见月明，他们计划在春节，全家来一场迟到多年的外出度假。

100多万元的利润，也许不算多，但对一个靠精打细算、一再“自我剥削”而坚持三年的家庭来说，是一个重要的转折。同时，他们的故事也给经济转型带来了重要启发！

三、时代转型，转的什么型

我们说了很多年“转型”，但究竟转的什么型？分析起来，长篇累牍，简言之大概可以如下表达。

一是从快到慢。

改革开放以来的40年，无疑是一个快速发展的时期。除了20世纪80年代末90年代初抗通胀、1997年和2008年世界金融危机的那几年，我国经济一直保持着高速增长。“时间就是金钱、效率就是生命”，这几十年，讲求的是速度、跑马圈地，抢到就是你的。

如此，越习惯快、越陷于“高大上”的人，越不知所措、越怀念过往的“辉煌”、越容易发牢骚，老觉得有谁在打压经济、打压自己。而那些本就习惯慢、接地气的人，心态就好多了——比如朋友的废品收购生意，各种小商贩把废品拉过来，过秤、付款，再打包，叫个车拉去工厂，并没有什么科技含量，显然不是一个“高大上”、赚快钱的生意，但坚守简单的生意规则，慢慢做着，就能扎根。越扎根，越能抗风险，韧性就越强。

多年来，我们一直追求“更快更高更强”，但显然，并非所有人都适合“快”，多数人也许更适合“慢”——本质上，慢是人生和社会的常态，快才是非常态。比如，人将大多数时间用来睡觉、走路、吃饭、看电视，而不可能一直剧烈运动。

快有快的干法，慢有慢的活路。以前走得快的人，未来需要向走得慢的人学习，包括心态。

二是从重建设到重运营。

快速发展时代，拼的是建设的速度，只要建得够快，账算得过来，即使运营跟不上、小纰漏多，关系也不大。

建设，大致意味着增量。显然，经济和社会发展，不可能一直快速堆增量。在向“存量博弈”转型的当下，与其怨天尤人、喋喋不休，不如转换思维，从对增量的执着，转为对存量的盘活。

譬如废品，作为经济和社会发展的废弃存量，在增量时代，毫不起眼，而一进入存量时代就启动增长。接下来，朋友的废品收购站定了三分之一的“增量”，同时，为节约每月五六万元的运费，计划自己买一辆货车。另据他介绍，当地的废品收购站正在联合起来，以循环经济、低碳、环保的方式，获取政府支持和资本关注。

再宏大的概念、再先进的理念，往往也需要亿万民众、万千市场主体去支撑和消化。这种消化能力、底层解决问题的能力，我们也可以把它叫运营。

不是所有人都擅长搞“建设”，多数中小企业、亿万平民百姓，也许更适合做消化、做“运营”。好在以前灰头土脸的运营人才，正在迎来他们赚钱的时代。

三是从“高大上”到微观上的平平淡淡。

对无数家庭和个体来说，要开始回归平淡的小日子。

慢一点、平淡一点又有什么奇怪呢？中国人过了几千年缓慢发展的平淡日子，就挺擅长过这种小日子。对亿万平民百姓来说，慢慢平复下来，经营好自己的小日子，在平淡中尽量丰富自己的人生体验，即是幸，即是福。

所以，转型，转的也是社会心态。

四、谨防“管理”陷阱

民间经济，自有其韧性和出路。在困难时期和转型时期，更需要推进的是“放管服”，而非一味强调管理。

工业化、城市化快速发展的这20年，本地县城变化巨大，面貌有巨大改善。但制造源头没有升级，且始终未培养出地方民富产业，导致持续发展活力不足；另外，县城房价、生活成本过快增长，家庭和政府债务杠杆过快增长，两相挤压，地方经济活力早已呈现衰退迹象。

其间，与县城面貌改善相对应的，是县城管局的不断壮大。目前，本县城管局公务员岗位有 80 余人，事业编 200 余人，再加上各种市政、园林系统临时工，一说高达 800 人。庞大的城管系统，对县城治理助力巨大，本县也屡获卫生县城、平安中国建设示范县、文明城市提名城市等荣誉。但类似邻县老茶馆、地摊、农民自种蔬果“便民临时摊点疏导点”等代表民间经济活力的成分，早已消失殆尽，上文提到的 15 元的自助餐馆，在本县也大概率无法生存。

另外，2021 年，本县也建造了一条古城老街，但地处城郊，完全新建，既代表不了城市记忆、一方乡愁，也缺乏特色业态、文化根基，因而经营困难，完全不似邻县“古城”的红火。

综合来看，城市烟火气、物价水平及民间经济活力，本县远不及 GDP 更低、“荣誉”更少但更具民间经济活力的邻县。可见，过于依赖外力，过于强调管理、面貌，往往导致民间经济活力的衰退。

五、从城管到农管

另一项值得商榷的“管理”，则是一些省份建立的农管局、农业综合执法大队的农管体系。一些地方农管成立后，管理工作开展得五花八门。

某地农管以环境整治的名义，禁止农村养鸡养鸭，抓捕圈养点外的“流浪鸡”；或者为追求美观（整齐），禁止种植带藤类、插杆类果蔬，如黄瓜、西红柿、丝瓜等。

某地农管为推进农民职业化，开展庄稼喷洒农药的理论知识和实践技巧考试，网上流传一则视频显示，一位老人种了一辈子地，却考试不及格挂科了。

某地农管将农民赖以为生计、当地小有产业规模的生姜强制铲除，理由是生姜不属于农作物，最后在不断升级的抗议和舆论压力下，召开专家会议，重新将生姜列入农作物范畴。但是，下一个“生姜”是什么？农民种点经济作物、改善生计的权利，是否都得由坐在办公室里的“管理者”决定？

某地农管成立后，开始翻阅相关政策，在秋收时节下到田间地头，展开“农机驾驶普法宣传”，并阻止作业，要求拖拉机驾驶员出示拖拉机驾照，甚至与交警跑到田埂上联合执法。虽然国家有拖拉机、收割机等农机驾照要求，但哪些农机属于机动车，农机在公路上跑和在地里跑如何区分，由谁来执法，以及是不是非要在农忙时节执法等，都值得商榷……

在城市治理进入简政放权、“放管服”阶段的背景下，乡村有没有必要倒退回去大搞城管式“管理”？

乡村管理不同于城市管理，在行政管理外，还有相当的自发性、熟人社会的环境约束、数字化管理、乡村振兴的现代化治理等。当下，乡村需要的是“振兴”，是助力，而不是过多的附加管理。早已习惯了城市管理、现代管理方法的当代管理者，万不可远离基层和乡村，忘记“农村包围城市”的道路和策略！

管理的逻辑，在于先有经济或社会基础、底层活力，而后疏导、组织，确保公平和提升效率。现代企业或城市管理的一大症候，往往在于过于强调管理、过度管理、因人设事、利益集团化，从而反过来影响源头活力。

在社会转型、活力缺失的当下，保护、激发、引导民间的、源头的经济活力，显然比“加强管理”更重要。

32

与故乡握手言和

一、回乡与离乡

2024年春节，是几年来没有疫情干扰的第一个春节。此前三个春节，许多人因为这样那样的原因，没能回家过年。

离过年还有一段时间，朋友圈里就有好些个朋友回了乡：有人因为亲友婚嫁，有人因为年底没有业务早早放假，更多人是因为离了职或失了业。还有一位北京的音乐人朋友，在北京做了十年乐队，两手空空，便回山东老家“找份工作照顾家庭，平时空闲弹琴写歌”。

多年前，当我们离开家乡时，都曾心怀梦想，或者豪情万丈，多少年过去，行囊空空，幸得总还有个老家可回。

回到家乡的人，卸下疲惫、焦虑。前几天，大多情意绵绵，或陪爷爷奶奶聊天嗑瓜子儿，或在院子里晒太阳，看猫狗互相挑逗，或去田野里转转，即便冬天的土地光秃秃一片，也觉得兴意盎然。

兴致没过几天，开始觉得烦闷。未婚的被催婚，已婚的被问生计，即使不催不问，聊来聊去也都是家长里短，实在乏味；碰见村里人，顶多打个招呼，没什么好聊的，也压根聊不到一块去；还有人说，在城市天天洗澡，回老家几天，澡没洗、头没洗，都不敢照镜子……

一个朋友感慨地说，心里倒是想住那么一个月，但又觉得住不了几天，“什么事情都只可远观不能近看，甚至包括亲情”。

多少年了，故乡还是那个故乡。好的一面是，它并没有本质上的变化，依然承载着我们的乡愁；不好的一面是，它依然没有多少变化，依然有许多理由让我们想再次启程离开。

就在这离乡与回乡的反复中，我们度过了一年又一年。

田间嬉戏

二、故乡之“故”

故乡之“故”，指的是过去、原来的意思。当然，这个好理解。但古人造字，往往还有其深意。

“故”字，左边一个“古”，代表过去；右边一个反文旁，另有寓意。反文旁以“攴”为象形，类似以手持杖或持鞭击打之形，因此以“攴”“攵”为旁的字，本义大多与鞭打、敲打有关，如“敲”“牧”“教”等字。与“古”字结合，大概意思就是古代的事物已经没有了，不必拘泥。

再解读，“古”为会意字，上为“十”，一生二二生三，到了“十”就是很多的意思；下为“口”，口口相传。我们从人们口中听到很多以前的事情，便是“古”了。

妙就妙在这反文旁的“敲打”。一或有教育的意思在里面；二也是说，其实过去的事情，都是从他人口中、记录中得知，但又有谁清楚地记得以前发生的事情？也许大多都被篡改、遗忘了。

“故乡”，也概莫能外。年少时，故乡土地上发生的事情，自己又记得多少？每个人的记忆，也是有选择地记得一部分，记得的“好”多一些，便是乡愁；记得的不好多一些，则是怨恨。只是，不论爱还是恨，对那片土地、那些过去的事，又有什么影响呢？

中国人的浪漫，便藏在这世事洞明的豁然之中。过去已作古，今天又何必当真，拘泥其中又有何意义？

这年复一年的年底还乡，不论喜不喜欢，待一些日子，放下乱糟糟的事儿，团聚、玩乐、祝福，待得过完年，再各自奔赴前程。

尽管有如意、不如意，但总归还有故乡可回，就好。

三、与故乡握手言和

我曾与一些跨越大海，前往异国安家的朋友交流过。他们多为中产及以上人士，以前或干房地产，或干金融，或为互联网大厂高管，或为商贾、官家子弟。他们或中年或老年，积累了比较厚的身家，无须再努力，大多也无所事事，无须像低端移民那样从服务业做起，但也难以融入异国主流、像以往那样大展拳脚。

资源还在国内的，两边跑跑，寻找投资机遇。只是这些人十分挑剔，抱守居高临下的态度，评论倒是很多，哪哪看不上，啥啥问题一堆。更常见的，还是就地搞“房地产”，买别墅或一些公寓，分租给中国的留学生或刚去的华人。

“白头宫女在，闲坐说玄宗”，闲时多了，一些人就在各种群里整天谈论“故国”，或“故国”新模式、新动向、新观点。时常讨论得异常激烈，火药味十足，充满知识分子式的顽固思维。只是，多数时候“破而不立”，啥事儿上来一阵批，说起解决方案，往往默不作声。

倒也不难理解，如我们闲时聊故乡。

中国人说起故乡，多半情绪复杂。有时感慨物非人非，不复当年模样，日暮乡关何处是；有时感叹天上一日地上一年，多少年过去了，还是那般落伍、顽固。既充满深情、关切，又总有那么些不满或不屑。

这大概就是人对“故”——对自己的过去、对故土的情绪吧：既常常回忆，自顾自地咧嘴而笑或黯然神伤，又时常遗憾地想，如果不是那样那样，现在也许就会怎样怎样。有时深陷其中，有人始终出不来，就会生起病来，今后的日子也没法儿过。

另外，不得不承认，大多数人的故乡都是“中不溜”的，身处大城市郊区或发达地区，被轰轰烈烈地“现代化”了的，总归是少数。而有能力漂洋过海，在异国安居乐业的，更是凤毛麟角。

以今时、此地为镜，故乡多半千疮百孔、万般无奈、令人惋惜。但要知道，我们只是故乡出来的少数人，而多数故乡人，其实没有选择：谁不知北京好、上海好，但不是谁都可

田园风光

以选择；反之，我们如何说闲话、怒其不争，也不能帮助他们在故乡过好自己的日子。

一个“中不溜”的地方，就好比一个资质平庸的孩子，你不能总指望他光宗耀祖、出人头地。中国人对孩子已经够苛刻了，又何必对自己的故乡过于计较。故乡各自有各自要面对的问题，各自有各自的道理，各自有各自的路要走，又何须耿耿于怀。

与故乡、“故国”、过去的自己、过去的事儿、过去的成功之道、过去的发展模式等握手言和，我们才能更好地过好现在、奔赴未来。

如同，上述对“故”字的理解。

四、“有个老家真好”

十五年前，我当时的女朋友（即现在的妻子）买了一本叫《有个老家真好》的书来读。当时，喜爱看文学巨著、哲学思想、经济学经典、大国风云的我，对此颇为不屑：这都是啥书，大白话似的书名和内容，简直淡出水来。

五年前，我“走过世界，回到自己”，开始从事乡村研究和写作，渐渐如上文所述，去理解、反思，与“故”字握手言和。几年来，渐渐从“高大上”的经济学思维、财经类术语，回到人群与地气，乡村、故乡、乡土，渐成我文字的主角。

有一次，为了拍一期视频节目，我又在无意间翻起这本书。这本书写于1999年，作者是山东人，叫李公顺，不怎么有名。那本书也是他在一些地市级或法制类报刊上刊登的散文集，但风格朴实，充满真情实感，洋溢着那个时代的文学气息。

看着看着，我越来越喜欢这本书：它的书名和内容大白话到，像我故乡那些只上了个小学的叔伯和只上了初中的堂哥表弟的语言。他们没有“走过世界”，若问打工之路，不过温州、惠州、广州而已。不论在哪座城市，一到年末，他们就迫不及待地跟老板吵着早点回家，或干脆早早辞工。春节所在的那个月，又多半磨磨蹭蹭，过完元宵节再等着过完正月甚至清明节，才买了汽车票或火车票出远门。

我时常觉得，相比那些越走越远的“巨鳄”“大佬”，我应该更属于这些堂哥表弟；在人生或群体“走向世界”和“回到自己”的螺旋式演进中，通常更钟情于后者；在那些“更快更高更强”中，通常更在乎心安。

我问北京那个音乐人朋友：“在北京这么多年，既荒废了年华，又没在城市或音乐圈中扎住脚，觉得遗憾吗？”

他发来几个太阳表情，“还好吧。总归是要回归的，有些需要自己承担的，早晚还是得承担。或许走走停停才能找到自己……至于遗憾呢，让我成长了”。

今天，一代人的困苦，一代一代人早替我们困苦过，而且找到答案了。每个人生活中的困苦，也早有无数人替你困苦过。所以每个着急赶路的异乡人，其实都不孤独。

我庆幸于，自己不论怎样走，都还有故乡可以回。

我欣喜于，故乡土地上，那些缺乏选择自由的亲人，都还可以拍拍屁股回老家。

我宽慰于，大地相连，奔走在各地，或得意或失意的朋友，都还可以“白日放歌须纵酒，青春做伴好还乡”。

同时我又感伤于，那些远走异国他乡，因为各种原因想回老家而不易的朋友……

一路平安，奔忙的人们。

家乡天边的云

伍
问

33

土地产权是乡村经济的命门吗

一、土地产权是不是问题

长期以来，知识界在乡村问题上有一个常见毛病，就是一谈到乡村，就陷入土地、产权、城镇化这些问题，仿佛这些问题不解决，乡村问题就无解——可惜，这些问题短期内确实无解，那就卡在这儿，不继续往下研究了吗？

篇幅有限，在此我们集中说产权的事儿。我国当下乡村土地制度大致可以概述为农村土地集体所有、家庭承包经营、长期稳定承包权、鼓励合法流转，其中各界争论的焦点在于土地集体所有。抛开理论，从现实来看，我有以下几个观点。

首先，农村土地集体所有制没有根本问题。

举两个事实。

第一，中国两千多年的封建社会时期，乡村土地一直归地主阶级私有，但那时的乡村好吗？显然不是，生产力发展水平才是决定因素。

民国时期，土地买卖较为自由，但那时的乡村怎么样？事实上，比如长三角地区的农村就十分凋敝，因为人们的养蚕、纺织等传统手工业被城市工业冲击得非常厉害，农民收入锐减，但生老病死、婚丧嫁娶又是生活之必然，要用钱的地方少不了。此时，随着城市资本深入乡村，农民一般只能将房契、地契抵押以向城市资本借钱，但经济水平下降又不可逆，最后的结局往往只能是农民被迫卖房、卖地，去城市讨生活。但是，城市就这么容易讨生活吗？尤其是大量失地农民涌入后，劳动力价格不断下跌。当然，一定有人能发达起来，但他们不能代表主流，因为多数人还是社会底层。

第二，大多数人口多的发展中国家实行土地私有制，比如，巴西、印度的土地产权是清晰的，但他们的农民命运怎样？里约热内卢的暴力街区、孟买的贫民窟住的还是早期失地的农民家庭。假设，他们的政府宣布，他们可以回到祖先的居住地，分栋房子、分块土地，生活有着落，孩子能读书，家门口有点活干，乡下的基础设施也挺好，能上网、有快递，甚至每个月政府还补贴你一两百块钱……会有多少人愿意回去？这会是多少人的生活理想？

今天的中国农民，不正过着这种“理想生活”吗？虽然他们能给城市带来人口红利，但如果他们在城市“赌”输了，又不能回去，就一定会导致城市出现社会治安恶化之类的问题，届时社会治理成本就会抹平很多经济发展效益！

像我姑姑、姑父一样，中国农民有一个很多国家都羡慕的优势——他们可以在城市反复“搏一把”，“搏”输了照样可以回老家，等机会更好的时候再出来“搏”，直到有能力在城市安顿下来……这远比把土地、房子一次性卖掉，押上所有“筹码”，赢了单车变摩托，输了卖老婆卖儿女要合理得多。而这，就是制度优势！

也许有人又要拿出“自由”的帽子，让农民拥有选择的权利——比如可以自由卖地、卖集体权益，拿这个钱去城里买房不好吗？其一，不如先问问城里的房价答不答应。其二，借用英国作家毛姆的话回答：“人民大众不需要自由，安全感才是他们最深切的希望。”对精英阶层来说，“自由”的正向收益更高，但对底层人民来说，自由往往是把“双刃剑”——古今中外的例子都证明了这一点；而且，不要小看中产阶层以上人群对土地的占有欲，也不要高估了人性。

这里，为了防止有人断章取义，说我是个不喜欢自由、不尊重人权、主张倒退的人……我在此先把这个“漏洞”堵住。恰恰相反，我热爱自由、尊重人权、主张往前走，只是更实在一点：一是，凡事都有成本，“自由”也是，对底层人民来说，没来由的“自由”往往很昂贵；二是，事实上，除了缺点钱，中国农民远比我们想象的自由——只要我们不要逼他们“自由”；三是，我们要推进的，应当是他们真正想要的自由，而不是“诱人的面包圈中的那个洞”。

其次，当下农村土地集体所有制有其优越性。

举个例子，我老家小村是典型的“三无”（无资源、无风景、无风貌）农村，既不穷也远远说不上富裕。但如果放到二十年、三十年、四十年时间跨度上来看，变化无疑是翻天覆地的。

譬如，我们村还算规整，基本上只有两条水泥路，每户人家的房子都整整齐齐地码在两边，整洁、亮堂。这两条路之所以能修成，一个重要的原因就是农村土地集体所有制。要是放在私有制下，加上中国农民的小农意识，当初修路的时候肯定有人不愿拆老房子，这路就修不成！

也许有人会说，私有制下，修路可以协商、给他补偿。想多了，在我们那样的小村，修这两条小路都是政府为推进“社会主义新农村建设”掏的钱，没有任何经济效益，谁会给你补偿？如果有人硬要向政府要补偿，政府肯定不想开这个头，这路基本就修不成。其结果一定是，不好的话大家都不好，牵涉集体利益、公共利益的事，就很难办成。

那么，修路期间拆房的农民，利益就被损害了吗？也没有。农村土地集体所有制下，宅基地按户分，谁家有人结婚生子、分户了，集体就免费分给谁一块地。私有制下，农民得先去卖地，再去买地，一来一去，GDP 是增加了，但对农民来说并无本质差别（当然可以拿了钱去城里买房，但得看自己的地值不值钱）。两种方式各有优劣，所以也不必一味羡慕他人。

还有一个例子是浙江丽水市松阳县的乡村保护与旅游开发的事。松阳县是浙江最偏远的县之一，大山深处保留了很多传统古村落。前些年山上有一个村整体搬迁，土地性质转为国有商业用地，一家文旅运营商对其进行整村开发，把旧村拆除，继而改造为现代化休闲度假村，并拿出一部分销售。但这个做法很快停止，为什么？

按照市场逻辑，“拆除—新建”的成本往往低于古建筑修复、维护的成本，在规模效益指引下，一旦实行土地私有制，大概率会导致整村新建，其结果必然是古村“现代化”，原住民也肯定会被开发商想方设法迁离。如此，这些古村大概率会被房地产化、度假村化，再也见不到深山里的古村原生风貌，以及在其中开工作室、开书店的艺术家与原住民其乐融融的和谐之境，今天的游客恐怕也要失望了。

当前的农村土地集体所有制下，集体和个体的产权边界在大多数情况下相对清晰。而且，今时不同往日，个体权益保护其实是加强的：在集体所有制下，当集体侵犯个体利益时，一定会受到个体的反抗，而个体明显侵犯集体利益时，也会有其他人或组织站出来，相对平衡；如果不是集体所有制，那么当个体利益干扰集体利益时，除非影响太大，就很难有制约力量出现。

所以，农村土地集体所有制有其优越性，这也被越来越多的学者看到。

再次，乡村土地产权问题在变化。

在我老家那样缺乏市场价值的小村，压根就没人关心土地产权问题，甚至土地压根就没人愿意种。即便产权私有了、可以卖了，也卖不了几个钱，又有什么意义呢？

那有市场价值的乡村呢？在我调研过的许多乡村，农村土地集体所有制在随着市场发展演进。譬如城郊农村，可以按照市场化、房地产方式变更土地性质，拆迁“致富”，这个我们并不陌生；景区范围内农村，可以对宅基地进行长达 40 年的长租（城市商用物业产权只有 40 年），比如离上海市区较远的青浦区岑卜村，有一些城市居民看中它的“偏僻”，集中前来生活，早前几年，一栋农民房一年就可以租到 2 万~3 万元，近年政府整体规划，租金可以翻倍；还有一些地方已经在做“三权分置”（所有权、承包权、经营权分离）改革，甚至像浙江省衢州市柯城区九华乡的农宅，还可以将使用权精确到每一间房屋（比城市还灵活），以便更灵活地流转给市场主体经营“村民宿集”。

所以，有市场价值的地方，不管是市场资本还是民间资本，都在通过市场化的方法进入，它们不会因为农村土地集体所有就停止步伐。所以产权问题并不是市场化的根本障碍，有没有市场价值才是！

最后，农民并不关心产权问题。

如果问我姑姑、姑父，他们最关心的事情是什么，他们的答案肯定轮不到土地问题。而且就那么点地，就这么个经济水平，玩出花来也解决不了他们的根本问题！

如上，缺乏市场价值的地方，土地本来就不值钱，农民压根不会想产权这回事；有市场价值的地方，不需要卖产权也能变现，市场已经在定价了，操产权那份闲心干吗。现有产权制度下，农民已经实现了“安居+半乐业”（务工+务农），他们普遍关注的事情，主要有三个：一是“半乐业”剩下的那半份“业”；二是养老；三是孩子的教育。我们去面对、探索其中任何一个问题，都比盯着产权问题更有意义。

二、土地制度的几个基本事实

土地制度研究学者刘守英教授，在其专著《土地制度与中国发展》中详解介绍了中国土地制度的沿革、现实问题和一些经验探索。他实际主张的是中国传统的“田底权”（产权及收租权归地主）和“田面权”（农民有永久使用、转让、收益权）的分离模式，即在遵守“田底权”制度（城市土地国有，乡村土地集体所有）下，推进土地的“田面权化”、市场化——像城市住宅70年/商业40年的产权安排一样，在保留土地集体所有的“名分”上，将农民对土地的承包权、宅基地使用权逐渐向财产权做实。这也被另一位“三农”学者贺雪峰批评为实际上的私有化。

我们暂不参与学术之争，刘守英教授在研究中提出的几个基本事实，我们需要首先看到。

其一，土地私有并非绝对。譬如，英国法理上所有土地都归国王所有，但实际上约90%的土地归私人所有，而在2022年颁布《租赁产权改革（地租）法》之前，购房者每年需向土地所有者支付一定的地租，也就相当于购房者无法买到完整产权；在美国，约58%的土地归私人所有，但绝大部分森林、草地、保护地等由联邦政府和州政府所有（分别约占31%和10%），另有约1%的土地归城市政府所有……所以，我们要防止一谈土地产权改革、建立清晰产权，就掉入私有化的思维陷阱。

其二，土地用途管制是大多数现代化国家的共同选择：美国、加拿大、日本称之为“土地使用分区管制”，瑞典称之为“土地使用管制”，英国称之为“土地规划许可制”，法国、韩国称之为“建设开发许可制”。即便土地归私人所有，世界各国也都重视土地资源管理尤其是耕地保护，而且都经过了由分权、分散多头管理到集权、集中统一管理转变的过程。所以，私有化并不意味着绝对的市场自由，仍需向公共利益求平衡。

其三，我国的“世界工厂”地位，得益于低地价。20世纪八九十年代珠三角、长三角地区的高速发展，得益于廉价农民工的贡献，以及这些地区将近一半的集体存量建设用地的支撑；同期，各地政府“以地谋发展”，通过大量低价征收、转化土地性质，建工业园、招商引资，促进了各地工业的大发展。而2000—2011年，全国工业用地价格只提高了71.18%，与之相对的是，商业和居住用地的地价水平分别提高了308.76%和528.1%。依靠低地价+低劳动力价格+低福利制度，并经过许多牺牲，才有了我国的“世界工厂”地位。

试问，在土地私有制、市场化的国家，哪个国家能办到？不能一面享受制度的好处，一面又放下筷子骂娘，更不能将这些巨大牺牲换来的优势固化成既得利益从而不思进取。

其四，土地制度是国家最基础的制度，是执政和社会稳定之基础，任何简单的市场（私有）化思维，都是一厢情愿，于己于人都是无益的。同时，土地只是工业化时代的三要素之一，在以科技、人才、创新为核心的新时代，其重要性已经下降了很多，也早就不是今天乡村经济的“命门”所在。

所以我们要探索的应该是，在现有制度下，如何跟上时代发展所需和人民实际需求的农村土地制度改革步伐，并且需坚定制度自信，以稳为主，渐进图之。这方面有很多探索，在此不展开叙述。

三、乡村经济的“命门”在哪里

综上所述，知识界不应该再落伍地继续把乡村问题焦点放在产权制度、城镇化等老生常谈的问题上，因为这些问题的意义真的没有大家想象的那么大。

焦点在哪里？还是得去解决农民关心的重要且紧急的问题。

乡村教育和养老问题，我已经谈过很多次，在此不赘述。我国当下农村土地产权制度，保障了农民的基本生存，并且让社会不至于出现大动乱（农民失地—大量涌入城市—出现城中村—社会治安恶化）的问题。基本盘稳住后，关键还是发展乏力和产业升级的问题，即以我姑姑、姑父为代表的第一代农民工和我老家许多堂兄、表弟为代表的第二代农民工，共同面临且日益加剧的没活干、没有好工作可以干的问题。

解决方向只能是产业升级。

第一，农业需要继续升级。

中国以往的农村经济发展路径大致是，从20世纪80年代搞联产承包做一产，到90年代后发展二产制造业（各种工业园区建设、农产品加工等），再到2010年后搞三产（如农村电商、乡村民宿等），总体是进步的，但实践下来，都有各自的问题。那么接下来的思路就必须是“三产融合”，单独搞某一个产业都没有出路，只有融合起来一起搞！

这方面，其实有大量实践案例等着我们去了解和探索。

第二，继续以工业带动农业。

梁漱溟指出，中国乡村几千年来的核心问题是缺技术和缺组织：缺技术，所以只能看天吃饭；缺组织，所以无法联合起来争取利益，包括对接市场。要解决这两个痛点，目前最好的办法还是通过工业化组织生产。

譬如几千年来，中国农民搞养殖都是分散的，每家养十只八只鸡、两三头猪，一半卖一半自己吃，这样一来，一不市场化，二抗风险能力约等于零，来了鸡瘟、猪瘟就束手无策。当然，损失不算特别大，也就不敏感，以至于缺乏动力去搞科研、制定防范机制。目前，中国鸡、鸭、猪等养殖业都日益产业化，大型养殖企业对产业化的改造、公司+农户模式的带动、种养一体化、集中力量搞科研等市场化行为，对传统养殖业的改造都是根本性的。

农业也分很多类，粮食安全、耕地遵循国家管理，作为保底存在；经济作物、养殖业走向产业化，再结合区域特色农业，发展老年精品农业，走三产融合之路，才是中国农业发展的根本出路。

第三，科技持续升级，实现新的就业转换。

比如网约车、快递、外卖的出现，为青壮年农民进城提供了大量较为体面的就业机会。但是，下一个新的、高质量的就业点在哪里？这个问题就比空谈城镇化更有意义。

所以，中国乡村经济的“命门”，与城市经济、国家发展的困难是统一的，那就是加快产业转型升级，为社会提供更多更优质的就业机会。广大知识分子、媒体，应当面对实际问题、与时俱进，与其困惑、到处炒热点甚至忙于争吵，不如多去研究、发掘、报道，甚至参与制定中国转型升级的具体办法。

当然，作为一名乡村研究者，我欢迎大家多关注和参与乡村振兴。因为，5亿多农民依然是中国最大的群体，知识界、媒体界、财经界不去关心我们最大的群体，不能不说是一种遗憾。

34

中国乡村振兴的五个根本问题

“民族要复兴，乡村必振兴”日益成为国人共识，然而如何振兴？

不同于四十年城市化、八年脱贫攻坚尚有相应模式可遵循，乡村问题的复杂性和在地文化的多元性，决定了这一问题不存在标准答案。振兴的难度，不亚于一场深水区改革。

认识到“改革”的难度，并就一些共通的问题达成共识，往往是“改革”的第一步。在此先谈问题，具体路径可见《大地上的中国》一书。

一、最显性的问题

有一句话我们都会背——中国“以占世界7%的耕地养活了占世界22%的人口”。

20世纪80年代初，随着全国性推进家庭联产承包责任制，生产力得到了瞬间解放。1980—1985年，全国粮食亩产年均增长速度为4.83%。到1984年，全国人均粮食占有量接近800斤，温饱是完全没有问题的。

光“养活”显然不够，农民还得“生活”，有粮无钱，没有好出路。20世纪80年代末90年代初，社会出现不少乱象，这一时期是从“活着”到追求“生活”的过渡阶段，是转折期的历史必然。多年后的今天，社会大可自信、理性地讨论。

解决农民生活问题的，无疑是飞速发展起来的工业化。伴随着一波又一波的务工潮，今天，中国早已成为“世界工厂”，加上脱贫攻坚，人们的生活基本不在话下。

一般来说，从18到70岁的农民，只要有劳动意愿，只要走得动，生活都不是问题。问题就在于走不动的“一老一小”。

首先是“留守老人”。

与城市老龄化的严峻形势不同，乡村老龄化问题并不突出，何也?

一个很重要的原因在于，农民没有退休金，只要还能干活，哪怕是就近打点零工，也会劳作到彻底丧失劳动能力为止。

以家乡小村为例，一个120多人口的村庄，70岁以上无法务工的只有四位：一对老年夫妻，两位丧偶独居。其中包括我80多岁的奶奶，即便如此，她还要力所能及地养几只鸡、种点菜。

一面是乡村没有退休年龄上限，真正的“老年人”并不多，导致老龄化问题并不突出；另一面则因此更凄凉——一旦彻底丧失劳动能力，很多人将陷入艰难困境。

我80多岁的外婆就是这样。外公早已去世20多年，八个子女和数十个孙辈全都奔赴城市或外地谋生。不能简单地批评后人不孝，一生与土地相依的老人身上自带“土味”，生活理念、习惯与城里的儿媳们合不来，并不为奇。几个女儿，如我的母亲，又都被外孙接到城市带曾孙辈。

一方面，后人在城市讨生活并不容易，无法专人照顾，且异地看病难、看病贵，难以接她老人家长住；另一方面，老人不愿远离故土，又怕实在“无用”拖累后人，加之生活习惯不同，被时代淘汰了的老人家不可能再来重新适应城市，便由了她独居乡下老宅。

这几年，外婆年老体衰，饮食起居日渐成为问题。三个儿子中，一个前些年早逝，另外两个日子并不顺意且婆媳不和，母亲五姊妹便商量轮流接她去生活，但由于五个女儿需要打工或带孩子，她无法长住，所以她又不愿挪来挪去。

或者去养老院？这个话题光春晚小品就上演过好几次。小品的结尾，老年人多半在喜气祥和的氛围中选择了养老院。可乡村养老院并不是那么回事。

一面是儿女众多还去养老院，容易伤老年人最后的一点自尊；另一面是现实残酷，乡村养老院并不像节目中那么祥和——鉴于半慈善半商业属性，这就导致，往往你跟它讲慈善它跟你讲商业，你跟它讲商业它跟你讲慈善，它还缺乏基本的专业性。

也不尽然是专业问题，要命的是缺乏基本事实逻辑：镇里的养老院每月收费900元（县城最低1500元），要增加收费走商业化，一面是增加农民负担，且老年人因舍不得钱更不愿去；另一面是政策、舆论限制，无法推行；而以当下的物价水平，900元包吃住已经勉力（吃住质量可想而知），再要求提供“服务”，就有点强人所难了。

因此，除非实在没有办法，大多数老年人“打死”都不愿去。而实在没有办法的，去了也往往被吆五喝六，受训、挨骂是家常便饭，在地方老年人心目中，过得往往“猪狗不如”。

还有比“实在没有办法”更难的。进乡镇养老院须接受“面试”，无法自理的、残疾的、患有老年期痴呆的还会拒收。这些老年人要“安度晚年”，无异于天方夜谭……

商量来商量去，外婆的养老问题始终没有好办法，只好让还在老家打点零工的几个亲人抽空去看看她，带点生活用品，给她洗洗澡、搞搞卫生之类，过一天是一天。

事实上，乡村老年人虽然没有退休金，但并不缺钱。每每逢年过节，后人都会给一些，加之政府每月 200 元的农保，自给自足不成问题。击垮他们的，其实是精神的空洞和时代无情的抛弃。

为了证明自己还“有用”，我的奶奶养了许多鸡鸭、种了许多菜，城里的叔叔每次回家都能带走很多。外婆实在种不了地，老眼昏花还要扎点彩灯，每天“赚”个两三块钱。

她们不会用智能产品，甚至因为不识字，打电话还得找后生帮忙。她们知道后人各有各的压力和难处，生了病、要维修个东西，也多半能熬就熬着……这样的情况，是乡村老年人尤其是独居老年人的普遍状态。

时代浪潮奔涌，乡下人前赴后继地奔赴外面的世界，所面对的压力多半不轻，往往自顾不暇，只好把老年人遗留在原地。若苛责人们“不孝”，若恢复“父母在，不远游”的孝道，并不合“时代精神”。

但我们如此努力奋斗，是为了让时代更快地把我们淘汰？

其次，相比“没什么用”的“留守老人”，留守儿童问题已经得到较为广泛的社会关注，只不过关注点并未触及根本。

与“留守老人”类似，留守儿童的困境也在于，往往家长有能力的，都把孩子送到城里念书，不得不留守的，便是实在没有能力的家庭。教育成了最大的指挥棒，但现实中，总有相当数量的农民进不了城、买不起房、落不了户、进不了学区，这就导致留在乡村的家庭很大可能处于社会的底层，而且缺乏自信。

这时，任何激励都失效，反过头去批评他们“等靠要”、充满劣根性，是没有道理的。

所以，中国发展研究基金会原副理事长卢迈先生就指出，“现在城乡孩子的差距，可能比十年前还大”，而且在现实中，这种差距还会越来越大。但见这种差距，并没有成为一件多大的事情。

所有人只往前看，是我们这个时代的悲剧。社会崇尚市场化的“优胜劣汰”，人们前赴后继地挤进城市，政府顺其自然地把教育资源导向城市和“重点”学校，空留无力者原地张望，只会加剧其落后困境，并造成代际传递。

我曾在前文中说，一个理想之国，应当是精英推动发展，政府维护公平，社会充满人文。但当所有成员，不管是精英人士、政府，还是中产人士、底层民众，不管是主动参与、随波逐流还是无可奈何，都一心追求“高大上”，那么被遗忘在低处的乡村“一老一小”问题，何尝不是这个美好时代的巨大疮疤。

二、经济发展的主要矛盾

当前乡村的主要矛盾是什么？我曾在前文中尝试回答，那便是“迅速解放的生产力与落后的乡村治理之间的矛盾”。

与人们的传统认知不同，今天乡下的很多农民化身为农民工、临时工或者小商贩，不再靠土地吃饭，跟工人、商人一样，靠工资或商业利润生活。他们也不再自给自足，像城市居民一样，需要花钱买粮、买菜、买肉吃。

尽管有着这样那样的问题，但这的确是农民最好的时代！他们第一次从土地、性价比极低的劳作，以及家族宗亲等传统文化束缚中解脱出来，不再需要提心吊胆地看天吃饭，不再需要戴着“流民”的帽子去外地讨生活，也不再需要将大部分报酬上缴“家长”、地主或政府。

农民有了新生活，减了负，作为另一大生产要素的土地也是如此。吃饱早已不是问题，加上现代农业技术的发展，土地可以不再固守产粮，在坚持耕地红线的基础上，以市场为导向，走二产、三产都可以，广袤乡土理应具有更多的可能性。

理论上，生产要素的解放，必将带来生产力的巨大解放。但现实差距不小。

一是解放出来的农民并没有太多好出路，靠打工、做点小生意维持生活尚可，但要追求“美好生活”恐怕不够。

作为劳动力，他们已经被城市二产、三产定价，不可能再倒回去接受一产价格，城市又始终对他们进行着“市场歧视”，比如户籍、金融、教育、医疗、文化歧视等，解放出来的农民，何尝不是进退两难。

回顾曾经作为国家战略目标的“四化建设”，工业、国防、科学技术如今都跻身世界前列，唯有农业始终处于“半吊子”的现代化境地。与此类似，作为农民工的“半现代农民”，也处于似工似农又非工非农的尴尬境地。

一产回不去，二产无法深度参与，中高端三产能力、资源（如技术、金融、组织）又不足，并没有太多上升空间。如此，温饱有余，前途未卜，谋生有余，对抗无力，加之乡村生活压力远不如城市、奋斗动力不足，便形成一个更甚于“城市中等收入陷阱”的“半现代化陷阱”。

而这些问题并没有引起地方政府与社会的广泛重视。与解放了的劳动生产力不相协调的，是明显落后的乡村治理。

对于走向二产、三产化的农民，政府沿用的仍然是一产的管理结构，除了少部分发达地区，大部分地区依然以生产队为基础单位，虽然它早已不再生产。

村委会成为政府派出机构，村干部吃的是公粮，不再贴近农民利益。以村支书、村主任、会计、妇女主任、治保主任为核心的“领导体系”，也难以带动乡村发展。

由于农业税费早已免除，至县乡政府，不但不靠“三农”吃饭，还得应付越来越“聪明”的农民上访、“闹事”——没有利益，只有责任和压力，无论感情还是理性决策，恐怕都在促使基层政府疏远“三农”。

城市及打工所在地政府，鉴于外来民工并非自己的一亩三分地，除了“农民工工资不能拖欠”“不能出事”的基本要求，并没有组织、帮助、带动农民工的感情和立场……

缺乏组织、引导、提升，放任自流，解放出来的生产力，何尝不是离了枝的落叶，被风吹到哪里算哪里。

再看另一大生产要素——土地。土地问题虽重要，但并不关键和紧急，却被许多地方倾注了过多精力。

从革命年代的打土豪、分田地到新中国成立后的土地革命，从人民大公社时代的公有化到改革开放肇始的分田单干，从21世纪初的园田化、集中生产到现阶段的土地确权到户，以及近年局部出现的合村并居、恢复耕地……尽管都有顺应时代发展的一面，但一些地方管理者的眼界和思维始终停留在土地上，分分合合、合合分分，反复折腾，也是事实。

由分到合、严格规范是当前许多地方土地政策的导向。但依靠行政推动，花大力气集中起来，走二产化规模运作的“现代农业”，其“现代”弊端也日益凸显，如滥用农药化肥、转基因技术，破坏水土、“芯片”安全，增加食品安全风险，导致供需失衡（低质量产品供给太多，自然、有机的高质量产品供给不足）等。

在工业强调供给侧改革的今天，农业同样需要供给侧改革，一味集中，一味求规模、求产量，是对土地生产力的一种浪费。同时，农民经营农业的积极性本来就低，尤其是非平原地区集中生产的推动，客观上也加剧了零散土地的大量抛荒现象，使得土地生产力出现再次浪费！

从世界范围内看，鉴于地理、人口数量、历史的不同，无论是美国“盎格鲁－撒克逊模式”的大农场，还是欧洲“莱茵模式”的中小农场，其规模化、二产化之路，都不太适合东亚各国的小农模式。

日本的小农经营为何能实现现代化？并非因为土地规模化，而是走精品化、市场化、农会组织化的生产、运营之路，反而更值得占我国国土大部分的非平原地区的乡村借鉴。

顺应时代未尝不对，但牵涉亿万民众未来发展的改革，不可以没有时代精神！社会治理思维不应局限于现在，也不能停留在过去，更须面向未来。

从一产解放出来的农民，最关心和急需的并非土地。能否帮助他们更好地走向二产或三产？

作为留守土地的专业种植户，在守住红线的基础上，是否可以给他们一些市场化调整的灵活空间？

作为进一步减轻农民负担、解放农民创造性的举措，是否可以将政府补贴花一部分去解决乡村“一老一小”问题，而不是过量搞乡村亮化，或者拿公众的钱过量补贴给少数人搞“现代农业示范园”？

因此，当前时期，宏大的土地问题大可放一放。在确保政策底线的情况下，终端的土地政策也大可放一些空间，根据不同地域、不同对象，给予土地生产力更多的解放。

乡村基层治理与土地，无论何时都是国之根本，但重要不等于固守。由于乡村始终处于半现代化、半市场化，乃至半开放半封闭状态，政策、法规、民情、风险不确定，社会资本、社会团体亦不敢轻易进入。内力不足，外力欠缺，乡村经济发展总体上缺乏引导，仍处于自生自灭的粗放管理状态。

随着国家跨越中等收入陷阱、“三农”跨越“半现代化陷阱”，对基层治理的改革，对土地生产力的进一步解放，并非动摇国本，反而是社会主义新的发展阶段、高质量发展新格局下，乡村振兴、巩固国本所必须积极面对的重要课题！

三、乡村政治问题

乡村政治中一个很重要的问题，在于广大农民对政治“不感兴趣”。

这个结论不稀奇，毕竟自古如此。历史学家秦晖就将中国传统政治概述为“国权不下县，县下唯宗族，宗族皆自治，自治靠伦理，伦理造乡绅”，也就是说，传统社会中的普通老百姓是无法参与政治的。

国家政权真正进入乡村，广大农民全面接触政治，始于新中国成立后的土地改革。土地改革的历史意义，在于通过“彻底推翻乡村旧秩序，使中国借以完成20世纪的历史任务——‘重组基层’，使上层和下层、中央和地方整合在一起”。

此后，20世纪50年代中后期开始的“人民公社”，以及80年代确立的“村民委员会”自治制度，都是相应历史背景下组织“三农”的有效探索。

今天，市场经济下的村民自治面临两极分化。我在前文中有过详细描述，我认为这条线是明线。**还有一条线与乡村无直接关系，却更加根本，那便是中央对地方的管理与地方政府公司化之间的矛盾。**

中央对地方的管理与地方政府公司化，都是时代发展之必然。除春秋外，中国自古以来的盛世基本都是得益于中央对地方的管理。结合中国多元、内倾型文化特点，现在中央对地方的管理更是维护国家统一、稳定，社会主义存续、发展的重要保障。

地方政府公司化，则是经济发展的重要保障。20世纪八九十年代，分税制改革期间，财权上交中央，地方要发展，必须充分调动各地积极性。一方面，GDP、招商引资、发展速度成为地方政绩主要指标；另一方面，地方政府之间展开了激烈竞争，彻底激发了地方政府的活力。可以说，没有地方政府之间的自由竞争，恐难有经济的飞速发展。

但也要看到，正是这两项制度的合流，客观上加剧了乡村的边缘化。

各届中央政府始终高度重视“三农”，在20世纪80年代末的经济困难时期中，为了推动乡镇企业的健康发展，中央关停、并转了一批经济效益差、浪费能源、污染严重的乡镇企业。

地方政府由于其庞大的公共支出、经济发展和竞争需求，向经营要效绩成为必然。最能出绩效、最快有产出的地方在哪里？招商引资、贩卖自然资源、产业园、新城区、房地产等便成为必然。

基层乡镇政府更难。可卖的东西有限，权限又小，既无财权，又无执法权、处置权，还必须冲在“三农”第一线。现今法治社会，农民自我意识增强，特别是老年人无所忌惮，往往端起碗来吃肉，放下筷子骂娘。基层干部权轻责重，普遍两头受气，工作压力巨大。上有政策下有对策，囫囵吞枣、应付了事、形式主义等问题，在所难免。

对地方政府“公司”来说，农业产出慢，且上限明显，缺乏想象空间。加之取消农业税费，“三农”不但不赚钱，反而要不断投钱、补贴，不但加不了分，反而成为“拖累”。如此，只有责任没有利益，只有风险缺乏回报，必然导致“公司”管理者的疏远，这再正常不过了。

若非社会主义的优越性，如此发展，在一般国家，“三农”与基层政府恐怕已产生矛盾甚至对立心态。

一方面，中央已经认识到这个问题，要求五级书记抓乡村振兴，并加强基层治理、党性教育，“三农”管理正在改善。

同时，我们也要实事求是地看到，中国乡村政治建设不过70年历史，从土地改革到人民公社再到村民自治，已经历过三次重大改革，虽都无法尽善尽美，但在历史长河中，不过一瞬。我们才刚起步，而且始终在进步。

另一方面，中央对地方的管理与地方政府公司化的政治架构，中间存在一定的社会空隙、管理空白，需要进行制度完善，这也是重大课题。中央提出的生态经济、生态文明转型，谋于长远，方向明确，相匹配的行政管理改革，相信也在路上。

我们的社会主义建设，幸未偏航。

四、文化断裂才是危机所在

客观来说，若把中国当下面临的问题分个轻重缓急，那么乡村问题目前并不紧急。

乡村“一老一小”，虽被遗忘，好在生存无忧。以“发展”的眼光来看，市场优胜“劣”汰，牺牲也是难免。

乡村经济，虽难以突破，但自给还是有余。农民虽然收入较低，但要算上庭院、副业，如种菜养鸡、种点果树、挖个笋抓个鱼等隐性收入，差距并没有数据显示的大。加上没有房贷、自然环境较好，生活质量甚至优于不少城市居民。

乡村政治，虽有改良空间，但当前情势，除了建房、为新生儿办户口，农民常年无须找政府，基层政府既无须向农民征税派粮，也无须靠“三农”出政绩。大家互不打扰，相安无事，也不错。

要说政通人和，风平浪静，也是可以的。真正的危机，在于被广泛忽略的乡村文化断裂问题。

今天中国的许多乡村，物质盈余之下，往往是精神的极度空虚。留守乡下的中老年人，打麻将、扑克是他们的主要活动。家乡小村，不管春节还是平时，不管刮风还是下雨，吃完早饭、午饭，几个固定打牌点必然人满为患。三顿饭、两场牌，就是许多村民的生活日常。

大人打牌，省得孩子吵闹，又不懂如何与孩子交流，便随手丢个手机。去各家一看，孩子或独自端着手机，或三五成群，不是玩手机游戏，就是刷短视频，成天头都不抬。当城里孩子参加各种培训、养成自律习惯，早早放飞的乡下孩子恐将“越飞越低”。

这些还是显性的，移动互联网文化正以我们想象不到的速率侵袭着乡村。许多平常我们听都没听过的“垃圾”APP、小程序，其最大的市场，恐怕就是老年群体和广袤乡土了。过年回家，我就发现我60岁的父亲除了打麻将就是抱着手机看小说，说是免费、能攒金币“提现”，最后钱没提几块，倒是往里充了不少钱。瞄了一眼，多是“特种兵回家发现妻子被侮辱便复仇恶霸”“农家娇妻桃花多”之类的小说。

老人在看，小孩在“写”。譬如一些“写”小说的APP，只需要简单设置人物，取个名字，打一些关键词，然后在对话框输入“快点”，就能自动生成“对话体小说”，堪称人工智能写作“高科技”。我11岁的小侄女、10岁的外甥女就热衷于此。小侄女取了个“人间美女 ×××”的名字，课余时间“写”了三个月。我偷偷关注了一下，全是《国民校草爱上我》《温柔错付人》之类，点击量数百万，是我写几年乡村、财经观察和文学作品阅读量之和。我是要羡慕呢，还是该自叹不如？

现代市场经济往乡下倾销劣质工业品的时代逐渐过去，倾销劣质文化商品的时代已经到来。

如果说劣质商品还有其客观市场需求，且防不胜防，那“黄赌毒”、迷信的侵入则必须重点防范。此类情况，我在此前文章中已有不少描述，也是有乡村生活经验的人多少清楚一些的事实，在此不赘述。它们带来的社会隐患，则是直接且违法的，必须严加防范。

诸如此类现象的背后，**反映出来的根本问题是，乡村文化的主体性在加速消失。文化失魂，又缺乏自律和外部约束，面对现代市场经济的降维打击，只能没有抵抗力、分辨力地被动接收。**

有一个现象是许多人包括知识精英至今都不能理解的。我之所见，今天的乡下，许多农民家里普遍还贴着毛泽东的画像、供着其铜像。按理说，人民公社时期，农业价值被超常提取，农民普遍穷苦，吃不饱饭是常事。现今生活富裕，吃穿不愁，为何还怀念那个时期？

乡间庙宇

人民公社时期，农民个人利益虽被放置，但也前所未有地感受到集体的温暖。彼时，集体虽不富裕，但除了吃饭问题，集体同步（虽然是初步）解决了农民的养老、子女教育、医疗等问题。虽不富裕，但有依靠，令人心安。

重要的还有文化方面的教化。在旧传统被打倒后，集体承担起乡村教化责任，除了平常的政治、信仰教育，农闲时，县、乡都有戏团、放映队、文化站，村里往往也有地方戏团、舞龙舞狮队、文艺宣传队等，农民的精神世界并不贫瘠，且具有极强的向心力。

这里并没有任何主张倒退的意思，这也是不现实的。当前的现实是，千百年来维持乡村运转的传统文明，诸如宗族、乡绅长老教化、乡规民约等，已经被推翻，人民公社时期的集体教化又被放弃。一面是旧的已去，另一面是新的不来。改革开放以来，农村经济得到了一定发展，但在文化、精神文明领域，又实在退之过快。

如果说城市、现代工业文明的信仰是自由市场，那市场并不能成为乡土信仰。传统文化虽弱化，但依然维持乡村运转，而市场虽好，却始终难以有尊严地融入。现代自由市场下，对广大农民来说，一个灵魂拷问逐渐浮出水面：活着的意义是什么？

传统社会，中国农民主要为前人和后人活着：光宗耀祖、培育后代。这辈子贡献出去，时间到了就可以心安理得地走，欣慰地去见祖宗，活在子孙后代的记忆里。

今天呢？光宗耀祖不再重要，后代掌控不了，也没法培育。“育”多了，反而被否定甚至攻击，适得其反。

为自己？好像想象空间又有限，拼死拼活，也就这个样。而真要对前人、后人不管不顾，也还会被戳脊梁骨。

为信仰？“主义”来过一段时间，又不知道去哪了。被市场经济教育过后，再去捡回来，好像也不是那么个意思。

为钱？好像也只有为钱了。管他钱怎么来，有钱就有地位，就能获得尊重，说话声音就大。但怎样才能有钱？又好像没什么机会……

算了，反正日子过得去，那就得过且过，那就听之任之，那就还是看好自己的一亩三分地，那就发发牢骚、有机会就骂骂干部……

如此，没有意义，无所依托，无从信赖。旧的已去，新的不来。文化的断裂，才是乡村各种乱象的根源所在。而精神的空洞，也容易给“黄赌毒”、邪教、不良意识形态可乘之机。

问题的问题，往往不是问题本身。市场经济下，就土地谈土地、就经济谈经济、就政治谈政治，都恐将有失偏颇，都难以系统解决“三农”问题。文化的振兴，人心的振兴，恐怕才是乡村振兴首先要解决的问题。

从百年前的梁漱溟、晏阳初，到今天遍布大地的广大乡建者，以及以河南修武乡村美学教育、山西永济蒲韩乡村社区等地方实践，都明了于此，也都不约而同地从文化教化、唤醒自觉、重建乡土内生力量的角度着力。虽缓慢，却是根本的、正确的，值得各级政府、企业和社会重视与借鉴的。

五、意识形态的思考

几十年前，梁漱溟著《乡村建设理论》，该书又名《中国民族之前途》。在他看来，乡村文化断裂，不过是中国社会文化失调的缩影，乡村建设也不过是以乡村为切入口，以图民族之复兴。

于今而言，虽不至如此，但仍具参考意义——今日乡村问题，何尝不是社会问题在市场弱势主体身上之投影，今天乡村振兴，何尝不是民族复兴之新切口？

钱穆在《中国历史精神》中总结道，“任何一个社会，定要有大家共同尊崇的一些对象，这社会才能团结存在。这大家共同尊崇的对象，才是教育的最高精神所寄托，所凭依”。

今日中国乡村建设之成就，主要来自市场经济的反哺，但问题的根源，也在于市场经济的唯“物”主义与百年唯“物”主义意识形态的叠加、糅合。当唯“物”成为当今社会“大家共同尊崇的对象”，物质繁荣的同时，也将人与社会不断“物化”。

此时，乡村与农民，能“物化”的东西实在有限——只有有限的土地产出和自身劳动力。

换句话说，面向“物化”的社会价值取向，乡村能贡献的只有廉价劳动力和土地资源。劳动力因其市场弱势地位，不管是经济还是心理，始终难以真正接受、融入城市市场。同时，国家体制决定了城市无法获得其最感兴趣的乡村资产——土地，使得城市与现代市场对乡土始终提不起足够热情。

能卖的东西太少，又不值钱，自然要陷于市场与社会结构的底端。在现代市场经济话语体系下，中国农民的处境恐难有本质改变。

未来在哪里？更根本的出路，在于社会发展模式的创新。

放眼中国近现代史，总体来说是一个学习西方的历史，工业化、城市化、商品经济、科学、民主、法治、生活方式、世界观……今天，诸多领域陆续反超“老师”，独领风骚。要问何所缺？相对物质、外在，恐怕更是内在：有一些松动，有一些失去了点什么又一时难以找补的空洞。

这个“空洞”，曾是传统文明、革命精神、共产主义建设精神、“抓到老鼠就是好猫”的市场化精神……**今天的中国，就像武侠小说中，一个好学上进、历经磨难的青年，终于学成各种武林绝学，成为一代大侠。各种场面游刃有余，但装的东西太多（且越来越多），又不可能都放弃，就得承受各种内力冲突——如不加以融贯、突破，或者开创新功法，恐将面临走火入魔、经脉寸断之困局。**

好在，当今的世界大变局，在为我们创造机遇。

百余年前，当中国的寻路者将目光投向西方，许多西方寻路者就已认识到西方发展模式中埋藏的巨大隐患——西方哲学的主客体、二元论，西方市场经济的无限分工、细化，必将导致人与自然、人与社会、人与人的分化、对立。西方发展模式可以靠物质、靠不断细分推动科学进步，却难以从根本上解决人本身的问题。

他们将目光投向中国的“道”、中国的“天人合一”，乃至中国高效的自然循环农业、庞大却稳定的村社集体……“绿色 GDP”概念提出者、生态经济学家小约翰·柯布就认为，中国可能是高速现代化过程中，唯一还保留着悠久且完整乡村文化的国家，生态文明的希望在中国！

面向未来，我们只有从意识形态及自由市场唯“物”的禁锢中跳脱出来，“以中国所拥有的伟大智慧、深厚的文化、有着悠久历史的可持续农业传统，以及理性化低消费观的传统，为人类发展引领另一种模式，即利用其生态和政治伦理传统，作为形成一种新的世界观的基础，替代当前以‘经济增长’和‘消费主义’指标为基础的世界观，构建一个崭新的国际社会和全球治理机制”……这既是批评，也是挑战，更是前所未有的历史机遇。

今天，低碳经济、生态经济正成为中国经济发展主轴，新时代中国特色社会主义生态文明建设理论正参与构建新时代发展框架。**以融贯传统与未来的生态文明为底层操作系统，搭载并融合意识形态、市场经济、数字化时代，才是民族复兴与崛起的星辰大海。**

传统文明去哪里找，生态经济向哪里寻求突破？

答案显而易见。